MIMI FIEDLER

Brauchstu ma keine Doktor, brauchstu nur diese Buch

MIMI FIEDLER

Brauchstu ma keine Doktor, brauchstu nur diese Buch

Die Balkantherapie für Liebe, Leib und Leben

Bibliografische Information der Deutschen Nationalbibliothek
Die Deutsche Nationalbibliothek verzeichnet diese Publikation in der Deutschen
Nationalbibliografie. Detaillierte bibliografische Daten sind im Internet über
http://dnb.d-nb.de abrufbar.

Für Fragen und Anregungen:
info@mvg-verlag.de

Auch als Hörbuch erhältlich

1. Auflage 2015

© 2015 by mvg Verlag, ein Imprint der Münchner Verlagsgruppe GmbH,
Nymphenburger Straße 86
D-80636 München
Tel.: 089 651285-0
Fax: 089 652096

Lektorat: Julia Jochim
Umschlaggestaltung: Melanie Melzer, München
Umschlagabbildungen: Iris Luckhaus, www.irisluckhaus.de
Illustrationen: Iris Luckhaus, www.irisluckhaus.de
Satz: inpunkt[w]o, Haiger
Druck: CPI books GmbH, Leck
Printed in Germany

ISBN Print 978-3-86882-585-5
ISBN E-Book (PDF) 978-3-86415-760-8
ISBN E-Book (EPUB, Mobi) 978-3-86415-761-5
ISBN Hörbuch: 978-3-86882-629-6

—— Weitere Informationen zum Verlag finden Sie unter ——

www.mvg-verlag.de

Beachten Sie auch unsere weiteren Verlage unter
www.muenchner-verlagsgruppe.de

Inhalt

Für meine Nichte Golda,
die im gleichen Jahr geboren wurde wie dieses Buch.
Und für alle Supernovas dieser Welt
Oder wie Beyoncé sagen würde:
Who run the world? Girls![1]

Vorwort

No, you haven't seen the best of me
I'm still working on my masterpiece [2]
Jessi J

Sie haben mich gefunden.

Endlich haben Sie das! Sie geben meinem Leben *den* Sinn, auf den ich jahrelang hingearbeitet habe. Und ich, ich bin die einzige Therapeutin auf Gottes weiter Flur, die für *Sie* infrage kommt. Sie und ich, wir machen eine wunderbare und hocheffiziente Verhaltenstherapie. Ich Therapeutin, Sie bald von allem, was Sie je gestört hat, Geheilte.

Wir werden zusammen an Ihrem Masterpiece arbeiten. Ich werde Ihnen natürlich nicht nur heiße Luft in Ihre Eingeweide pusten – nein, wir zwei beide werden gemeinsam Ihr Leben verändern und die beste Version aus Ihnen herausholen, die Ihnen der Herrgott in die Gene gelegt hat. Sie werden endlich aus Ihrem Prinzessinnenschlaf erwachen und Samba tanzen. Sie werden feststellen, dass es in Zukunft pipileicht sein wird, schön und gesund *und* glücklich zu sein!

Denn ich bringe alles mit, was Sie dafür brauchen.

Ich bin eine 40-jährige seltsame Frau, die schon so viel erlebt hat, dass in mein kleines Leben ganz gemütlich und ohne zu quietschen das Leben von vier 90-Jährigen passen würde. Es gibt also nichts, womit Sie mich schockieren können. Außer, Sie essen Ihr Aa oder so.

Ich bin ziemlich ehrgeizig, wenn es um Sie geht. Sehr, sehr ehrgeizig! Bevor wir Sie nicht zu Superwoman gemacht haben, werde ich nicht aufgeben. Alles, was Sie tun müssen, ist mitmachen.

Ab sofort ist Ihr neues Lebensmantra: **Nie mehr Selbstverarsche.**
Willkommen nackige Wahrheit. Denn nur, wenn Sie Ihre nackige Wahrheit kennen, können Sie sie auch verändern. Wenn da also zum Beispiel eine Delle in Ihrem Po ist, reden Sie sich ab sofort nie mehr ein, die Delle käme von der Stuhlkante oder die Jeans sei zu eng gewesen. Verstanden, was ich meine?

Das gilt im Übrigen auch für größere Angelegenheiten als 'ne Delle im Po.

Aber was für uns beide viel wichtiger ist: Ich habe ein Ass im Ärmel. Meine Cheftherapeutin, meine Supervisorin, die Patin aller Therapeutinnen. Sie ist noch besser als die allwissende Müllhalde bei den Fraggles und nietet alles um, was ihr im Weg steht. Die meisten Leute räumen von ganz allein den Weg, wenn sie im Anmarsch ist. Das ist wahres Können.

Und diese Cheftherapeutin ist: **Marija, meine kroatische Mutter!**
Die Balkan-Jeanne d'Arc der unverschämten und glücklichen Frauen.

Dieses Buch ist ein zutiefst feministisches Werk. Kommen Sie bitte bloß nicht auf die Idee, mir etwas anderes unterzujubeln. Falls Sie, während Sie es lesen, den Eindruck bekommen, dass einige der Ansichten und Tipps volle Lotte steinzeitmäßig sind, lassen Sie sich nicht abschrecken. Glauben Sie mir: Hier geht es nur um UNS. Uns Frauen. Uns wundervolle Wesen, und darum, wie wir uns dieses Leben einfach so richtig, richtig schön machen können. Das haben wir verdient! Und das machen wir mit allen Waffen, Tricks und Techniken, die uns zur Verfügung stehen. Auch denen, die Frau Schwarzer unter aller Sau finden würde. Die funktionieren nämlich besonders gut. Ich finde – und meine Mutter Marija findet das erst recht –, der Zweck heiligt die Mittel. Und zwar alle!

Versuchen Sie es mit mir und diesem Buch. Vielleicht entdecken Sie ja etwas in sich, was immer schon mal rauswollte. Zum Beispiel die maximal beste Version Ihrer selbst.

It's a man's world

This is a maaaaan's world, sang schon James Brown, aber freundlicherweise hat er noch hinzugefügt: *But it would be nothing, nothing without a woman or a girl.*[3] Der Rest des Liedes dreht sich ausschließlich um die unfassbar wichtigen Errungenschaften der Männer. Die natürlich fürs Klo wären, gäb's keine Women oder Girls. Ooooch, DANKE, James. Das ist soooo lieb.

Ich möchte an dieser Stelle die Gelegenheit ergreifen, James Brown richtigrum zu zitieren:

This is my Mamas world, but it would be nothing without my father or any man in it.

Damit hier keine Missverständnisse auftreten: Ich finde Männer toll. So toll, dass ich ihnen meine allerbesten Stoffwechsel- und Bindegewebsjahre geschenkt habe. Ich meine, Sie können sich vorstellen, wie so 'n hoch und runter benutztes Bindegewebe aussieht. Mir kann also echt niemand sagen, ich hätte was gegen Männer. Ich bin weit davon entfernt, eine dieser männermordenden Feministinnen zu sein, die alle Männer dieser Welt am liebsten mit Schwanz und Stiel ausrotten oder zumindest kastrieren würden. Ohne Männer wäre die Welt ziemlich langweilig und sehr, sehr fad. Und ohne die wunderbaren Paarungszustände mit ihnen gäbe es uns Menschen ja sowieso mal gar nicht. Wir würden als Staubpartikelchen immer noch irgendwo an der letzten Zapfsäule des Universums kleben. Das wäre ja erst recht langweilig.

Trotzdem hat aber James Brown irgendwie recht: *It's a man's world.* Frauen gucken auch im 21. Jahrhundert nach wie vor ziemlich oft in die Röhre, sind die Gelackmeierten, die Doofen. Weil Männer die Spielregeln machen. Immer noch. Meine kroatische Mutter ist der Meinung, dass die Idee der modernen Gleichberechtigung so gut funktioniert wie der Kommunismus. In der Theorie eine wahnsinnstolle Sache, in der Praxis so gut umsetzbar wie gesundes Abnehmen durch Fast Food. Versuchen Sie das bitte mal. Sie werden nicht sooo weit kommen.

Ich habe die meiste Zeit meines Daseins als erwachsene Frau versucht, die Bälle wie ein Mann zu spielen. Auf einem Spielfeld, das nur für Männer reserviert ist. Weil ich nicht klein beigeben wollte. Bis meine kroatische Mutter endlich zu mir vordrang und ich kapiert habe, dass die einzigen Bälle, mit denen ich auf einem männlichen Spielfeld spielen und sogar haushoch gewinnen kann, meine eigenen sind. Die Waffen einer Frau.

Viele Feministinnen werden die Mittel, die ich Ihnen hier predige, verachten und verabscheuen und versuchen, mich mit Tomaten und faulen Eiern zu bewerfen. Trotzdem bin ich Feministin, und zwar eine ganz spezielle Sorte. Ich bin eine Balkanfeministin.

Ich möchte an dieser Stelle auch erst mal einen Dank loswerden: Ich wäre nicht, wo ich bin, hätte es nicht all die großartigen Vorreiterinnen, die Feministinnen der Vergangenheit und der Heutezeit, gegeben. Allen voran meine kroatische Mutter Marija. Aber auch all die Frauen, die laut und vehement oder auch still und leise den Feminismus und das Recht auf Gleichberechtigung unters Volk und ihre Kinder gebracht haben. Ohne sie hätten wir gar nicht die Voraussetzungen, mit den Jungs auf Augenhöhe mitzuspielen. Weil wir immer noch laut Gesetz und allgemeiner Meinung tun müssten, was Männer wollen. Ohne die Verdienste dieser Frauen würde ich mit Sicherheit immer noch in einer unglücklichen Ehe stecken und tun oder besser lassen, was mein Ehemann von mir verlangt. Ich wäre ein braves Frauchen im Sinne der Männer und keine promiskuitive, freiheitsliebende Balkanschnalle, die gelernt hat, sich nicht mehr auf der Nase herumtanzen zu lassen.

Wenn Sie bereit sind, Ihre ultraweibliche Reise mit mir anzutreten, dann holen Sie am besten genau jetzt Ihre höchsten

High Heels aus der Ecke – denn die werden Sie brauchen – und kommen Sie rein.

Gemeinsam werden wir eine Mission antreten – die Mission zu einem glücklichen Dasein. Vergessen Sie alle Psychotherapeuten, Aromatherapien, Yogasessions, Zauberdiäten und was Sie sonst noch so an Dingen betrieben haben, um glücklich zu werden. Hier kommt die Balkantherapie – die ultimative Therapie für die Frau. Gemeinsam mit meiner Mutter Marija werde ich Ihnen zeigen, wie Sie es mit dem Leben aufnehmen. Und natürlich auch mit den Männern. Wie Sie mit den Waffen der Frau jedes Hindernis aus dem Weg räumen. Natürlich geht es nicht nur darum, wie Sie Ihre weiblichen Waffen am besten benutzen, sondern auch darum, wie Sie selbige reparieren und auf Hochglanz bringen.

Das wird anstrengend. Und hier und da sogar unangenehm. Aber sehen Sie es so: Waxing ist auch keine Kaffeefahrt, aber wenn Sie es hinter sich haben, sind Sie froh, dass Sie es gemacht haben. Weil's einfach besser aussieht und sich besser anfühlt.

So ähnlich wird es Ihnen hier mit mir und meiner kroatischen Mutter gehen. Erst tut's weh, dann ist's schön. Oder um es mit dem Rödelheim Hartreim Projekt zu sagen: *Wenn es nicht hart ist, ist es nicht das Projekt!*[4]

Ach so, bevor ich's vergesse. Es mag sein, dass Ihnen mein kleines Buch hier und da wie eine Aneinanderreihung von Klischees vorkommt. Und wissen Sie was? Es stimmt.

Meet the family

Icke

Weiblich.

Mitteleuropäisch.

40 Jahre.

Gefühlte 8 Milliarden Mal in den Lebensabort gegriffen.

4 Beziehungen.

4 x gescheitert.

1 Ehe.

1 Kind.

1 Scheidung.

1 Rosenkrieg.

Danach pleite.

Wegen des Rosenkriegs.

12 Kilo zugenommen.

Liebe des Lebens kennengelernt.

12 Kilo abgenommen.

8 Jahre Upper-Class-Leben mit Gärtner und Nanny.

Liebe des Lebens sich verbröselt, quasi über Nacht.

7 Monate akuter Liebeskummer, Schokolade zum Frühstück und am Abend davor einen sitzen.

Das zweite Mal pleite.

Gärtner und Nanny abgegeben, heulend.

Führerschein auch.

14 Kilo zugenommen.

2 Jahre chronischer Liebeskummer.

Affären (Dunkelziffer).

Jugendliebe wiedergetroffen.

1 Verlobung.

1 Entlobung.

1 Hochleistungsmixer aus Fenster geworfen. Sehr,
sehr teuren Hochleistungsmixer.

14 Kilo abgenommen.

165 cm.

55 kg.

Dann endlich beschlossen, nur noch auf meine
Mutter Marija zu hören.

Und jetzt:

Happy.

Seeeeehr, sehr happy.

Damit Sie mich und meine kroatische Mutter Marija kennenlernen, erzähle ich Ihnen erst mal was über mich und ein bisschen was über meine Familie. Und ein bisschen was von meinem Weg bis hierher zu diesem Buch. Sie wollen doch sicher wissen, in wessen Hände Sie hier gerade Ihr Leben legen, oder?

Ich bin am 11. September 1975 in einem Militärkrankenhaus in Split an der kroatischen Adria geboren. Damals gab es Tito noch und Jugoslawien auch. Heute ist Tito tot. Und Jugoslawien auch. Aber die Küste gibt es noch und alle meine Verwandten und es gibt Rakija und Pršut, und Sveti Duje, die berühmte Kathedrale von Split, steht auch immer noch da, wo sie steht, und jedes Jahr laufe ich am Grgur Ninski, der riesigen Statue des Bischofs Gregor, vorbei und rubbel ihm über seinen großen Zeh. Wenn man sich dabei was wünscht, gehen diese Wünsche irgendwann in Erfüllung. Und es stimmt auch. Man muss einfach nur Geduld haben.

Meine Mutter war sehr jung, als ich zur Welt kam, und weil es so war, wie es eben war und meine Familie den Kommunismus nicht sonderlich mochte, ist sie mit meinem Vater nach Deutschland gegangen. Sie hatten einen kleinen roten Koffer dabei und zwei Decken unterm Arm. Meine Mutter wollte auf keinen Fall ohne mich gehen, aber es war kein Platz für ein Baby in dem Arbeiterbus, der nach Deutschland fuhr, und auch kein Platz in der kleinen Unterkunft, die sie dort hatten. Deswegen blieb ich bei meinen Tanten und Onkeln in Svib, dem kleinen Dorf meiner Familie, und wurde dort ihr Maskottchen. Ich wurde herumgereicht wie ein Siegerpokal und von allen Seiten geliebt. Eine meiner Tanten erzählt heute noch, dass sie wochenlang nichts essen konnte vor Trauer, als ich wegging. Und jedes Mal, wenn sie mich heute sieht, fängt sie wieder an zu heulen.

Zu viele Tränen waren auch der Grund, warum meine Kinderkarriere bei meiner kroatischen Sippschaft irgendwann beendet war. Meine Mutter hörte sich jeden Abend nach der Arbeit die Kassette mit meiner Stimme an, die ihr meine Tante geschickt hatte, sie war abgemagert bis auf die Knochen und weinte sich jede Nacht in den Schlaf. Meinem Vater blieb nichts anderes übrig, als sie und den roten Koffer in den Arbeiterbus zurück in die Heimat zu packen, damit sie mich abholte und mitbrachte. Nach Deutschland.

Es ist jetzt nicht so, dass er mich nicht haben wollte, denken Sie das bloß nicht. Er versuchte einfach nur, alles richtig zu machen, und wollte mich nicht nach Deutschland holen, weil er ja eigentlich so schnell wie möglich in die Heimat zurückgehen wollte. Aber meine Mutter nahm irgendwann ihre Kraft zusammen und sagte ihm: »Entweder ich hole sie zu uns. Oder ich gehe zu ihr. Und komme nicht mehr wieder.«

Na ja, und das war natürlich keine Option! So kam also auch ich als sehr kleines Mädchen nach Deutschland. In ein kleines hessisches Örtchen mit dem ziemlich heiteren Namen Liederbach. Mit Fachwerkhäusern und aufgeräumten Gehwegen, einem Supermarkt, der Bon Markt hieß, dem Kiosk an der Ecke, dessen Besitzer Alwin in späteren Jahren – na ja, wenn ich genug Pfennige zusammen hatte – mein Süßigkeitendealer wurde, mit den Pferden von Moni und mit Berta, der alten Nachbarin, die meine deutsche Großmutter wurde, weil mir meine kroatische sehr, sehr fehlte. Berta hatte zwanzig Hühner, und ich durfte die Eier wiegen. Die ganz dicken kosteten 30 Pfennige und die ganz leichten 26. Mein Lieblingshuhn hieß Lieschen.

Lieschen und ich, wir waren SO (ich verkreuze jetzt den Zeige- und Mittelfinger, aber das können Sie ja nicht sehen). Lieschen stolzierte im Hühnerstall herum wie eine sehr vornehme Prinzessin, und ich war mir sicher, dass sie eine ebensolche verzauberte war.

Im Bon Markt gab es sooo viele verschiedene Sorten Marmelade. Von zu Hause kannte ich nur Hagebuttenmarmelade aus Eimern und das selbst gebackene Steinofenbrot meiner Tanten. Ich kam aus dem Schoße einer kroatischen Großfamilie, in der die Kinder alle in einem großen Zimmer mit zusammengeschobenen Betten schliefen und den ganzen Tag barfuß durch die Felder wanderten. Ich kam in eine Welt, in der es von allem mehr gab, als ich zählen konnte, und Einzelbetten für Kinder. Einzelbetten! Eiskalte, viel zu große Einzelbetten, in denen kein Cousinenfuß den meinen berührte. Ich fühlte mich wie ein Küken, das von den anderen Küken getrennt worden war.

Von da an gab es nur noch meine Mutter, meinen Vater und mich. Und jeder musste Schuhe tragen. Sogar im Sommer!

Und ich, ich musste irgendwann in einen Kinderstall gehen. Aber ich wollte viel lieber weiterhin barfuß durch die Gegend spazieren und die Vögelchen beobachten. Und bis dahin war ich mir eigentlich sicher gewesen, dass außer mir keine anderen Kinder in Deutschland lebten. Da waren aber seeehr viele Kinder. Nur verstand mich davon keines. Es war alles sehr, sehr schrecklich. In Deutschland war alles sooooo viel größer und gleichzeitig sooooooo viel kleiner. Und als ich Jahre später das erste Mal *Alice im Wunderland* las, war ich mir sicher, dass sie auch ein Gastarbeiterkind aus Svib ist. Und ich womöglich sogar mit ihr verwandt bin.

Meine Mutter war sehr beliebt in Liederbach, sie war fleißig und freundlich, aber auch immer ein bisschen frech. Das mochten die Menschen dort. Ich erinnere mich, dass meine Mutter, mit Rollschuhen an den Füßen, mich in einem Puppenwagen durchs Dorf schob; beides hatte sie auf dem Sperrmüll gefunden, und da ich so ein Winzling war, ist der Puppenwagen auch nie eingekracht. Immer wenn ich heute sehe, wie eine Mutter auf Rollerblades ihr Kind im Designerkinderwagen vor sich her schiebt, denke ich an meine Mutter. Irgendwie war sie ihrer Zeit immer einen Schritt voraus. Sie hat sich nichts sagen lassen, von niemandem, und einen Teufel drauf gegeben, was die Leute von ihr halten könnten. Er war ihr schnuppe.

Is mia doch ma egaaaal

und

Interessiert misch ma ibbehaupt nisch,

mit diesen beiden Sätzen bin ich aufgewachsen. Und irgendwann hatte ich mich daran gewöhnt, meine Cousinen und Cousins, Tanten und Onkel und meine Großeltern nur noch einmal im Jahr zu sehen. Und nach einer gewissen Zeit tat's auch nicht mehr weh und ich begann, Deutschland ziemlich zu mögen.

Zwischen der jungen Frau in Rollschuhen vom Sperrmüll und der Frau, die meine Mutter heute ist, liegen 35 Jahre. Meine Eltern sind in Deutschland geblieben und pünktlich zur Einschulung hatte ich eine Schwester in meiner Schultüte. Meine Mutter und mein Vater haben zwar Deutsch gelernt, aber sie sprechen es mit kroatischem Akzent und sie haben eigene Satzstellungen entwickelt. Aber das machen eigentlich alle Kroaten so. Besonders meine Mutter. Und wenn wir uns miteinander unterhalten, dann springen meine Eltern innerhalb eines Satzes vom Deutschen ins Kroatische und beenden den Satz dann gerne auf Kroateutsch. Kroateutsch ist, wenn man deutschen Verben kroatische Endungen gibt. Zum Beispiel staubsaugen. Auf Kroateutsch heißt das dann *staubsaugeniti*.

Ich hab mich in der Schule dann als ziemliche Streberin entpuppt. Es blieb mir auch nichts anderes übrig, ich sah wirklich sonderbar aus. Meine Haare waren schepp und schief geschnitten, weil meine Mutter Marija der Meinung war, wir bräuchten keinen Friseur, sie könne das auch. Konnte sie aber nicht, ich sah vier lange Grundschuljahre aus, als hätte ich einen Helm auf. Außerdem hatte ich eine Zahnlücke. Und die war so groß, dass da gemütlich der Güterwaggon einer Spielzeugeisenbahn hätte rein- und rausfahren können.

Und dann war da noch die Krankenkassenbrille. Zur Einschulung hatte ich eine sehr schöne Brille bekommen. Eine knallrote, auf die ich ziemlich stolz war. Leider habe ich die gleich am Anfang meiner Karriere als Streberin auf dem Schulweg verloren. Meinen Eltern war es unbegreiflich, wie ich DAS geschafft hatte. Mir auch. Ich hatte keinen blassen Schimmer. Weil die Brille aber nicht das Einzige war, was ich auf mysteriöse Weise verlor, haben meine Eltern mir lieber keine teure Brille mehr, sondern das Krankenkassengestell gekauft. Zusammen mit dem Helm muss das ziemlich erheiternd ausgesehen haben, denn die Menschen grinsten immer, wenn sie mich sahen. Und ich habe jedes Mal genauso heiter mit »Guten Taaaag, wie geht es Ihnen heute so?« zurückgegrüßt und war irgendwann sehr sicher, dass Deutschland der freundlichste Flecken der Erde sein muss.

Meine Eltern fanden gut, dass ich eine Streberin war. In Deutsch war ich besser als die deutschen Kinder, und darauf war meine Mutter ganz besonders stolz. Ich konnte es kaum ertragen, wenn ich eine Eins Minus anstatt einer glatten Eins bekam. Meine Mutter war sich sicher, dass ich Anwältin werden würde. Aber ich wäre als Anwältin eine Katastrophe gewesen, mit Sicherheit wäre ich schon nach dem ersten verlorenen Prozess wegen tätlichen Angriffs verhaftet worden. Ich bin eine schrecklich schlechte Verliererin.

Ich habe nach meinem Abitur angefangen, Literaturwissenschaften zu studieren, und meine Mutter hat bis heute nicht verkraftet, dass ich nie zu Ende studiert habe, sondern eine ordinäre Schauspielerin geworden bin:

Schräkklisch! Was ist das ma fia Beruuuuf??

Meine Akademikerkarriere hat sie zwar mittlerweile schweren Herzens begraben, aber sie bringt mir in regelmäßigen Abständen ausgeschnittene Stellenanzeigen mit, auf denen so Sachen stehen wie *Kassiererin gesucht – Lidl macht's möglich* und sagt dann, sie und Papa würden auch nicht ewig leben.

Wenn sie mal einen guten Tag hat, weil gerade ein Film mit mir im Fernsehen lief, in dem ich länger als zwei Minuten zu sehen war und sie damit überall angeben kann, dann sagt sie:

A, bist du einfach ma zuuuu gut fia diese Welt!

Das sagt sie immer, wenn sie mir mitteilen möchte, dass ich doch nicht alles soooo falschrum gemacht habe im Leben, sondern einfach nur zu guuuuut bin. Die Logik dahinter habe ich zwar bis heute nicht verstanden, aber es ist ein Liebesbeweis. Also, auf ihre Art. Manchmal will sie mir mit

A, bist du einfach ma zuuuu gut fia diese Welt

aber auch mitteilen, dass sie wirklich nicht versteht, wie man immer wieder auf die gleichen Sachen reinfallen kann. Dass sie für zwei so unterschiedliche Gefühlsausdrücke den gleichen Satz verwendet und das eigentlich gar keinen Sinn ergibt, das machen alle kroatischen Mütter so, die ich kenne.

Wir Kroaten pfeifen eh auf Logik.

Meine Mutter Marija ist der Boss bei uns zu Hause. Mein Vater Pere tut zwar immer so, als sei er es. Aber er ist es nicht. Wir wissen es, er weiß es, und er weiß auch, dass wir es wissen. Meine Mutter ist der Boss und es herrscht das absolute Matriarchat. Auf dem ganzen Balkan herrscht das absolute Matriarchat. Alle kroatischen Gastarbeiterfrauen, die nach Deutschland gekommen sind, haben zwei wichtige Dinge mitgebracht: Čevapčići und das Matriarchat. Männer haben prinzipiell erst mal nix zu melden. Denn wir Balkanfrauen wissen (ich weiß das mittlerweile auch), dass alles, was einen Penis hat, tendenziell unter Beobachtung gestellt werden muss.

Meine Mutter sieht aus wie eine Hummel. Eine sehr schöne Hummel. Sie findet sich superschlank. Und es ist ihr schnuppe, wie andere das sehen. Die Hauptsache ist, dass sie das so sieht.

Mein Vater sieht aus wie eine Mischung aus Rocky Balboa und Louis de Funès. Er ist ein bisschen kleiner als sie. Aber darüber redet keiner. Wir erwähnen es nicht. So wie wir alles nicht erwähnen, was man nicht ändern kann. Den Zweiten Weltkrieg zum Beispiel und die kroatische Liebäugelei mit den Deutschen. Sie wissen schon. Reden wir einfach nicht mehr darüber!

Seit ein paar Jahren tut mein Vater so, als sei er Autist. Aber er kommuniziert viel. Und zwar mit sich selbst. Um seinen Zustand zu unterstreichen, hat er sich kabellose Kopfhörer für den Fernseher gekauft, die er den ganzen Tag trägt. Er möchte damit signalisieren, dass er nur im äußersten Notfall angesprochen werden möchte. Das gilt vor allem für meine Mutter. Sie hält sich natürlich überhaupt nicht daran.

Mein Vater ist inzwischen in Rente. Meine Mutter sagt, er sei nun der Innen- und Finanzminister unserer Familie. Und sie sei Marija Merkel. Er dürfe jetzt das Geld verwalten, das sie ihm gebe. Das sei ja wohl eine sehr hohe Position und vollkommen ausreichend. Sie findet Frauen an der Spitze der Versorgungskette geeigneter. Männer würden letztendlich ja doch alles versauen. Und daher mache es doch wirklich überhaupt keinen Sinn, ihnen die Herrschaft zu überlassen. Meine Mutter ist quasi der Inbegriff der Emanzipation. Allerdings versteht sie nicht, warum gerade in diesem sehr weiblichen Wort ein MANN drinstecken muss:

Warum heißt das ibbehaupt ma Emannzipation? Isch bin doch ma keine Mann, bin isch ma ein Frau, soll ma heißen Efrauzipation.

Ich habe mal versucht, ihr zu erklären, dass der »man« in Emanzipation nicht Mann, sondern was anderes bedeutet; daraufhin hat sie gesagt:

Was is da jetz ma fia Quatsch? Was soll de ma sonst sein als eine Mann, wenn de ma ein Mann ist? Obwohl! Bei de Menne heute weiß ma auch nisch me so genau was die ma sind!

Mein Vater hat früher als Automechaniker und Schlosser gearbeitet. Wir sind uns aber sicher, dass er viel lieber Künstler geworden wäre. Er hat die schönsten Kerzenständer geschweißt, die ich jemals gesehen habe. Mit Rosenmotiven und sehr kompliziert aussehenden Verzierungen. Wenn er in seiner Werkstadt verschwunden war und mit niemandem reden musste, war er bestimmt sehr, sehr glücklich. Dafür ist ihm bei seiner richtigen Arbeit die Motorhaube oft auf die Nase gefallen. Irgendwann ist klar geworden: Was das angeht, habe ich viel von meinem Vater.

Meine Mutter hat angefangen, als Küchenhilfe und Putzfrau zu arbeiten, als sie mit meinem Vater nach Deutschland kam, aber sie sagte immer:

Isch bin ma ein Putzfrau. Na und? Geh isch ma putzen in HOHE Schuhe!

Sie hat sich von äußeren Umständen nie davon abbringen lassen, sich trotzdem wie eine Königin zu fühlen. Mit fünfzig hat sie beschlossen, Altenpflegerin zu werden. Und obwohl sie ziemlich streng ist, lieben die alten Damen und Herren meine Mutter sehr und machen alle, was sie will. Ausreden lässt meiner Mutter nicht durchgehen! Auch nicht, wenn man 95 ist. Eigentlich war sie überall, wo sie gearbeitet hat, sehr beliebt. Und das, obwohl sie sich vor allem immer zuerst mit den Chefs angelegt hat. Also, wenn sie etwas an ihnen auszusetzen hatte. Die mochten meine Mutter immer am meisten. Da sieht man es, Unterwürfigkeit bringt Frauen nicht weiter.

Und da ist eine Sache, die meine Eltern immer schon verbunden hat: ihr ausgeprägter Sinn für Gerechtigkeit. Es hat beide nie gejuckt, ob sie gerade den Bürgermeister von Liederbach oder den Prinzen von Zamunda vor sich hatten. War denen egal. Was gesagt werden muss, muss gesagt werden. Den ausgeprägten Gerechtigkeitssinn haben meine Schwester und ich beide – genauso ausgeprägt – von unseren Eltern geerbt.

Meine Schwester ist sieben Jahre jünger als ich. Sie ist wirklich sehr hübsch. Sie sieht nicht aus wie eine Hummel. Aber obwohl sie sehr hübsch ist, sieht sie immer ein bisschen aus wie Fräulein Rottenmeier aus *Heidi*. Wenn meine Mutter früher mit uns spazieren ging und fremde Menschen sie verzückt auf ihre Kinder ansprachen, sagte sie immer:

Die Große is ma bischen kommisch, aber die Kleine fasse Sie ma besse nisch an.

Mit »bischen kommisch« meinte sie den Helm und die Brille und mit »fasse Sie ma besser nisch an« meinte sie, dass meine Schwester jedem, der ihr ungefragt über die Wange streichelte, erst mal ordentlich eine verpasste.

Meine Schwester hat, sobald sie physisch dazu in der Lage war, angefangen, große Flaschen mit Pfennigstücken zu füllen, um sie wieder zu leeren, die Pfennige in kleine Häufchen zu stapeln und sie zu zählen. Immer, wenn meine Eltern Besuch bekamen – und sie bekamen oft Besuch –, servierte meine Schwester Kaffee und verlangte dann eine angemessene Vergütung für ihre Leistungen. Außerdem sei es verboten, dass Kinder arbeiten, deswegen koste es Aufschlag. Anstelle von Süßigkeitenmitbringseln wollte sie auch lieber Bares haben. Hat natürlich jeder gemacht. Ruckzuck war sie mit vier vermögender, als ich es in meiner Kinderzeit je geschafft habe. Heute ist meine Schwester Chefin eines gut laufenden kleinen Unternehmens und kommandiert ihre Angestellten rum. Sie hat viel von meiner Mutter. Die Menschen machen einfach immer, was sie möchte. Und erstaunlicherweise tun sie das sogar sehr gerne.

Ich war lange Zeit das schwarze Schaf unserer Familie. Ich habe mich nie getraut, auch nach Barem anstelle von Süßigkeiten zu fragen. Deswegen hatte ich immer einen Stapel Kinderschokolade im Zimmer und mit elf das erste Loch im Zahn. Kaffee servieren durfte ich irgendwann auch nicht mehr, ich kam meistens nicht heil von der Küche ins Wohnzimmer. Im Laufe meines Lebens habe ich mir so ziemlich jeden Knochen mindestens einmal gebrochen.

Pünktlich zum ersten Loch im Zahn war ich auch das erste Mal pleite. Ich hatte mein Kommunionsgeld meinem Klassenkameraden Ahmed Abdullah geliehen. Der hatte eine schrecklich kranke Mutter zu Hause und kein Geld für Medizin. Er weinte so bitterlich auf dem Schulhof, dass ich zu Hause meine Kasse plünderte, um ihm das Geld für seine arme Mutter zu leihen.

Den Rest der Geschichte können Sie sich denken, oder? Seine Mutter war putzmunter. Und genau die hat Ahmed Abdullah zusammen mit seinen Brüdern zurück nach Marokko geschickt.

Natürlich habe ich aus dieser Erfahrung nichts gelernt fürs Leben. Es haben noch ein paar weitere Ahmed Abdullahs meinen Weg gesäumt. Aber das ist ja jetzt ein für alle Mal vorbei.

Bevor ich happy wurde

Was hab isch ma nua ge-boooo-ren?!

und

Bist du ma zuuuu gut fia diese Welt!

und

Wann westu ma ENDLISCH ewachse?

sind die drei Sätze meiner Mutter, die mich mein Leben lang genauso begleitet haben wie die Macke, einfach NIE davon auszugehen, jemand würde vorsätzlich was Böses im Schilde führen. Und immer, wenn es doch geschehen ist, bin ich vor Mitleid fast übergelaufen. Denn wie schrecklich muss es sein, schreckliche Sachen machen zu müssen.

Meine Mutter sagt, das sei keine Macke, das sei stinknormale Naivität. Deswegen hat sie jahrelang versucht, mir zu verklickern, dass an erster Stelle niemand Geringeres als ICH SELBST kommt und DANN lange nichts (Kinder zählen natürlich zu ICH SELBST) und dann erst die anderen. Die Reihenfolge sei bei denen dann egal.

Warum bist du ma so doof? Wenn du imma ma zuest de andere zu esse gebst und die esse dann ma alles auf, ja ibbeleg ma, was dann passiert? Vehungest du!

Aber erst nachdem ich mit Mitte dreißig in der untersten Etage angekommen war und es wirklich kein Entkommen mehr gab, habe ich es kapiert: ICH bin die Nummer Eins. Und zu einer Nummer Eins ist man nur eins: GUT! Verdammt gut! Und ich möchte auf keinen, gar keinsten Fall verhungern!

Hätte ich mir das früher klargemacht, hätte ich mir vielleicht einiges ersparen können.

Ich habe mich nämlich seeeehr lange aufgerubbelt wie ein alter Radiergummi. Mich aufgeopfert ohne Sinn und Nutzen. Mein Weg war gesäumt mit energiesaugenden Menschen, die viel nahmen und wenig zurückgaben, er bescherte mir einen fast zehn Jahre andauernden Rosenkrieg mit meinen Ex-Ehemann, bei dem es um Scheidung und Sorgerecht ging und der alles Geld, das ich verdient habe, geschluckt hat wie ein Müllschlucker. Der Weg brachte mir eine neue Beziehung, die lange Jahre eine große schöne Liebe war. So richtig schön. Ich dachte, das ist es jetzt. Forever and a day. Wie in einem Nicholas-Sparks-Film.

Na ja, diese große Liebe war dann praktisch über Nacht beendet.

Ich hab das natürlich überhaupt nicht kapiert, geschweige denn verkraftet. Und da ich plötzlich schon wieder alleine war, das Haus dieses Mal aber größer und alles teurer war, ich mein gesamtes Geld aber in den Rosenkrieg gesteckt hatte, das Haus und das Leben trotzdem nicht aufgeben wollte, weil ich FEST davon überzeugt war, dass doch eine so große Liebe nicht einfach so vorbei sein kann und er wiederkommen MUSS und auch wird und ich meinem Kind das Zuhause auf keinen Fall nehmen werde, habe ich Kredite aufgenommen.

Die ich nicht zurückzahlen konnte.

Meine Mutter hat in dieser Zeit wie vor einer Glaswand gestanden, dahinter war ich, und sie hat schrecklich darunter gelitten, dass sie ihr Kind nicht mehr erreichen konnte und zusehen musste, wie es langsam ertrinkt. Im wahrsten Sinne des Wortes.

Denn ich habe mein mehrfach gebrochenes Herz und meinen Lebensscherbenhaufen irgendwann nicht mehr ausgehalten und viele Monate lang viel mehr getrunken, als ich vertragen habe. Um mich zu vergessen, mich und meine falschen Entscheidungen, mich und meine unglaubliche Naivität, mich und mein unordentliches Leben, mich, die ich mich plötzlich so geschämt habe. Weil ich nichts von der heilen Welt der Menschen um mich herum hatte. Um meine Wut zu unterdrücken, darauf, dass ich intuitiv doch eigentlich immer gewusst hatte, was richtig und was falsch war, und trotzdem mit voller Wucht in die entgegengesetzte Richtung gelaufen war und nun auf der Quittung saß.

Die Spirale hat sich sehr schnell nach unten bewegt. Und als ich das Haus wirklich nicht mehr halten konnte, hat es nicht mal ein Jahr gedauert, bis ich den großen Touchdown hingelegt habe: Führerschein weg.

An diesem Tag hat meine Mutter ihre ganze Mutterkraft zusammengenommen und hat es geschafft, die Glaswand kurz und klein zu hauen.

Jetzt ist ma Schluss! Seh isch nisch mehr zu, wie du disch kaputt machst. Wege eine MANN? De kommt ma nisch zurick! Und musst du das jetzt in deine Kopf bekommen! Egal wie!

Sie nahm die Zügel in die Hand, Schluss mit lustig. Ich kam für mehrere Wochen in eine Klinik. Nicht wegen des Alkohols. Der war nur die Spitze des Eisbergs. Der Arzt in der Klinik sagte, ich sei innerlich ausgebrannt. Und so fühlte ich mich auch. So und sehr, sehr traurig. Die vielen anstrengenden Jahre hatten tiefe Spuren in mir hinterlassen, und erst als der Führerschein weg war und meine Mutter die Glaswand zerhauen hatte, konnte ich aufhören, mir, meiner Familie und meinen Freunden weiterhin etwas vorzumachen. Sie hatten es ohnehin alle schon gesehen und gewusst und bis zu diesem Zeitpunkt einfach keine Chance, zu mir durchzudringen.

In der Klinik brach der Damm der Tränen und ich heulte, heulte und heulte. Tagelang, nächtelang. Es schien, als würden alle Tränen, die ich die letzten Jahre runtergeschluckt hatte, aus mir rausplatzen. Wie ein Rohrbruch fühlte ich mich, und mir wurde klar, dass ich einen U-Turn einlegen und die Richtung wechseln musste. Dass ich von Grund auf neu anfangen wollte. Und zum ersten Mal nach all den schlimmen Monaten kam ein kleiner, erst mal sehr zaghafter Gedanke in mein Herz, und ich ließ ihn da auch bleiben. Und der war: »Du kannst es schaffen, Mimi, gib jetzt nicht auf!«

Zwischen der Klinik und heute liegen fünf Jahre. Ende 2015 werde ich keine Verbindlichkeiten mehr haben. Dann kann ich meine Vergangenheit dort lassen, wo sie hingehört. Ich habe mein Leben von Grund auf entrümpelt und aufgeräumt. Zum Beispiel den Alkohol, die Zigaretten und auch die schlechte Ernährung habe ich entsorgt. Ich höre jetzt auf meinen Bauch UND auf meine Mutter und lasse nur noch Menschen in mein Leben, die mir gut tun und denen ich gut tun kann. Ich habe mir für alles verziehen und die, denen ich wehgetan habe, um Verzeihung gebeten. Selbst der Rosenkrieg mit meinem Ex-Mann ist endlich vorbei. Wir haben uns wie zwei müde Krieger die Hände gereicht und eingesehen, dass es in so einem Krieg nur Verlierer geben kann.

Früher habe ich mich im Spiegel angeschaut und fand die unglückliche graue und ungesunde Mimi schrecklich deprimierend.

Heute schaue ich mich im Spiegel an und freue mich, mich zu sehen. Ich kann heute sagen, ich liebe mich. So wie ich bin. Ich bin unperfekt perfekt. Und das ist auch gut so. Oder wie meine Mutter sagen würde:

Isch liebe misch. Isch liebe liiiiebe liiiiiiiiiiebe misch.

Das tue ich wirklich. Und ich habe akzeptiert, dass ich vielleicht wirklich ein kleines bisschen merkwürdiger bin als die anderen Kinder. Denn Macken habe ich natürlich immer noch genug. Die gehen ja nicht so mir nichts, dir nichts weg, nur weil man sein Leben ändert.

Ich bin zum Beispiel eine schreckliche Multitaskingniete. Eigentlich bräuchte ich jemanden, der mich ständig an alles erinnert. Na ja gut. Das habe ich ja eigentlich. Meine Agentin tut das. Ich kann unmöglich zwei Dinge gleichzeitig tun. Das fängt bei alltäglichen Dingen an. Einparken, wenn das Radio läuft. Zuhören und Abspülen. Lesen und essen. Noch schlimmer ist es für mich, essen zu müssen, wenn im Hintergrund Musik läuft. Wenn im Hintergrund Musik läuft, ich unter Menschen bin *und* essen muss, bin ich verloren. Dann schaltet mein Gehirn automatisch ab. Aber ich kann ja im Restaurant unmöglich verlangen, man möge bitte die Musik ausschalten und den Gästen sagen, sie sollen möglichst nicht alle gleichzeitig sprechen. Mein Gehirn schaltet auch dann automatisch ab, wenn ich keine Nahrung bekomme, aber welche brauche. *Ich habe Hunger*, heißt bei mir nicht, es könnte viiiielleicht irgendwann passieren, dass ich leichten Appetit auf ein halbes Salatblatt bekomme. Ein viertel Salatblatt reicht im Notfall natürlich auch. Es bedeutet: Ich habe Hunger. Und zwar JETZT. Es bedeutet: Ich benötige Nahrung. Und zwar sofort. Wenn ich nicht umgehend etwas zu essen bekomme, falle ich in einen wachkomaartigen Zustand und starre auf einen Punkt. Ich komme erst wieder zu mir, wenn mir genug Nahrung zugeführt wurde.

Ach so. Und ich schlafwandele. Und während ich das tue, lege ich Wäsche zusammen. An das, was ich dabei erzähle, erinnere ich mich natürlich hinterher nicht mehr, da ich ja schlafwandele. Ich kann Schränke von einem Stockwerk ins andere tragen. Alleine. Und ich verrücke jede Woche Möbel und hänge Bilder um. Meistens streiche ich gleich die ganze Wand neu. Bei einer schamanischen Reise in meinem Wohnzimmer wurde mir mein Krafttier gezeigt. Es ist eine Ameise.

Und ich muss sehr, sehr oft aufs Klo. Dafür pinkele ich inklusive Händewaschen schneller, als Sie A sagen können, und ich bin süchtig nach Glasreiniger. Ich würde mir selbst den Po mit Glasreiniger abputzen, wenn es nicht so brennen würde. Wenn Mitmenschen, die sich in meiner Nähe befinden, irgendwo einen Fussel haben, muss ich ihn entfernen. Meistens trifft es mir unbekannte Mitmenschen. Die ich dann festhalte, wenn sie sich wehren.

Ich sammele Todesanzeigen, die klebe ich dann in mein Todesanzeigenpoesiealbum. Und ich versuche den Zusammenhang zwischen dem Todes- und Geburtsdatum herauszufinden. Ich bin nach wie vor zu hundert Prozent davon überzeugt, dass es einen gibt. Als ich noch klein war, war ich starr vor Ehrfurcht und Neugier, wenn ich mitdurfte zu einer Beerdigung. Und wenn man so ein Hobby hat wie ich, dann ist so eine kroatische Großfamilie ein Volltreffer, es stirbt nämlich ziemlich regelmäßig jemand. Die Todesanzeigen meiner Familienangehörigen haben einen Extraplatz in meinem Todesanzeigenpoesiealbum.

Fast jeder Knochen in meinem Körper war schon mal gebrochen. Außer mein linkes Schlüsselbein. Das rechte dafür doppelt. Ich hatte sogar mal den Kiel eines Regenschirms in meinem Rachen stecken. Ich wollte so sein wie Mary Poppins. Leider ist die Mission Poppins am Türrahmen gescheitert. Der aufgespannte Schirm war zu groß für den Rahmen und der Kiel steckte in meinem Hals.

Ich bekomme Tourette-Anfälle, wenn Rentner Fräulein zu mir sagen. Ganz schlimm wird es, wenn sie mich dabei duzen. Dann bekomme ich die kroatische Version von Tourette. Passiert meistens im Supermarkt oder auf dem Zebrastreifen. Ich wurde deswegen schon mal fast verhaftet. Obwohl eindeutig der Rentner angefangen hatte. Und ich leide unter dem Läppisch-Syndrom. Wenn etwas Schlimmes passiert ist, bekomme ich unkontrollierbare Lachkrämpfe. Mein Vater und meine Schwester haben das auch. Deswegen müssen wir uns absprechen, wer zu welcher Beerdigung geht. Alle zusammen dürfen wir nicht gehen. Meine Mutter will das nicht. Sie sagt, wir würden sie bis auf die Knochen blamieren. Dabei machen wir das ja nicht mit Absicht.

Und dann habe ich einen Zahlentick. Wie bei den Todesanzeigen glaube ich fest daran, dass alles hier auf der Welt Mathematik ist. Deswegen stelle ich zum Beispiel meinen Wecker immer auf Primzahlen. Wenn ich um acht Uhr in der Frühe aufstehen muss, stelle ich den Wecker auf 07:59 Uhr. Deswegen kann ich mich auch nur zu Zeiten wecken lassen, in denen die Zahlen 2, 3, 5, 7, 11, 13, 17, 19, 23, 29, 31, 37, 41, 43, 47, 53 oder 59 vorkommen. Außerdem stelle ich mir den Wecker eine Stunde, bevor ich wirklich aufstehen muss, und lasse ihn alle 11 Minuten noch mal klingeln. Sechzig Minuten durch elf ergibt übrigens 5,45454545454545. Na gut, lassen wir das.

Bitte erzählen Sie einfach niemandem davon. Vor allem keinem Psychologen.

Und dann ist da noch mein beschissenes Elektrokarma. Computer und andere elektronische Geräte geben den Geist irgendwann auf, wenn ich zu lange in der Nähe bin. Auch das hat mich im Laufe meines Lebens 'ne Menge Knete gekostet. Und Nerven! Fragen Sie mal meine leidgeprüfte Lektorin, der ich alle zwei Tage neue Hiobsbotschaften mitteilen musste. Entweder hat mein Computer die Dropbox aufgegessen und mit der Dropbox leider auch die Kapitel, die drin waren, oder mein Computer hat einfach beschlossen, dass er nicht mehr angeht. Oder, oder, oder ...

Sie sehen also, Schwester: Man muss wirklich *nicht* Mrs-Perfect-mit-fest-sitzenden-Schrauben sein, um glücklich werden zu können. Ich lebe heute mit all meinen lockeren Schräubchen, Fehlern und Macken – denn seitdem ich die akzeptiert habe, läuft es. Sogar sehr gut. Es läuft super.

Ja was willst du auch ma mache? Kannst du aus eine Vogel kein Katze mache. De Vogel bleibt imma ma de Vogel. Auch de in deine Kopf! Besondes ma in den!

Ich weiß nicht, ob und wie viele Vögelchen in Ihrem Kopf wohnen oder wo Sie gerade stehen in Ihrem Leben. Vielleicht brauchen Sie mich und dieses Buch gar nicht, weil Sie sowieso gut mit sich selbst klarkommen. Aber vielleicht können Sie trotzdem die eine oder andere Idee mitnehmen. Zur Sicherheit. Weil Sie sehen, dass eine wie ich es auch geschafft hat. Mit den vielen Macken und Stolpersteinen und Stürzen. Man weiß ja nie, was passiert. Vielleicht ändern Sie Ihr Leben auch komplett oder vielleicht fangen Sie auch nur an, darüber nachzudenken, was Sie essen, und verändern schlechte Angewohnheiten, die Sie schon immer über Bord werfen wollten. Allein das würde schon ein unfassbar weites neues Land für Sie eröffnen. Ich wäre stolz wie Bolle! Und es würde mich soooo glücklich machen. Wenn *ich* das in Ihnen bewirken würde. Und ich bin so gerne glücklich.

Hach! Neuanfänge sind zauberhaft!

Die Balkantherapie ist eigentlich so etwas wie eine Verhaltenstherapie, aber falls Sie sich jetzt fragen, ob das wirklich soooo effektiv und sinnvoll ist, dass ausgerechnet ICH diese kleine Reise mit Ihnen antrete:

Ein Therapeut, der eine spezielle Therapie durchführt, sollte doch in jeglicher Hinsicht geschult und prädestiniert dafür sein. Oder? Und sich in seinen Klienten einfühlen können. Im Bestfall möge der Therapeut aus einem Potpourri an eigenen Lebenserfahrungen schöpfen, um den Klienten nicht nur in der Theorie besser verstehen und begleiten zu können. Darüber hinaus ist es für den Klienten von großem Vorteil, wenn des

Therapeuten Giebel sperrangelweit offen ist und der Giebel keine Absichten hegt, sich je wieder zu verschließen.

Im Fachjargon nennt man so etwas ballaballa.

Therapeuten, die das selbst nicht mal im Ansatz sind, können Sie gleich von der Liste streichen.

Die taugen nichts. Wirklich! Ich spreche aus Erfahrung. Oder wie meine Mutter sagen würde:

Isch spresch ma aus eigene Gefahr.

Gut.

Dann fangen wir an?

Kommen Sie mit mir mit?

Mit mir und meiner Mutter Marija?

Irgendwie müssen wir ja anfangen. Das mit dem Anfangen ist übrigens sowieso das Allerschwerste, aber nur, wenn man es nicht tut.

Zuerst gehen wir beide an Ihre Quelle. Ja genau! An Ihre Quelle! Damit Sie sich daran erinnern, wo genau die noch mal ist. Wenn Sie sich mit *der* verbinden, kann Ihnen nichts mehr passieren.

Und dann gehen wir in Etappen vor. Wir werden alles abdecken. Meine Mutter Marija und ich werden Ihnen beibringen, wie es geht. Wie Sie Liebe, Leib und Leben in den Griff bekommen.

Ready, steady ... GO!

Das wundersame Navigationssystem

Sie kennen doch Steve Jobs. Der, der Apple gegründet hat. Ja? Der hat mal gesagt, dass man auf seine eigene Stimme hören soll, seiner eigenen Intuition folgen soll. Und sich nicht um die Meinung anderer kümmern. Er hat immer nur auf das gehört, was aus SEINEM Inneren kam und hatte mit 23 über eine Million Dollar, über 10 Millionen mit 24 und mehr als 100 Millionen mit 25 Jahren. Aber das Geld war nie sein Antrieb, sondern die Verwirklichung seiner Träume.

Jeeeeede putzt immer ma nur seine eigene Arsch ab. Und am wischtischste is ma fia misch, dass meine saube bleibt. Und lass isch mia ma von keine andere sagen, wie das geht, wenn isch ma selba am beste weiß.

So sagt das meine Mutter. Und eigentlich meinen beide dasselbe. Na ja ... fast. Und ich erzähle Ihnen zu Beginn jetzt eine kleine Geschichte. Es ist wirklich keine spektakuläre Geschichte, es geschieht nichts Aufregendes und vielleicht werden Sie gleich voll einschlafen. Das ist so was wie autogenes Training. Sozusagen. Aber vielleicht tun Sie es auch nicht und schenken mir und vor allem sich selbst eine Runde sperrangelweit geöffnetes Herzchakra.

Alsoooo:

Sie sitzen in Ihrem Auto. Sagen wir mal, es ist ein Ferrari. Ein richtig heißes Geschoss. Rot. Klar. Ist ja auch Ihr Auto. Sie sind auf dem Weg zu einem wichtigen Termin. Zu einem Einstellungsgespräch, auf das Sie wochenlang gewartet haben. Ach was, wochenlang! Monatelang, jahrelang. Es ist IHRE Chance.

Ihr Auto verfügt über ein eingebautes Navigationssystem. Der Hersteller hat Ihnen eine zu hundert Prozent einwand- und fehlerfreie Funktion garantiert und versichert, dass sich weder je jemand verfahren noch einen Umweg gemacht hat, wenn er den Wegbeschreibungen des Systems gefolgt ist.

Sie tanken Ihr Auto voll und fahren los.

Irgendwann kommen Sie in eine Gegend, die Ihnen vollkommen fremd vorkommt, obwohl Sie diese Strecke schon mal gefahren sind. Die Stimme des Navigationssystems sagt Ihnen, alles okay, Baby, hab's im Griff, Zuckerschnecke, fahr weiter.

Sie aber beginnen irgendwie trotzdem zu zweifeln. Haben Sie sich etwa verfahren? Sie fragen sich, ob der Hersteller Ihnen wirklich ein hundertprozentig fehlerfreies Navi eingebaut hat. Und beschließen, anstatt nach links, wie angesagt, besser nach rechts abzubiegen. Die Stimme bittet Sie, bei der nächsten Möglichkeit zu wenden. Wieder folgen Sie ihr nicht. Stattdessen schauen Sie sich nach Menschen um, die Ihnen helfen könnten.

Sie fragen Leute, die entweder keine Ahnung haben oder die Sie mit Absicht in die falsche Richtung schicken. Es wird immer später. Sie drehen am Rad; das Navi auch, es überschlägt sich fast: DU MUSST JETZT SOFORT WENDEN, ZUCKERSCHNECKE!! HALLOOOOOOO??? JEMAND ZU HAUSE? WAS MACHST DU DA? DU FÄHRST IN DIE FALSCHE RICHTUNG! WENDE JETZT! SO-FORT! SOFOOOOOHOOOORT!!!

Trotzdem hören Sie nicht darauf, Sie hören lieber auf die Idioten, die Sie in die falsche Richtung schicken. Die Uhr tickt. Irgendwann bleibt Ihnen nichts übrig, als das Auto am Straßenrand zu parken und ein Taxi zu rufen.

Na? Werden Sie ungeduldig? Sie finden meine Geschichte nicht nur unspektakulär, sondern sogar ziemlich langweilig? Und wollen sie nun endlich mit einer hoffentlich spannenderen Auflösung beendet wissen? Na gut. Ich befreie Sie.

Sie endet so: Sie bezahlen eine Meeeeenge Geld für das Taxi. Weil Sie am Arsch der Ella waren. Und kommen natürlich zu spät. Innerlich sind Sie über alles so aufgebracht, dass Sie sich Schwitzflecken in Ihre schicke Bluse geschwitzt haben. Und nicht nur das, die Situation ist Ihnen natürlich so peinlich, dass Sie unkonzentriert und fahrig sind.

Sie bekommen den Job nicht.

Dämmert es, worauf ich hinaus will?

Das Navigationssystem?

Genau! Es ist nichts anderes als Ihre innere Stimme. The voice within!

Und wenn Sie ihr nicht trauen und deswegen kopflos werden, weil vielleicht grade nicht alles optimal aussieht, wenn Sie sie auf lautlos stellen oder gar ganz ausschalten, dürfen Sie sich nicht darüber wundern, wenn Sie sich ständig verfahren und alle naselang Chancen verpassen, die Ihnen geboten werden.

Das Universum ist zwar ziemlich wohlwollend mit uns, aber irgendwann muss es natürlich davon ausgehen, dass Sie ein minibisschen schwer von Begriff sind. Schließlich hat es Ihnen den fehlerfreiesten Lebensnavigator, den es weit und breit gibt, eingebaut. Und Sie benutzen ihn nicht? Jammern stattdessen: Warum immer ich? Warum immer ich?

Weißt du, Schatz, da drin in deine Köpeh is ma wie eine Kompass, weiß de imma de rischtische Rischtung. Und warum gehst du ma rechts, wenn de ma links sagt?

Meine Mutter hat natürlich recht und ich habe echt 'ne ganze Weile gebraucht, dem Kompass, und meiner Stimme aus meinem inneren Navigationssystem zu vertrauen. Und ich hab dafür bezahlt. Mit Schwervonbegrifflichen wie mir mag sich das Universum nämlich leider, leider nicht abgeben. Lieber kümmert es sich um die Klugen. Die Doofen werden ausgelagert an das Inkassounternehmen des Universums. Und wenn Sie erst mal dort gelandet sind, müssen Sie bezahlen. Ja, genau. Riiiichtig verstanden. Bezahlen. Cash. Nicht etwa bildlich gesehen, nein, so richtig. Cash oder mit Karte, ist denen vollkommen schnuppe. Hauptsache, der Rubel rollt. Und wenn er nicht mehr rollen kann, erst dann kommt das Universum wieder ins Spiel und bietet Ihnen eine allerletzte Chance.

Und genau DA war ich. Und so weit wollen Sie es doch aber nicht kommen lassen, oder?

Wie wär's mit sich verbinden? Mit Ihrer inneren Stimme. Sie werden nie, nie nie niiiiiemals einen Fehler begehen, wenn Sie dem folgen, was Ihnen Ihr Navigator diktiert. Ohne Mist. Ist so!

Ich kann Ihnen nicht sagen, warum das so ist. Aber ich kann Ihnen sagen, dass zumindest mein Leben sich um 180 Grad gewendet hat, seitdem ich mein eingebautes System wieder angeschaltet habe, ihm VERTRAUE und es auch BENUTZE. Ich verpasse keine Chancen mehr, weil ich auf andere höre oder blind durch die Gegend renne.

Und jetzt mal im Ernst, wer soll denn besser wissen, was gut oder schlecht für Sie ist als Sie selbst? Ist doch total logisch.

Und falls es um Sie herum Menschen gibt, die Ihnen einzukloppen versuchen, dass Sie einfach zu beknackt sind, die richtigen Entscheidungen zu treffen – weil Sie halt iiiiiimmer Fehler machen –, dann hören Sie jetzt auf Mutti (ich bin Mutti) und auf meine Mutti (Marija):

Weg mit schlechten Energien und schlechten Beratern. Ciao, adios, bye bye, hasta la vista. Sollen die doch ihr eigenes Leben leben. Sie schaffen alles, was Sie schaffen wollen. Und das mit Hingabe und Liebe zu sich und Ihrem inneren Navigator. Pflegen Sie ihn schön und bekleben Sie ihn mit Glambamglitzerstaub. Er ist nämlich Ihr Jackpot! Und dann machen Sie es wie meine Mutter:

Der, der mia ma de Aaaasch abputzt, darf ma bestimme, was isch ma machen soll. Ja genau! Gibt ma nua misch.

Ihr Navigationssystem ist sehr weise. Es weiß, was gut für Sie ist und was nicht. Wenn Sie darauf hören, gehen Sie automatisch den richtigen Weg. Das erste Gefühl ist oft das richtige. Und das betrifft alles und jeden. Und auch jeden Lebensbereich. Fragen Sie zuerst immer Ihre innere beste Freundin. Und vertrauen Sie auf sie.

Fangen Sie mit kleinen Übungen an. Testen Sie aus, wie es sich anfühlt, kleine Schritte ergeben große Schritte. Und was meinen Sie, wie beeindruckend es ist, wenn Sie eine bestimmte Sache nicht machen, weil Ihre Navigations-BF nein, njet, non, nope!! sagt. Auch wenn es tausend Menschen gibt, die Ihnen empfehlen, es zu tun. Und SIE dann am Ende richtig lagen?

Es wird Ihr Leben von Grund auf ändern!

Die Zeit der Umwege ist hiermit beendet. Fühlen Sie es auch? Vertrauen Sie darauf. Dann ist der erste große Schritt zu Ihrem neuen Leben getan.

Sie werden Samba tanzen! Purzelbäume vor Freude schlagen! Kapriolen in der Luft machen! Leicht wie ein Schmetterling sein! Weil Sie WISSEN, egal, was passiert: Ich habe meine innere allwissende Stimme. Es kann mir nichts passieren.

Na? Kribbelt's? JAAAAAA. Es kriiiiiiibbelt!!

CHAKAAAAAAAA.

And now your life will change in oh so many waaaaahaaays ...

So, jetzt wo das Navi klargemacht ist, gehen wir ans Eingemachte. An die Veränderung Ihres Lebens. Ich hoffe jetzt mal,
dass Sie nicht ganz so beschissen dran sind wie ich seinerzeit,
aber dass Sie was ändern wollen, das nehme ich jetzt mal als
gegeben an. Und egal in welcher Lebenssituation Sie sind, Sie
müssen Ihr Leben SELBST in die Hand nehmen. Los geht's.

Um Gottes willen

Wissen Sie, mittlerweile bin ich FEST überzeugt, dass wir uns
freimachen müssen von den Regeln der anderen und vor
allem von so was Eeeeekeligem wie Moral. Vor allem, wenn es
um religiöse Moralvorstellungen geht. Das müssen wir tun, um
unsere eigene Stimme besser oder überhaupt wahrnehmen
zu können. Ich bin überzeugt, dass alle Dogmen, die uns vor
allem die Kirche aufbürdet, uns eher von uns entfernen. Und
womöglich ist es genau das, was die damit bezwecken wollen.

Denken Sie doch mal darüber nach, wer die Gang-Leader
der großen Kirchen sind. Wie viele Frauen finden sich denn in
deren Chefetagen? Genau! Sehr wenige. Vor allem gefühlte
NULL, die nach außen hin die Kirchen vertreten.

Und jetzt soll mir mal jemand erklären, warum WIR Frauen einer
Gang folgen sollten, die von Männern geleitet wird? Das ist doch

genauso bescheuert, wie seine innere Stimme stumm zu schalten und sich dann zu wundern, wenn man sich ständig verfährt.

Ich bin Katholikin, als Kroatin blieb mir ja fast nix anderes übrig. In der katholischen Kirche gibt es bekanntlich keine Priesterinnen und keine Päpstin und auch keine sonstigen weiblichen Checkerinnen, weil Jesus nur Apostel hatte. Und die waren offensichtlich männlich. Und deshalb ist auch 2000 Jahre später der Laden weiterhin in Männerhand – mit der Zeit gehen ist nicht so die Stärke der Jungs. Die wollen keine Frauen, die ihnen den Rang streitig machen. Und auf die soll man nun hören? Vor allem, wo die doch gar keine Ahnung von Frauen haben? Schließlich sollen die Kirchenmänner sich ja allein dem Leben mit ihrem Chef widmen, sich nicht ablenken lassen vom Studium der Bibel und der Verbreitung des Wortes des Chefs, indem sie sich mehr mit der Völlerei und ihren Pullermännern beschäftigen. Also nix Heiraten, nix Bunga Bunga. Zumindest offiziell … Sehen Sie, wie das funktioniert? Glaube = Verbote?

Unter uns Klosterschwestern, ich habe mich ja in eine gaaaanz andere Richtung entwickelt, als der Papst gern von seinem kroatischen Schäfchen gesehen hätte. Denn alles, was ich getan habe, ist im Sinne der Kirche so was von IIIIH, BÄH, PFUI, Schande und ab mit ihr auf den Scheiterhaufen. Ich habe ja seinerzeit kirchlich geheiratet, das heißt ich bin faktisch vor Gott immer noch verheiratet und lebe also in großer Sünde, weil ich ja nicht mehr mit diesem mir damals angetrauten Herrn Tisch und Bett teile. Laut dem Anführer seines Fanclubs, the Pope himself, akzeptiert Gott eine weltliche Scheidung nicht. Einmal JAICHWILL und BISDASSDERTODEUCHSCHEIDET heißt nun mal: Bis einer von euch übern Jordan segelt, seid ihr verheiratet. Alles andere gilt nicht als Scheidung. Wahrscheinlich hat er mir deswegen auch den Rosenkrieg geschickt.

Oder war das am Ende gar nicht der Herrgott?

Ich als waschechte Kroatin bin natürlich tief verbunden mit der Kirche; wer noch nie an Weihnachten von Weihrauch in selbiger high war, der hat echt was verpasst. Und dennoch ist ein wichtiger Teil der Balkantherapie, sich vor allem von so großen Worten wie Schuld und Sünde zu lösen. Weil die automatisch implizieren, dass man sich für etwas zu schämen hat. Ab in die Tonne damit, Schwester. Meine Mutter kann hier an dieser Stelle leider, leider kein Zitat beisteuern, ich musste sie kurz in den Keller sperren. Sie findet nämlich, egal was ist:

DE GOTT HAT MA IMMA RESCHT!

Hat er ja auch. Aber wir zwei beide sind uns einig darüber, dass GOTT und die KIRCHE zwei gaaaaanz verschiedene Paar Schuhe sind, oder? Und eiiiiigentlich weiß das meine kroatische Mutter auch. Würde sie nur nie zugeben.

Gott findet im Übrigen, dass nicht alles soooo rund läuft in seinem Fanclub. Und eigentlich will er mit denen auch nichts mehr zu tun haben, dieser ganze Fankult ist ja schließlich nicht auf seinem Mist gewachsen. Und sein Sohn hat auf diesen Hype schon mal gar keine Lust. Der ist immer noch ziemlich sauer über die Nummer, die sie mit ihm abgezogen haben.

Ich habe eine ganz besonders tiefe Beziehung zu Gott. Wirklich! Und seinen Sohn finde ich sooo cool, dass ich mir seinen Namen habe tätowieren lassen. Ist ja bisher auch der einzige Mann, den ich nicht als Staubwolke gesehen habe. Also neben dem, der jetzt in meinem Leben ist. Von dem erzähle ich Ihnen später. Auf jeden Fall, Jesus ist das so oberwurscht, ob ich geschieden bin oder nicht. Er ist super, und sein Vater antwortet eigentlich auch immer sofort, wenn man mit ihm reden will. Manchmal schaltet er aber den G-Spot auch aus, um nicht für jeden Scheiß erreichbar zu sein. Aber das passiert selten.

Isch rede imma ma mit den und das ist ma wie de Anmeldung bei Schperrmill. Isch ruf den ma an, mach isch ma Termin, sag isch dem ma, was isch ma fia Scheise nisch mehr brauche. De Gott schickt dann in de Nacht eine Mitabajte und holte alles ab. Ruckzuck ist de Marijas Kopf am nächste Morgen wieder sauba.

So macht meine Mutter das, und da ist echt was dran. Ohne Mist! Ich habe mir das von ihr abgeguckt. Und ich gehe dafür meistens in eine Kirche. Also, wenn keiner da ist. Außer mir und Gott. Und dann rede ich mit ihm. Und seitdem ICH geschnallt habe, dass es nichts bringt, sauer auf IHN zu sein, nur weil ich mein Leben SELBST verkackt habe, ist er auch ziemlich stolz auf mich. Also Gott. Streberin halt. Ich habe in meiner Arschlochzeit viel mit ihm gesprochen. Hat echt was gebracht. Manchmal spricht er in komischen Sätzen, aber irgendwann versteht man es. Kann aber dauern. Ich bin aber vielleicht auch einfach schwer von Begriff.

Wenn isch ma mit de Gott rede, dann weiß isch ma, is ma nisch de Sinn von de Lebe, de Sinn von de Lebe zu finde, sondern ma zu lebe.

Meine Mutter und ich sind uns zumindest da einig, ein guter Draht nach oben ist die halbe Miete für ein gutes Leben.

GOTT, KIRCHE, JESUS UND CHRISTOPHERS MÖHRE

Katholischen Weibsbildern sagt man ja gern nach, sie seien verdorben und unzüchtig, sobald sie den Kirchenraum verlassen. Was auf mich wahrscheinlich ein bisschen zutrifft. Ein bisschen! Na gut, ich gebe es zu! Obwohl ich mir die Hälfte meiner – im Vergleich mit anderen Weibsbildern – wenigen Geschlechtspartner hätte sparen können, war ich doch jederzeit durch und durch bereit, unzüchtiges Verhalten an den Mann zu legen. Gar nicht das, was der Papst schätzt ... Und auch nicht das, was meine Mutter schätzt. Auf unzüchtige Dinge reagiert sie standardmäßig mit

Äkkälhaft, wäkklisch Ä K K Ä L H A F T!

Aber sehen Sie, es ist doch eine simple Rechnung: Mädchen, denen man immerzu sagt, »lass dies, lass jenes, Finger weg hiervon, was treibst du dich da schon wieder herum, spuck das aus, leg das wieder zurück«, wird man mit Sicherheit genau dort finden, wo sie nicht hin sollen.

Und solche Mädchen werden natürlich auch irgendwann erwachsen. Und haben gelernt: Verbote und Dogmen sind hochinteressant, weil in ausgewachsenem Zustand auch hocherotisch.

Dann kommen einem Jahre später Sätze wie *Spuck' das wieder aus* in den Sinn, wenn man (am Mann) zum Beispiel gerade *Deep Throat* übt.

Pfuiiiiiiii Teufel! BÄH!

Was ist Deep Throat?

Deep Throat heißt auf Englisch *tiefe Kehle* und bezeichnet eine Variante des Oralverkehrs, bei welcher der Pullermann gänzlich im Rachen aufgenommen wird. Ist sauschwer. Wer schnell unter Würgereiz leidet, sollte das Deep-Throaten vermeiden, da ein Sich-im-Schoße-des-Penisbesitzers-Übergeben sehr wahrscheinlich und für weiteren Verkehr unförderlich ist. Bei kleineren Geschlechtsteilen kann man aber den Würgereiz durchaus überlisten und den Penisbesitzer dadurch lebenslang an sich binden. Aber man muss es halt üben, üben, üben.

Aber was hat Deep Throat nun mit dem Katholizismus zu tun? Verstehen Sie jetzt nicht? Na ja, so wie Sie es vielleicht sehen: gar nichts. Und ich möchte Sie an dieser Stelle mit den Fantasien, die *ich* zu Deep Throat und der katholischen Kirche habe, verschonen. Aber mich dürfen Sie sowieso bloß nie als Maßstab nehmen, ich bin ja in deren Augen quasi so was wie die Ausgeburt weiblicher Schlechtigkeit. Ich gehöre unter uns Weibern zur ungebenedeiten Sorte Weib. Denn ich habe noch nie was Unbeflecktes empfangen. Ganz im Gegenteil, hier und da habe ich sogar mal was verkleckert. Na ja, Sie sehen: Eigentlich ist das hier gar keine richtige Therapiestunde, sondern ein Ausflug in die Annalen meiner Religion. Ich werde gerade ein bisschen aufmüpfig. Aber ich finde, das muss und darf ab und zu auch mal sein. Schließlich sind die auch nicht besonders frauenfreundlich.

Wir kommen umgehend zu meinem Kindheitsidol: JESUS. Er hing in meinem Kinderzimmer. Als ich klein war, musste ich immer züchtig und auf nackigen Knien vor dem hängenden Herrn Jesus knien und um Verzeihung bitten. Wofür, weiß ich nicht mehr. Ich nehme an, ich hatte wieder was angestellt. Meine Mutter war ja noch seeeehr jung, als ich klein war, und sie hatte das ja zu Hause auch so gelernt, und hätte sie gewusst, was DAS im Erwachsenenalter bei mir auslöst, hätt' sie es bestimmt auch lieber gelassen.

Mir wurde erklärt, dass der Herr Jesus der Sohn vom lieben Gott ist und der ihn geschickt hätte, damit ich ein braveres Mädchen werde. Wer nun der liebe Gott ist, wurde mir nicht erklärt. Meine Eltern hatten aber die Rechnung leider ohne den Wirt gemacht und die ganze Mission ist irgendwann wie eine Arschrakete nach hinten losgegangen.

Auch wenn ich nicht recht wusste, wer das ist, der da hängt, nur dass er der Herr Jesus heißt, hatte er trotzdem meine vollste Aufmerksamkeit. Denn auch wenn er wie ein Tropf in meinem Kinderzimmer hing, stumm wie ein Fisch, und sich wirklich nie von mir überzeugen ließ, raus zum Spielen zu kommen, pflegte ich eine außerordentlich gute Beziehung zu ihm. Denn mir war selbst mit fünf Jahren zu jeder Sekunde bewusst, dass es ihm sehr, sehr viel beschissener ging als mir. In jeglicher Hinsicht. Eine wirklich arme Sau. Er hatte eine Windel an, die ihm nie einer wechselte, *und* er hing an Händen und Füßen angetackert in meinem Kinderzimmer. Die Versuche, ihm wenigstens ab und an die Windel zu wechseln, endeten damit, dass ich – ob der verdächtigen Stille im Kinderzimmer – natürlich dabei erwischt wurde. Und dann extralange knien musste. Inklusive Gedichtaufsagen. Laut. Und zwar eines, das *Ave Maria* hieß. Dass die Frau in meinem Gedicht so hieß wie meine Mutter, das fand ich ziemlich verdächtig. Was ich aber bei aller Verdächtigkeit noch weniger verstand: Was hatten die Marias mit dem armen Mann zu tun? Und warum musste ich dem Herrn Jesus immerzu das gleiche Gedicht aufsagen? Hatte sich meine Mutter das etwa *ausgedacht*?

Hatte *sie* ihn etwa auch in mein Kinderzimmer genagelt?

Da ich als noch unausgewachsener Mensch schon eine harte Nuss war, machte mir das Herumknien herzlich wenig aus. Mein einziges Ansinnen ab dem Moment der Herr-Jesus-ist-eine-noch-ärmere-Sau-als-ich-Erkenntnis war: Wie rette ich Herrn Jesus und wie finde ich heraus, wie ich ihm *wenigstens* die Windel wechseln kann? Aber vor allem plagte meinen Kinderkopf eine große, ach was! *riesengroße* Frage. Eine Frage, zu der ich tief im Inneren schon die Antwort wusste – und das, obwohl ich es wirklich nicht wissen KONNTE –, für die ich aber natürlich trotzdem und zwar dringend einen Beweis brauchte:

Was hat der Herr Jesus *unter* seiner Windel?

Etwa das Gleiche wie mein Freund Christopher Christoleit? Den hatte ich nämlich auf einem Kindergeburtstag aus Versehen auf der Toilette erwischt und etwas gesehen, was mir bis dato gänzlich unbekannt war. Zuerst legte sich eine kurzzeitige Verstörung über mein Gemüt, denn ich verstand nicht, warum Christopher einen Regenwurm über der Toilettenschüssel würgte. Nachdem die erste Verstörung aber gewichen war und ich genauer hinschaute, wusste ich es plötzlich. Eine bahnbrechende, für immer alles verändernde Information drückte sich aus dem kollektiven Bewusstsein der Menschheit in meinen fünfjährigen Kinderkopf:

Er hatte einen Pullermann!

Einen Pimmel, Dödel, Pipimann, Ömmes, Schlingel, Johannes, Lümmel, Rüsselmeister, Wasserhahn ... eine Möhre!

Hatte *das* der Herr Jesus etwa auch? Eine solche Möhre? So klein und schrumpelig mit kleinen Kugeln drunter?

Als Christopher Christoleit von mir dabei erwischt wurde, wie er ebendiese gerade abschüttelte, hielten wir beide inne und starrten uns an. Also *ich* starrte auf seine Möhre, und er starrte zuerst mich an, und als ich nicht aufhörte, auf seine Möhre zu starren, starrten wir *beide* dann darauf.

Als wäre in Christophers Möhre gerade der Heiland persönlich erschienen.

Was der Heiland und der Herr Jesus gemein hatten, das habe ich natürlich erst viel später erfahren. Für Christopher muss das der Moment *seiner* Erkenntnis gewesen sein. Und ohne es zu ahnen, hatten Christopher und ich in den gleichen schicksalhaften Minuten tief greifende und alles verändernde Erkenntnisse.

Für ihn war es *der* Moment, in dem er begriff, dass er seinen Pullermann mit hoher Wahrscheinlichkeit nicht nur zum Pullern hat – und dass er offensichtlich *so* interessant ist, dass Mädchen ihren Mund beim Anblick desselben nicht mehr zubekommen.

Und ich wusste, von ganz tief innen: Unter der Windel des Herrn Jesus befindet auch so eine Möhre und gleichzeitig die Antwort auf alle meine Fragen!

Denn wenn sein Vater – vielleicht war es aber auch meine Mutter, vielleicht aber auch beide *zusammen* – ihn so nackig und traurig an ein Kreuz getackert und eine Windel so fest an seine Möhre geklebt hatte, dass ich sie nicht mal mit sehr viel Scheuermittel runterbekam, dann musste er damit etwas Verbotenes gemacht haben!

Und JETZT möchte ich Ihnen eröffnen, worauf ich hinauswill. Ich sag's Ihnen:

Befreien Sie sich von all den Regeln und Vorschriften, die Sie während Ihres Lebens aus Ihrer Kindheit mitgeschleift haben wie einen alten Koffer. Ich habe natürlich eine besondere Beziehung zu Verbotenem entwickelt und wollte gleichzeitig ein braves Frauchen sein. Das war in *meinem* Koffer. Hat suuuuper funktioniert, wie Sie ja mittlerweile erfahren haben.

Ich hatte lange Zeit ein Marterl in meinem Upper-Class-Garten stehen. Ein Marterl, das ist ein riesiges Kruzifix, an dem der arme Tropf hängt, und Marterl stehen an Wegrändern oder auf Bergen rum. Ich hatte meins von einem Dreh aus Oberösterreich mitgebracht. Andere bringen sich ein Paar schöne Ohrringe mit, ich hab' einen drei Meter großen Jesus angeschleift. Meine Mutter überfiel da zum ersten Mal die leise Ahnung, dass das mit dem Knien vielleicht doch keine sooooo gute Idee gewesen ist.

Jesus am Marterl hat sich bei meinem Auszug aus der Upper-Class beide Arme und Beine gebrochen. Er ist im Umzugswagen einfach umgekippt. Das war das Ende *unserer* Beziehung. Also natürlich nicht unserer Beziehung per se. Nur der weltlichen. So rein spirituell bin ich natürlich noch mit ihm verbunden. Wissen Sie, so wie man eben manche Männer liebt, aber trotzdem nicht mit ihnen leben kann. Verstehen Sie? Nein? Sie kommen jetzt durcheinander?

Na ja, seitdem sich Jesus die Arme und Beine im Umzugswagen gebrochen hat, habe ich allen Kitsch meiner Vergangenheit auch genau dort gelassen. In der Vergangenheit. Und nur das Gute mitgenommen. Ich glaube natürlich immer noch fest an die Kraft des Himmels. Falls SIE ab sofort das eine oder andere Mitbringsel aus Ihrer Kindheit der Vergangenheit übergeben möchten, das hier wäre DIE Gelegenheit.

Aber zurück zu Gott, seinem Vater. Ich möchte bitte nicht, dass er zu viel über mich und seinen Sohn weiß. Also über das, was da wirklich vorgefallen ist. Man muss ja auch Geheimnisse haben.

Geheimnisse

Wo wir schon bei Verbotenem und so sind: Sie brauchen uuuuunbedingt ein paar Geheimnisse. Gut, *eines* reicht vielleicht. Aber erzählen Sie sie nicht rum, Geheimnisse sind dazu da, sie in aller Stille und Verschwiegenheit zu genießen. Sonst wären sie ja nicht geheim. Logisch.

Suchen Sie sich etwas aus, was Sie leidenschaftlich gern tun, aber wissen, dass es *eigentlich* nicht okay ist. So wie ich versucht habe, Jesus die Windel abzukratzen.

Ein Geheimnis zu haben pimpt Ihre Aura. Glauben Sie mir. Auch wenn es nur ein klitzekleines ist. Auch wenn nur *Sie* denken, uuuuh, vooooll geheim, und Ihre Freundinnen einen Lachkrampf bekommen würden, wenn sie Ihr Geheimnis wüssten. Es zählt, wie *Sie* sich dabei fühlen. So ein kleiner Kick ab und zu ist wie ein Zellenbooster. Wir reden hier natürlich nicht von *Ich spritze mir manchmal heimlich Heroin* oder *Ich stehle ab und zu bei Louboutin ein Paar High Heels* – obwohl ich das mit den High Heels total verstehen könnte. Wirklich. Total gut. Wahrscheinlich wäre das sogar ein ziemlich cooles Geheimnis. Winona forever!

Werden Sie ohne Höschen einmal im Leben zur Hotelklepto-
manin. Es wird Sie total befreien.

Sie sind eine rechtschaffende Bürgerin und tun nie was Verbotenes, außer sich ab und zu mal volltrunken in den Popo
pimpern zu lassen. Sie tun es!! Geben Sie es zu!! Oder Sie stecken sich heimlich im Supermarkt ein paar Weintrauben in
den Mund und gehen weiter, oder Sie legen der Toilettenfrau
nur zwanzig Cent in die Schale, obwohl da fünfzig Cent steht,
ooooder noch schlimmer: Sie zünden in der Kirche eine Kerze
an, ohne dafür bezahlt zu haben.

Wow, Sie sind ja ein richtiger kleiner Rebell.

Lassen Sie uns zusammen Ihre innere schamlose Kaiserin
entfesseln. Das heißt nicht, dass Sie sich ernsthaft mit dem
Gesetz anlegen sollen. Wir sind ja nicht bescheuert. Ich habe
keine Lust, Sie irgendwann im Knast besuchen zu müssen, nur
weil Sie dieses Buch gekauft haben und danach Ihre schamlose Kaiserin versucht hat, die Mona Lisa aus dem Louvre zu
schleifen. Das wäre aber auch wirklich saudumm.

Es heißt, dass Sie etwas tun, was sich im Allgemeinen nicht
schickt. Suchen Sie sich einen Bereich, der sinnvoll ist. Und
während Sie das tun, tragen Sie kein Höschen und geben Sie
so auch Ihrer Muschel das Gefühl der absoluten Freiheit und
Rebellion. Sie dürfen nur keinem wehtun dabei.

Sie wissen nicht, WAS Sie Verbotenes tun sollen? Natürlich
stehlen Sie nix von Bekannten oder Freunden. Von Kindern
und Ihrer Familie natürlich auch nicht. Auch nicht in Geschäf-
ten. Auch NICHT im Louvre.

Aber Sie dürfen trotzdem mit so Kleinigkeiten wie Trauben-im-Supermarkt-in-den-Mund stecken trainieren. Und vergessen Sie dabei nicht, Ihr Höschen auszuziehen. Aber vielleicht nicht mitten im Supermarkt. Stellen Sie sich mal vor, da kommt gerade 'ne Gruppe Kindergartenkinder samt Erziehern, und Sie stehen an der Obsttheke und der Schlüpfer hängt Ihnen an den Knöcheln. Das ist nicht der Plan!

Der Plan ist, mal ab und zu 'ne Gabel oder ein Messer mitgehen zu lassen. Aber nur in großen Hotels. Oder in seeeehr teuren Restaurants. Die kalkulieren das ein. Und wenn Sie einen richtigen Kick wollen, dann lecken Sie Ihren Teller sauber, nachdem Sie bezahlt haben – der Kellner darf natürlich nicht gleich abräumen – und stecken den in Ihre Handtasche. Und wenn der Kellner Sie ein bisschen verdutzt fragt, wo der Teller geblieben ist, SIE haben natürlich KEINE Ahnung! Handtücher aus Hotelzimmern mitgehen zu lassen ist voll anfängermäßig, dabei ist die Chance des Erwischtwerdens ja gleich null. Sie steigen natürlich gleich High-Score ein. Wir sind ja keine Schwachmuttis!

Apropos Mutti, die Reaktion meiner Mutter auf eine Gabel in meiner Handtasche, die nicht aus meinem Haushalt kommt:

ISCH WEISS NISCH, W A S HAB ISCH MA NUA GEBOOOOOREN?

Die Sache mit Höbi

Meine Mutter hatte auch mal ein Geheimnis. Sie hatte mal einen Klamottendealer, der hieß Höbi, eigentlich hieß er Herbert, aber meine Mutter nannte ihn Höööööbi. Papa durfte von den Einzelheiten rund um Höbi natürlich nix wissen. Höbi hat säckeweise Designerklamotten vertickert, die vom Lastwagen gefallen sind. Und er hat den ganzen Tag gekifft.

Was von de Lastwage gefalle?! Was erzählst du ma fia QUATSCH? Das ist ma Bä-Ware!

Und den ganzen Tag stoned sei er aus medizinischen Gründen, behauptete meine Mutter, er habe Rückenschmerzen vom Säckeschleppen. Außerdem wäre das gut fürs Geschäft. Und damit meinte sie natürlich *ihres*. Dieses Geheimnis mit Höbi hat meiner Mutter total gut getan. Sie hat sich wie Anna Wintour gefühlt in ihren Designerklamotten, und mein Vater wusste zwar von Höbi, aber nicht, dass er kifft, und auch nicht, dass Mama nicht nur den EINEN Sack voller Klamotten mitgebracht hatte, sondern noch drei andere im Keller standen.
Übrigens, Höbi ist mittlerweile clean. Er kifft nicht mehr. Zum Leidwesen meiner Mutter. Seitdem gibt's nämlich auch keine Bä-Ware mehr. Ich würde ja zu gern wissen, ob meine Mutter ein neues Geheimnis hat. Aber wenn ich sie frage, sagt sie:

Geht disch ma nix an. Gaaaa nix an.

Ich fordere Sie hiermit wirklich hochoffiziell auf, sich ein Secret DIARY anzulegen. Ich hätte das auch soooo gerne. Tun SIE es bitte für uns beide, ja? Ich bin darin nämlich eine ziemliche Niete. Ich komme leider nicht nach meiner Mutter. In meinem System sind Geheimnisse nicht vorgesehen. Zum Beispiel Weihnachten. Weihnachten ist für mich der blanke Horror. Ich kann es kaum ertragen, ALL die schönen Geschenke, die ich besorgt habe, nicht an Ort und Stelle überreichen zu dürfen. Von größeren Geheimissen ganz zu schweigen. Falls Sie Ihren Mann abgemurkst haben, ich wäre nicht die richtige Adresse für eine Beichte.

Dabei hätte ich sooo gern ein Geheimnis.

So was wie einen Zweitwohnsitz. In Paris. Von dem keiner weiß. Und einen französischen Liebhaber. Von dem auch niemand weiß. Auch meine Freundinnen nicht. Das ginge natürlich nur, wenn ich zu Hause keinen Mann hätte. Damit fängt's schon mal an. Keine Sekunde könnte ich einen Liebhaber verschweigen.

Aber soooo alleine scheine ich gar nicht zu sein: Wir Frauen können Geheimnisse nämlich durchschnittlich nur 32 Minuten für uns behalten. Und wenn diese 32 Minuten vergangen sind, dann platzen wir wie ein Wasserfall heraus. Ich bin unter diesen Frauen definitiv die Anführerin. Und das wäre echt schlecht für meine Beziehung, also das mit dem Liebhaber und Paris. Schlecht für meinen Liebhaber und mich, meine ich. Was kann man in 32 Minuten schon großartig anstellen? In Paris! Das wäre jammerschade!

Aber Ihnen fällt bestimmt ein super Geheimnis ein. Vielleicht schaffen Sie ja Paris. Falls ja, schicken Sie mir biiiiitte ein paar Selfies? Über Facebook? Bitte bitte? Ich sag's auch keinem.

Selbsthilfe

Hallo Gott, hier ist Mimi

25.12.2011. Ziemlich früher Morgen. Meeting mit Gott. Ich sitze in der Streitkirche in Kronberg, Ort der Schließung meiner verkackten Ehe 2000. Keiner da außer Gott und ich.

— Hi Gott.
— Hi Mimi.
— Hast du kurz Zeit für mich?
— Nee eigentlich nicht. Was gibt's denn?
— Ich ... äh. Ich, ähm. Also ich habe ...
— Mimi! WAS gibt es?
— Ach nix.
— Hör mal. Johannes Heesters ist gestern Nacht aus dem Nichts hier aufgekreuzt. Und es gibt in genau 'ner halben Stunde einen Zapfenstreich. Ich muss mich darum kümmern. Wenn du also was willst, dann gib jetzt Gas!
— Hast du keine Angestellten, die das für dich machen?
— Nee. Ist Chefsache. Ü100. Also?

— Ich ... äh. Ichbrauchegeld.

— Wie bitte?

— Ichbrauchegeld.

— Geld.

— Ja. Geld. Was ist daran nicht zu verstehen?

— Und da kommst du zu mir?

— Zu wem denn sonst?

— Ich habe kein Geld. Ich habe nicht mal Arme und Beine.

— Ich will es ja auch nicht VON dir. Du sollst mir ja nur sagen, WO ich welches bekomme.

— Am Bankautomaten?

— Lustig.

— Mimi. 's ganz einfach. So wie du es losgeworden bist, so bekommst du es auch wieder.

— Aha. Aber ich meine ... könntest du nicht, ich meine du bist GOTT. Könntest DU mir nicht helfen?

— Tu ich doch. Wenn du es tust.

— Verstehe ich jetzt nicht.

— Na gut Mimi, noch mal für die ganz Doofen zum Mitschreiben: H i l f d i r s e l b s t d a n n h i l f t d i r G o t t.

Oh jaaaaa, Sie tolles Wesen, das jetzt gerade in meinem Buch herumblättert. Geheimnisse und heimliche Unterredungen sind heiß. Und Gott, der ist VOLL gütig, Gott ist groß. Praise the Lord! Aber vor allem ist Gott ziemlich schlau. Sein Sohn hat 'ne

Menge Weisheit von ihm abgekriegt. Scheint so 'n Familiending zu sein.

Hilf dir selbst. Dann hilft dir nicht nur Gott. Dann hilft dir jeder. Sie können Gott auch anders nennen, wenn Sie mögen. Wir sind ja hier nicht dogmatisch. Die große Energie. Oder LIEBE. Oder GöttIN. Oder die universelle Mutter oder BIG DADDY, von mir aus auch SUGAR DADDY oder oder oder. Ich glaube, Sie wissen, worauf ich hinauswill.

Eine Spirale, die sich nach unten dreht, kann sich immer auch nach oben drehen. Es braucht oft nur einen Moment, die Richtung zu verändern. Aber fleißig müssen Sie sein und stets ausprobieren. So lange, bis es klappt. Und selbst wenn Ihnen hundert Leute sagen, das klappt nie – wenn SIE daran glauben, klappt es!

Na ja, gut, wenn Sie glauben, Sie könnten von einem Hochhaus runterspringen und losfliegen, würde ich Ihnen vielleicht doch raten, es lieber nicht auszuprobieren. Und wenn das außer mir noch 99 andere Menschen tun, dann sollten Sie definitiv nicht versuchen zu fliegen. Aber nehmen wir mal an, Sie wissen, wie ich das meine.

So lange du ma noch nisch tot bist, kann ma nisch so schlimm sein.

Gutes Stichwort meiner Mutter: Im gleichen Atemzug, in dem Sie anfangen, Ihr Leben selbst in die Hand zu nehmen, können Sie aufhören, sich zu bemitleiden. Und wenn Sie schon dabei sind, hören Sie auch gleich auf, sich selbst niederzumachen und Ihr Leben mit dem anderer zu vergleichen. Es lebt sich wirklich leichter, wenn Sie das lassen. Sie sind Sie. *Warum hat die das, was ich nicht habe, und warum ist die schöner oder dünner oder reicher oder erfolgreicher oder oder oder ...* Schenken Sie sich diese Gedanken. Sie könnten auch dem Papst Kondome mit Zimtgeschmack nach Rom schicken, das wäre genauso sinnvoll wie die Beschäftigung mit dem Leben anderer. Außerdem werden Sie sowieso nie die ganze Wahrheit erfahren. Ob das Leben der anderen auch wirklich so ist, wie es nach außen erscheint, wissen Sie es *wirklich*?

Meistens ist es das nämlich nicht. Oder glauben Sie, dass Rihanna oder Beyoncé keine Sorgen haben, nur wegen der Millionen auf ihrem Konto? Ich sag Ihnen was: Die haben genau die gleichen Sorgen wie Sie, nur in berühmt. Geld löst Probleme nicht, Geld erleichtert lediglich vielleicht das eine oder das andere. Geld verdirbt übrigens auch nicht den Charakter. Wenn sich jemand plötzlich ins Negative zu entwickeln scheint, weil er oder sie auf einmal Kohle hat, dann liegt das nicht an der Kohle. Der Charakter war wahrscheinlich schon immer scheiße und hatte nur noch keine Gelegenheit, sich zu zeigen. Wenn Sie aber ein Herzchen sind, dann sind Sie das mit oder ohne Geld.

Ist so.

Menschen, die sich mit anderen vergleichen, sind zutiefst unzufrieden mit ihrem Dasein, und falls Sie in diesem Buch bisher noch nicht auf den Trichter gekommen sind, dass Sie volle Lotte die Power haben, alles zu verändern, was SIE wollen, um zu einer Supernova zu werden, dann möchte ich Ihnen wieder ein Beispiel aus meinem Leben geben:

Wie Sie wissen, hat mich das Leben ausgenommen wie eine Festtagsgans. Ich bin zwei Mal mit Anlauf so was von auf die Schnauze geflogen und habe mir beide Male ziemlich wehgetan. Und wir reden hier nicht von aufgeschürften Knien, sondern von harten Verletzungen, die laaaange verheilen mussten. Scheißegal, warum und wer daran schuld war. Es zählte nur das Resultat. Während ich mich im Sinkflug befand, hat die Welt um mich herum geheiratet, süße Babys in die Welt gesetzt, Hauptrollen in Kinofilmen bekommen – ich wurde nicht mal mehr zu Castings eingeladen –, Geld verdient, Häuser und Nester gebaut, ist in atemberaubend schöne Ferien geflogen, mit Sandstrand und Bungalow, und schicke Autos gefahren – und ich? Ich hatte nicht mal mehr einen Führerschein. Dafür hatte ich einen Arsch voll Probleme und die Privatnummer meines Gerichtsvollziehers.

Aja, warum ist dia das jetz ma peinlisch?? MIR war deine Gärtne peinlisch! Was wa da fia doofe Idee. Ein Gärtne, aber keine Fennisch in de Tasche!

Ich habe natürlich versucht, mich zu verteidigen, aber es hat meine Mutter nicht interessiert,

DOOF is ma DOOF!

Der Gerichtsvollzieher hieß Horst. Und immer wenn Horst klingelte, um mir einen Pfändungsbeschluss zu überreichen, hatte ich schon Kaffee aufgesetzt und eine Panikattacke hinter mir. Das hat er natürlich auch immer sofort gesehen und mich erst mal umarmt. Das dürfe er nicht tun, hat er gesagt, er dürfe sich auch nicht mit den Menschen identifizieren, sonst könne er nicht mehr ruhig schlafen, aber ich hätt's halt so nötig, es würde ihm in der Seele leidtun und er würd' jetzt einfach auf die Regeln pfeifen.

Ich hatte einen Horst, der zwar Geld von mir wollte, das ich nicht hatte, aber ich hatte auch einen Horst, der sich Zeit für mich nahm und in meiner Küche saß und erzählte. Natürlich ohne Namen zu erwähnen oder die, über die er sprach, bloßzustellen. Aber er erzählte von Familien, die viele Kinder haben und bei denen es nur eine Mahlzeit am Tag gibt. Weil für mehr kein Geld da ist. Von Selbstmorden der Väter, vor Scham darüber, dass ihre Familien am vollkommenen Existenzlimit leben mussten. Von alleinerziehenden Müttern, die drei Jobs machen, um alle durchzubringen, von sehr reichen Menschen, die innerhalb kürzester Zeit mittellos geworden sind, und wie das Leben sein kann, wenn man nur eine Minute unachtsam ist. Leben heißt eben auch scheitern.

Horst hat es immer geschafft, mir das Gefühl zu geben, dass ich immer noch so viel besser dran bin als so viele andere. Und zwar ohne erhobenen Zeigefinger. Das kennen Sie doch, das hat uns doch schon immer genervt, wenn uns einer erzählt hat, dass es anderen Menschen noch viiiiieeel schlechter geht ... Nee, Horst brachte das so rüber, dass es *mir* besser ging. Und immer wenn er weg war, hatte ich eine kleine Sorge weniger. Weil er mir erklärt hat, wie es geht.

Hinter all den Unternehmen stehen Menschen. Aus Fleisch und Blut. Menschen, die alles genau gleich empfinden wie man selbst. Alles, was die wollen, wenn man in einer Misere landet und nicht weiß, wie es weitergeht, ist: Kommunikation. Und sie sind alle bereit, nach Lösungen zu suchen. ALLE. Ich habe auf meinem ganzen Weg bis hierher niemanden getroffen, der blöd zu mir war und sich vollkommen verweigert hat. Natürlich wollten alle nach wie vor das, was ihnen zusteht, aber sie waren bereit zu helfen, wo es geht. Fristen verschieben, kleinere Beträge erlassen, Zinsen halbieren, so was. Aber mit ihnen sprechen musste ich. Die Sache anpacken. Nicht den Sand in den Kopf stecken. Äh nee. Umgekehrt. Den Kopf in den Sand. Sie wissen schon.

Da sind wir auch schon wieder beim ursprünglichen Thema: Hilf dir selbst. Geh es an. Dann helfen auch die anderen. Und verbring nicht die Zeit damit, auf andere zu schielen oder dir leidzutun.

Und das war echt nicht immer leicht. Es war die schwerste Aufgabe meines Lebens. Erst mal diese unendlich große Scham überwinden. Weil ich ja auch gar nicht wusste, woher zum Teufel das Geld in Zukunft überhaupt kommen sollte. Der Teufel ist ein Schlitzohr. Er macht immer auf den größten Haufen.

Ich thronte wie eine Lumpenprinzessin auf einem Haufen Verbindlichkeiten und beschloss eines Tages, einfach ANZU-FANGEN. Die Papiere zu sortieren, ALLE anzurufen, alle. Meine Situation zu erklären. Aber ich wollte auf keinen Fall aufgeben. Ich wollte ganz alleine den Berg kleiner und kleiner machen. ICH. Das war wichtig. Ich hab ja sonst so im Leben eher das Gemüt eines Tischkonfettifeuerwerks, niemand weiß so genau, was als Nächstes für 'ne Farbe rauskommt, am wenigsten ich selbst. Aber ich wusste: Hier muss ich jetzt etwas lernen.

Natürlich habe ich die anderen Leben um mich herum bemerkt, natürlich habe ich mich nicht gut dabei gefühlt. Aber ich habe mich nie verglichen. Und ich war nie neidisch. Ich war traurig. Aber nicht neidisch. Neid ist ein Killer, der frisst Sie von innen auf wie ein Parasit, wenn Sie den in sich reinlassen.

Und dann kam dieser eine beschissen schwere Sommer in Kroatien. Meine Eltern hatten meine Tochter und mich eingeladen, und sie hatten mir, bevor wir gefahren sind, meine Miete bezahlt, und ich wäre am liebsten weit weggelaufen, anstatt am Strand zu liegen. Ich sah schon die BILD-Schlagzeilen: *Mimi Fiedler, mittellos, Eltern bezahlen Miete* oder *Tatort-Star zieht zurück ins Kinderzimmer.*

Meine Schwester kam, Freunde kamen noch dazu, es war ausgelassene Stimmung und Sommer und die Grillen zirpten und der Himmel war blau. Und ich hatte genau hundert Euro in der Tasche. Für drei Wochen. Natürlich aß und trank ich bei meinen Eltern, aber drei Wochen sind lang, und was macht man im Urlaub, wenn man in einer schönen Runde ist? Natürlich schöne Dinge. Am Abend mal Essen gehen, Eis am Strand, einen Kaffee beim Stadtspaziergang, eine Zeitung hier, eine Cola da. Wie schnell sind hundert Euro ausgegeben. Ich war natürlich sparsam und habe versucht, den Schein sooooo lange zu strecken, wie es nur ging. Aber so 'n Hunderter ist stur, er war trotzdem nach zehn Tagen alle.

Mir war das alles schrecklich unangenehm. Ich wollte niemanden um Geld bitten, und ich wollte auch nicht, dass mir meine Familie weiterhin die Löcher stopft. Ich wollte sorglos sein. Und einen Job finden, wenn ich zurück bin, irgendeinen. Und mich nicht wie bei meiner vorherigen Jobsuche wie ein Showpferd behandeln lassen: Jemand lädt mich ein zum Interview, nur weil er mich aus dem Fernsehen kennt, und fragt mich zwar darüber aus, stellt mich aber trotzdem nicht ein.

Und eines Abends war ich alleine am Strand, meine Tochter war mit meinen Eltern in die Stadt gefahren, und schaute aufs Meer. Ich fühlte mich plötzlich klitzeklein. So klein wie eines der Sandkörner, auf denen ich saß, und in diesem Augenblick erschien vor meinen Augen der schönste Sonnenuntergang, den ich je gesehen habe. Wirklich. Sooooo unfassbar groß und gleichzeitig still und majestätisch. Das Wasser glitzerte, und die Abendsonne stand am Himmel wie eine Königin.

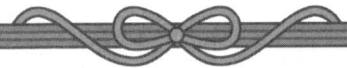

Hallo Gott, hier ist Mimi

— Na Mimi.

— Hi Gott.

— Schön, der Sonnenuntergang, oder?

— Mhm.

— Und warum schaust du dann immer noch so, als
würdest du Reiner Calmund beim Kacken zusehen?

— Goooott!

(Stille)

— Gott? Bist du noch da?

— Jepp. Noch da.

— Ich schäme mich so.

— Für was denn?

— Für alles. Ich hab 100 Euro in der Tasche. Für drei
Wochen.

— Ist doch super.

— WAS ist daran super?

— Es gibt echt Schlimmeres.

— Jaaa. Jetzt wieder DIE Nummer!

— Ey. Kannste mal aufhören zu jammern? Geht mir
langsam auf die Nüsse. Du lebst IMMER noch in der
UPPER Class. OK? Also MACH was draus!

Na ja, was soll ich sagen? Gott hatte ja recht. Ich war IMMER noch in der Upper Class. Im Land der unbegrenzten Möglichkeiten und nicht in einem Wellblechdachhaus in den Slums von Indien. Ich glaube, das war der Tag, an dem ich das endgültig geschnallt habe. Von da an war der Weg nach oben offen. Ich habe erst mal aufgehört, mich zu schämen. Und ich hatte mich bis dahin so ziemlich für alles geschämt. Und langsam wurden die Dinge anders. Ich habe die anderen Leben um mich nicht mehr als Bedrohung wahrgenommen. Diese Menschen sind mit ihren Energien plötzlich meine Aufmunterungen geworden, und ich habe mich trotzdem zu hundert Prozent auf mein eigenes Leben konzentriert.

Ich habe mich geschüttelt und angefangen, den inneren gordischen Knoten zu lösen. In der Gewissheit, dass ICH es bin, die den Schlüssel zum Erfolg schmiedet, und dass ICH es bin, die ganz genau weiß, wie es geht. Mithilfe meines Navigators, der ja Gott-und-meiner-Mutter-sei-Dank nicht mehr auf stumm gestellt war, und mithilfe der vielen kleinen himmlischen und irdischen Engel, die plötzlich immer öfter meinen Weg kreuzten.

Wenn man den Kommunikationskanal öffnet und die Dinge beim Namen nennt, kommen von überall Menschen und Situationen, die genau DAS honorieren. Es ist eine Gesetzmäßigkeit. Und wenn Sie dazu noch eine Handvoll guter Freunde und Ihre Familie um sich haben, kann Ihnen gar nichts passieren. Mir ist ja auch nichts passiert. Also nichts wirklich Schlimmes.

Meine Familie war hart mit mir. Balkanstyle halt. Sie haben mich nicht bemitleidet. Sie haben mich umarmt und getröstet, aber Mitleid habe ich keines bekommen. Was hätte ich damit auch anfangen sollen?

Warum heulst du jetz ma? Deine Garten war ma eine Park und warum hast du ma zwei von de Auto gebraucht? Das ist ma jetzt dein Quittung! Was hast du ma in dein Kopf gedacht? Dass du ma Peris Hilto bist?

Ich habe natürlich wieder versucht, mich zu verteidigen. Das sei ja alles nicht meine Idee gewesen, und ich hätte ja schließlich auch immer gearbeitet, und es wäre ja auch alles gutgegangen, wenn ich noch zu zweit und nicht allein wäre und ... Na ja, hat meine Eltern alles nicht gejuckt. Es gab 'ne Menge Ansagen. Können sich ja vorstellen, wie so 'ne Marija- und Pere-Ansage aussieht:

Bin isch ma vezzisch Jahre in Deuschland und habe isch NIE ma eine Fennisch mia auf de Bank geliehe und duuuu denkst du ma nisch mit deine Gehänn nach! Hab ISCH disch ma NISCH so erzoge wie eine Huhn ohne Kopp.

So was halt.

MIMI MOUSE UND WALT DISNEY

Ja, das war ich wohl. Ein Huhn ohne Kopf. Selbst meine alte Freundin Lieschen aus Bertas Hühnerstall wusste seinerzeit besser, wie es geht.

Und als die Worte meiner Mutter zu mir durchrieselten, habe ich angefangen, mir auf meinem Weg wirklich alles, ALLES, was auch nur im Ansatz motivierend sein könnte, im Internet anzuschauen. Motivationsreden von Oprah Winfrey. Jim Carey. Spirituelle Erkenntnisse von Eckhart Tolle, THE SECRET, THE GIFT, ach alles! Ich habe wirklich jedes noch so kleine Fitzelchen gelesen und mir angeschaut, was mich auch nur einen kleinen Schritt weiterbringen kann. Und erstaunlicherweise steckte in jeder noch so unterschiedlichen Philosophie irgendwie immer die gleiche Message: Es ist alles möglich. Und die Kraft der Veränderung liegt in deinen Gedanken. Oder wie Walt Disney sagen würde:

IF YOU CAN DREAM IT YOU CAN DO IT.

Als sich bei mir die Schleusen öffneten und mir klar wurde, dass ICH der Fahrer meines Lebensautos bin und niemand anders, war sie da, die tiefe Gewissheit: Ich werde jeden Cent zurückzahlen, auch meinen Eltern, auch wenn sie es nicht wollen, und danach werde ich mehr zum Leben haben, als ich brauche, und weil das so ist, werden die, die nichts haben, es von mir bekommen.

Dann bin ich zu meiner Bank gelatscht und habe mir Überweisungsvorlagen geholt. Die habe ich alle ausgefüllt. Die erste Überweisung an meine Eltern. Eine sehr hohe Summe. Ein Vielfaches von dem, was sie mir gegeben hatten. Und dann die Summe für die Banken. Der Überweiser: ICH.

Als ich fertig war, wusste ich's: Ich werde das zahlen können. Und nicht, weil ich im Lotto gewinne, sondern weil ich dafür arbeite. Und zwar an mir, an meiner Einstellung zum Leben, an meinen Beziehungen zu Dingen und zum Leben und in meinem Beruf. Ich wusste, dass ich genau DAFÜR vom Universum bezahlt werden würde. Und dass alles, was ich bisher an Geld ausgegeben hatte, sprichwörtlich mein Lehrgeld gewesen war. Ich hatte sehr teure Lebenskurse bei den besten Lehrern gebucht, und offensichtlich ist mein Lebensthema, zu lernen, mich SO zu nehmen, wie ich bin. Und von dieser Poleposition aus das Beste aus mir zu machen. Und ein Meister ist ja bekanntlich noch nie vom Himmel gefallen.

Wenn Sie anfangen, sich und Ihr Leben unter diesem Aspekt anzuschauen und sich liebevoll zu behandeln, dann schaffen auch Sie das. Aber es geht eben nicht nur um uns kleine Individuen – es geht um das Große und Ganze. Es geht darum, Verantwortung zu übernehmen, für sich, seine Handlungen und alles, was lebt.

Ich weiß, das klingt alles sehr theoretisch? Dann lassen Sie uns jetzt ans Eingemachte gehen. Ok? Damit Sie alles, was Ihnen zum Erfolg und Seelenfrieden im Weg steht, zur Seite räumen können. Sie brauchen's nämlich nicht mehr. Also, das, was Ihnen im Wege steht. Sie sind ja nicht umsonst hier gelandet. Natürlich geht's uns Mädchen im Leben sehr oft um Jungs. Ist so. Werden wir, so lange es Jungs und Mädchen gibt, auch nicht ändern können. Deswegen behandle ich sie in diesem Buch auch besonders ausführlich.

Erstes Gebot ist es, während eines Transformationsprozesses ganz nah bei sich zu bleiben. Das ist nicht sooo leicht, wie es klingt. Deswegen ist es umso wichtiger, keinen Alkohol zu trinken oder zu kiffen oder sich mit Tabletten vollzuballern, wenn Sie in einer Lesbenkrise sind. Äh, Lebenskrise. Sorry!

Also. Sie müssen wach sein, denn nur dann können Sie WACHsam sein. Wieder so eine göttliche Logik. Halten Sie sich fern von allem, was Energie saugt. Alkohol und Kippen saugen auch Energie. Und denken Sie an Ihren Lebensnavigator. Der weiß alles. Der scannt Menschen, Umgebungen, Orte, Dinge, Gefühle und Worte ab und gibt Ihnen sofort eine Rückmeldung. Und ohne jetzt die *Ich-bin-sooo-spirituell-und-habe-mir-Hare-Krishna-auf-den-Rücken-tätowieren-lassen-und-in-Bottrop-*

Rauxel-eine-Mantra-Gruppe-gegründet-obwohl-ich-echt-keinen-blassen-Schimmer-habe-und-auch-noch-nie-in-Indien-war-OOOOOOOM raushängen zu lassen: Sie sitzen an einer Quelle, die niemals – NIEMALS – versiegt. Und wenn Sie wissen wollen, WO genau sie ist, dann gehen Sie jetzt bitte zu einem Spiegel. Oder stellen Sie sich einen vor. Und dann stellen sie sich ganz nah dran und schauen sich in die Augen.

Hach! Ich liiiiiiebe es, wenn ein Plan aufgeht! Sie spüren es! Stimmt's? SIE selbst sind Ihre universelle Quelle. Voll abgefahren, oder?

Be confident, baby

Isch hab ma *keine* Fehler. Wenn *du* ma eine Problem hast, dann ist das doch ma *deine* und nisch meine Problem.

Das sagt meine kroatische Mutter, wenn man ihr sagt, äh, Mama, du hast aber *auch* Fehler. Man weiß dann für einen kurzen Moment nicht, was man darauf antworten soll. Wenn einem dann was einfällt, kann man es ihr leider nicht mehr sagen, weil sie wie auf einem Catwalk die Szene verlassen hat.

Das Selbstbewusstsein meiner Mutter hat einen Namen. Es heißt Das-is-mia-doch-ma-scheise-egal-Selbstbewusstsein.

Die Meinung anderer Menschen juckt sie nicht. Sie achtet natürlich darauf, niemandem wehzutun und auch niemandem auf die Füße zu treten. Aber sie findet, sie ist ausgesprochen gut gelungen, ein Wunderwerk der Natur. Und weil das so ist, kann sie unmöglich fehlerhaft sein. Das wäre ja völlig unlogisch. Und deswegen wird sie sich niemals von anderen Menschen niedermachen lassen. In hundert Jahren nicht!

Meine Mutter rechtfertigt sich nicht für sich selbst oder das, was sie tut. Sie entschuldigt sich auch nicht. Oder höchstens dann, wenn Sie wirklich jemandem unabsichtlich wehgetan hat. Aber ganz bestimmt nicht dafür, dass sie ist, wie sie ist, und das tut, was sie für richtig hält. Am unlogischsten findet meine Mutter es, sich bei meinem Vater zu entschuldigen. Sie ist der Meinung, dass man keinem Mann dieser Welt jemals Schwäche zeigen sollte. Es sei denn, es brennt und sie möchte aus dem Haus getragen werden. Dann ja. Aber auch nur dann.

Mein Vater sagt: »Die Ehe mit dein Mutter is ma schlimmer als de Krieg. In de Krieg weißt du ma weniggstenz von welsche Seite de Feind kommt.« Und meine Mutter meint dazu:

Da habe isch ma alles rischtisch gemacht.

Dann gibt's noch den Standardsatz meiner Mutter. Für alles und jeden:

Kann isch Sie auch ma verklagen!

Selbst ihren Familienangehörigen droht sie damit. Und obwohl wir wissen, dass wir nicht in den USA sind und hier niemand so einfach verklagt werden kann, legt sich lieber keiner mit ihr an. Sicher ist sicher.

Ein unverschämtes Selbstbewusstsein sollte auch Ihr Ass im Ärmel sein. Ob andere denken, dass es Blödsinn ist, was Sie machen, ist lange nicht so bedeutend, wie Sie vielleicht glauben. Es zählt das Resultat, und nichts ist so beeindruckend wie eine Frau, die a) durch und durch ein Wunderwerk der Natur ist und b) von sich überzeugt, unverschämt und vorlaut ist.

Und auch das ist endlich bei mir angekommen. ENDLICH. Ich habe nämlich früher zu der Fraktion Frau gehört, die immerzu von jedem letzten Hundehaufen angerempelt wird. Und ich habe mich dann dafür entschuldigt, dass ICH da überhaupt so doof stehe, ach was! dass ich überhaupt existiere!

Würde meiner Mutter nie einfallen. Sie ist sich ziemlich sicher, Moses war eine Frau. Und zwar auch so eine wie sie, und das Meer hat sich wegen ihrer puren Anwesenheit geteilt. Weil es einfach Schiss hatte.

Entrümpele dein Leben, dein Karma und deinen Schrank

Isch sag dir ma ein Sache und die is ma Waheit: Wenn du ma deine Haus vollstopfst mit Mist, machst du ma das gleische mit dein ganze Leben.

Was glauben Sie, wie das mit dem U-Turn bei mir funktioniert hat? Bestimmt nicht, weil ich weitergemacht habe wie bisher.

Bestimmt nicht, weil ich mich weiterhin von jedem Hunde-haufen habe anrempeln lassen. Sich andauernd zu entschuldigen, aber dann hochzugehen wie 'ne Rakete, weil ein Rentner »Hier Frolleiiiin« zu mir sagt, war nicht der richtige Weg. So viel war klar. Ich habe begriffen, was Gott seinerzeit in der Streitkirche meinte. Hilf dir selbst. Und das bedeutet unter anderem auch, alte, bekackte Gewohnheiten auf den Misthaufen zu werfen. Sauber machen! Entrümpeln! Und dann – wie von Zauberhand – verändert sich auch die Realität.

Überprüfen Sie deswegen alles, was weg kann aus Ihrem Leben. Nicht nur Gewohnheiten. Auch alles andere. Denn alter Ballast und Zeug behindern Sie. Schrott von A nach B zu schaffen macht irrsinnig müde. Und Sie dürfen in Zeiten der Veränderung alles, nur nicht schlappmachen. Werden Sie los, was Sie belastet und ausbremst. Nehmen Sie meinen kleinen Balkanreminder zum Anlass, um:

Aufzuräumen.
Mit allem. Machen Sie kurzen Prozess!

Ich habe aufgeräumt im Rahmen meines U-Turns. Also so ziemlich alles. Ausgemistet. Weggeworfen. Sortiert. Abgeheftet. Dinge *und* Menschen. Alles picobello.

Spielzeugtrauma

Allem voran hat das ganze Sexspielzeug das Zeitliche gesegnet. Nicht, dass ich je ein leidenschaftlicher Fan davon war, im Gegenteil. Es befremdet mich ziemlich. Ich erzähl Ihnen später, warum. Mir wurde (aus mir unerfindlichen Gründen) trotzdem regelmäßig welches geschenkt (ich befürchte, es ist diese Jesus-hat-unter-seiner-Windel-auch-so-eine-Möhre Ausstrahlung). Na ja. Und dann lag es halt so rum.

Aber immer, wenn ich das Haus verließ, hatte ich plötzlich so komische Gedanken. Man weiß ja echt nie, wann man sich die ewigen Erdmöbel anziehen muss. Stellen Sie sich vor, ich gehe so mir nichts, dir nichts über die Straße und ein Bus fährt mich nieder. Zerquetscht mich wie 'ne Motte. Und es ist aus mit der Mutti.

Nicht, dass ich das begrüßen würde, aber noch weniger gefiel mir die Vorstellung, wie meine kroatischen und sehr katholischen Eltern wegen meines Ablebens heulend in meinem Schlafzimmer hocken und schweren Herzens nun meine Sachen zusammenräumen müssen. Und meinem Vater plötzlich die Delfindildovibratorensammlung entgegenfliegt. Noch ehe er erfasst hat, was ihm gerade widerfahren ist, hält ihm meine Mutter elektronische Nippelklemmen und pinke Buttplugs unter die Nase und beide erstarren zu Fragezeichen und der Ekel steht ihnen ins Gesicht geschrieben. Dieses Bild meiner Eltern konnte ich wirklich nur sehr, sehr schwer ertragen.

Ich bin mir sicher, dass beide weder mit Elektronippelklemmen noch mit Plugs je in Berührung gekommen sind, aber intuitiv wüssten, *was* das Ekelhaftes ist. So wie ich damals intuitiv wusste, dass Christopher keinen Regenwurm über der Toilettenschüssel würgt. Sondern seine Möhre.

Das Bild meines verstörten Vaters und meiner Mutter, die in einem schweren Tourette-Anfall

ÄKKÄLHAFT, WÄKKLISCH Ä K K Ä L H A F T, WAS HABE ISCH NUA MA GEBOREN

von sich gibt und das Schmutzwerk mit gelben Putzhandschuhen einzeln zur Plastiktonne bringt, hat mich bis in meine Träume verfolgt.

Ich würde einfach nicht wollen, dass sie mich *so* in Erinnerung behalten. Wahrscheinlich würde meine Seele noch jahrzehntelang ruhelos umherwandern in dem verzweifelten Versuch, meinen Eltern die Nachricht *Ich habe das NIE benutzt!* zukommen zu lassen.

Und man weiß ja nie, wann nun der Bus kommt, der einen rüber auf die andere Seite nimmt.

Ich wollte einfach nichts riskieren. Und als ich das wäkklisch äkkälhafte Spielzeug entsorgt hatte, kam mir die große Karma-und-Schrank-Säuberungs-Idee.

BRAUCHEN SIE DAS NOCH?
ODER KARMA DAS WEG?

Wär's nicht schön, wenn auch *Ihr* Zuhause und das Leben, das Sie leben, ein schöner Ort ist? Und kein Messie-Gelände? Ein Ort, den Ihre Familie und Ihre Freunde gern betreten?

Ich sag Ihnen was:

Wenn Sie fertig sind mit Aufräumen-und-Ausmisten, dann stellt sich ein wundersamer Zustand ein. Sie werden erleichterter leben. Chakaaaaaaaa. So wie ich! UND es wird was Schönes passieren, wenn Sie mit dem Ausgemisteten auch noch was Gutes tun.

Auch wenn Sie keine Sextoy-Sammlung zu Hause haben, wie ich sie hatte (aber geben Sie es zu: Sie haben diesen ...diese ... Wackelbatterie!), haben Sie garantiert einiges an Ballast, was wegkann. In Ihren Schubladen, Ihrem Keller, auf Ihrem Speicher, auf Ihrem Bürotisch, in Ihrem Kleiderschrank. Und auch in Ihrem Schuhschrank. Es macht keinen Sinn, die Augen davor zu verschließen. Denn auch DAS ist – Sie ahnen es! – Energie!

Was hat es für einen Sinn, 28 fast gleiche Jeans im Schrank zu haben? Und 11 geblümte Kleider und 156 T-Shirts? Von sonstigen gleichen oder ähnlichen Mehrfach-Teilen ganz zu schweigen? Die Sie garantiert haben, weil irgendwann mal Sale war und das ja so was wie ein Kaufbefehl ist?

Es ist wieder Zeit für eine kleine Geschichte:

Ich hatte mal ein Kleiderzimmer. Ein richtiges Zimmer. Ein groooßes Zimmer. Da war ne Menge Schotter drin. Von Filmkleidung, weil man die ja nach dem Dreh soooo viel günstiger bekommt, bis hin zu Vintage-Stücken, weil die ja soooo besonders sind. Schuhe in allen Absatzhöhen und Varianten. Schmuck. Handtaschen. Uhren. Bikinis, Haarschmuck, Gürtel. Ach, alles! Alles, was Sie sich so vorstellen können. Das Zimmer ist mit den Jahren immer voller geworden und hätte dem Ka-De-We mühelos Konkurrenz machen können.

Huch! Was ist denn mit Ihnen passiert? Warum schauen Sie denn so komisch? Oder schauen Sie etwa panisch?? Ach, Sie haben eine schlimme Vorahnung, mein Carry-Bradshaw-Zimmer betreffend?

OH JE.

Hm.

Jepp. Sie haben recht. Ich habe den Ballast irgendwann als »ballast-end« empfunden.

Ich habe es aufgelöst. Alles verkauft. Na ja, fast alles.

Haaalt, rennen Sie nicht heulend ins Bad und schließen sich ein.

Ich will Sie ja nicht auffordern, es mir nachzumachen. Aber Sie sollen verstehen, wie ich so etwas grob Fahrlässiges tun konnte.

Wenn man Verbindlichkeiten hat, dann wird man natürlich zwangsweise erfinderisch und überlegt sich, wie man schneller und mehr Geld verdienen könnte, um keine mehr zu haben. Das habe ich seinerzeit auch gemacht. Kleinere und größere Jobs, alles, was ich kriegen konnte. Und ich habe einen Plan aufgestellt. Mit allen kommuniziert, die es betrifft. Und es hat immer besser funktioniert, der Berg wurde langsam, aber stetig kleiner.

Natürlich stand auch das Kleiderzimmer zur Disposition. Das war schließlich auch Geld, wenn auch in wirklich wunderschönen Formen. Ich dachte mir aber immer, das ist meine letzte Option. Da hängt so viel Herzblut dran. Das war für mich irgendwie wie Kunst. Ich habe es einfach nicht übers Herz gebracht. Und dabei habe ich nur ein Zehntel von dem, was da hing, überhaupt jemals angezogen ...

Aber dieses Kleiderzimmer war irgendwie auch: Ballast. Irgendwas Komisches hat es mit mir gemacht. So, als hätte ich ein tolles Kleid an, das aber kneift. Es kann noch so toll sein, wenn es kneift, dann kneift es.

Und dann bekam ich das Angebot, in die Altstadt von Kronberg zu ziehen. In eine verwinkelte Dachgeschosswohnung, die an Charme kaum zu übertreffen ist – aber auch nicht an Winkeligkeit und Schräge. Wände für Schränke? Fehlanzeige!

Und dann war sie plötzlich da, die Entscheidung. Ich wusste, dass es richtig ist. Und ich wusste auch, was ich zu tun hatte.

Ich habe den Inhalt des Kleiderzimmers zum Verkauf angeboten und über Facebook Frauen meiner Umgebung eingeladen zu kommen. Und es kamen viele. Viele, die ich jahrelang nicht gesehen hatte, aber auch viele, die ich noch nicht kannte und kennenlernen durfte.

Zwischen meinen Kleidern, den Schuhen, den Taschen und dem Schmuck, den Trümmern meines Lebens und der Erinnerung an die vielen Momente aus meiner Vergangenheit – denn ich wusste zu jedem Stück, wann und wo ich es erstanden hatte – entstanden wundervolle Augenblicke. Frauengeschichten, lebendige und wahrhaftige, traurige und lustige, Tränen, aber vor allem viel, viel Gelächter. In den Tagen des Ausverkaufs meines Lebens, zwischen Kaffee und Kuchen, habe ich endgültig verstanden, dass ich bereit bin loszulassen. Und zu fliegen.

Es ist eine Menge Geld zusammengekommen. Ich habe es einer betreuten Wohngruppe für Mädchen übergeben. Mit der Bedingung, dass sie sich davon neue Klamotten kaufen. Und allein die Vorstellung davon, wie happy die wahrscheinlich waren, hat mich soooo unfassbar happy gemacht.

Es hat mich aber nicht nur happy gemacht, es hat mich auch erleichtert. Im wahrsten Sinne. Ich habe mich verkleinert und Platz für Freiheit gemacht. Besitz verstopft auch ganz schön die Poren.

Meine Mutter war voll stolz auf mich und auch ein bisschen beeindruckt. Und man kann sie echt schwer beeindrucken. Das Einzige, womit ich sie noch beeindrucken könnte, wäre, wenn ich wirklich das Buch schreiben würde, von dem ich seit Jahren rede.

A Buuuuch, was ist das ma fia kommische Buuuch?

Aber da Sie es ja offensichtlich in der Hand halten, muss ich das wohl wirklich getan haben. Sollten Sie also etwas haben, wovon Sie schon jahrelang träumen und irgendwie nicht wissen, wie Sie es anstellen sollen:

Beginnen Sie mit sich. Ich weiß, ich sag's bestimmt noch hundert Mal, aber es ist so! Und während Sie aufräumen in sich und um sich und sich dabei immerzu auf Ihren Traum konzentrieren, kommt genau das, was Sie brauchen, um Ihren Traum zu erfüllen. Das Leben ist pure Magie, wenn man sich darauf einlässt.

Denn nachdem ich das Geld für die Mädchen übergeben hatte, ist etwas Wundersames passiert: Mein Telefon klingelte, und meine Agentin erzählte mir von einem unfassbaren Angebot. Fürs Fernsehen. Etwas, was ich schon immer machen wollte. Eine Tanzshow! Die den Rest meiner Verbindlichkeiten mit einem Wisch für immer der Vergangenheit überantworten würde. Und mein hoch und runter benutztes Bindegewebe in Form bringen würde. Ich habe einen Purzelbaum auf dem Wohnzimmerteppich gemacht.

Und wenn Sie dieses Buch in Ihren Händen halten, dann werde ich (hoffentlich) wissen, wie man Cha-Cha tanzt, und bin frei wie ein Vögelchen.

Sehen Sie, wie das mit der Energie funktioniert? Ist das nicht unglaublich glaublich? Tun Sie das bitte auch! Was Sie mit dem Entrümpelten tun, das bleibt natürlich Ihnen überlassen. Aber schaffen Sie Freiraum. Behalten Sie nur das die Dinge, die zeitlos sind und eine gute Qualität haben. Und kaufen Sie in Zukunft anstatt zehn günstiger Teile nur ein teures, aber dafür gutes. Auch das ist Ihr neues Credo:

Weniger ist mehr.

Und wenn Sie mit Ihrem Schrank fertig sind, gehen Sie Stück für Stück Ihr komplettes Leben durch. Ihre Schränke, Papiere, Ihre Schubladen, Ihren Speicher, Ihre Garage, alles. Heften Sie ab, sortieren Sie aus, verschenken, verkaufen, werfen Sie weg, was weg kann. Und alles, was Sie die letzten zwei Jahre nicht angezogen oder gebraucht haben, kann weg. Rufen Sie JETZT beim Sperrmüll ab und schauen Sie nach, wann der nächste Flohmarkt in Ihrer Nähe ist. Ein bisschen was werden Sie sicher verdienen. Und dann machen Sie etwas Sinnvolles damit. Vielleicht wollten Sie schon immer mal mit Ihren Freundinnen nach Paris fahren und das nötige Kleingeld hat gefehlt? Was meinen Sie, wie viel zusammenkommen kann bei so einer Lebensentrümpelung?

Und dann nehmen Sie meinen Rat jetzt an, ja? Es ist wichtig, dass Sie das tun: Wenn Sie sich von allen Energieräubern und Staubfängern und Platzhaltern gelöst und neuen Raum geschaffen haben und mit Glasreiniger alles sauber und blitzeblank wischen, nehmen Sie sich wenigstens einen Menschen, dem Sie etwas Gutes tun können. *Ohne* dass er/sie danach fragt.

Und TUN Sie es.

Blutsauger

Warum bist du ma soo bleed? Die bleede Kuh spart ma ihre Geld scheen auf de Sparkonto, aber läuft die ma mit DEINE Pulli in de Gegend rum. Und DIA is ma kalt.

Jetzt kommen wir zum menschlichen Ballast. Ja, so was gibt es. Sie hatten doch sicher auch schon mal so ein Sonderexemplar von Mann, das sie leergesaugt hat. Also nicht finanziell. Hoffe ich zumindest. Solche Männer sind schlimmer als ein Riss im After (also nicht, dass ich so was schon mal gehabt hätte, ich nehme natürlich nur AN, dass ein Riss im After sehr unangenehm sein *könnte*). Die lassen einen mit leerem Herzen und obendrein mit leerem Geldbeutel zurück. Bitte, bitte, sagen Sie mir, dass Sie nicht so behämmert waren und sich von einem Mann das Geld aus der Tasche haben ziehen lassen. SCHRÄÄKLISCH!

Was ich meine, sind ganz andere Blutsauger: Energiesauger. Männer, die einen derart fertigmachen, dass man nur noch ein kraftloses Etwas ist. Kennen Sie das? Sie fordern einen nonstop, sie nehmen, nehmen, nehmen, und man selbst bleibt total auf der Strecke. Solche Männer kriegen in Zukunft die rote Karte, ohne vorherige gelbe. Schluss. Ende aus Mickey Maus.

Solche Männer sind schlimm. Keine Frage! Aber noch schlimmer sind Frauen dieser Art.

Die armen Männer kriegen in diesem Buch sowieso noch mehr als genug ab. Männer sind Männer, können ja nix dafür – aber es gibt auch eine Menge Frauen, die nicht ganz koscher und nicht gut für Sie und Ihr Leben sind. Vielleicht sind Sie so einer auch schon mal begegnet? Solche, die sich den Best-

Friend-Aufkleber auf die Stirn klatschen und denken, dass sei so was wie eine Wildcard, sich an Ihrem Lebensbuffet zu bedienen. Hatten wir schon in der Grundschule.

Und DAS wird hier wird jetzt Ihre große Aufgabe sein, es ist die Königsdisziplin aller Brauche-ich-das-noch-oder-kann-das-weg-Disziplinen. Denn Männer, mon dieu, die kommen und gehen, kennen wir alle, da können wir Erfahrungen untereinander teilen bis zum Umfallen. Uns zunicken und zustimmend mit der Kaffeetasse klappern. Aber bei den Frauen in unserem Leben, da wird es schon schwerer. Stimmt's? Da erdulden und ertragen wir die Energiesaugmaschinen mitunter jahrelang, weil es ja sonst so was wie Hochverrat an unserem eigenen Geschlecht wäre, und das fühlt sich irgendwie nicht richtig an. Und eine schiefgegangene Beziehung, das ist irgendwie okay, aber wenn man sich von einer guten Freundin trennt, das hat so einen unguten Beigeschmack. Das schmeckt NICHT gut. Darf irgendwie unter Frauen nicht passieren.

Da fällt mir mein Lieblingssatz von Goethe ein. Aus einem Werk, das sich *Maximen und Reflexionen* nennt. Er geht so: »Einer neuen Wahrheit ist nichts schädlicher als ein alter Irrtum.«[5]

Weg mit alten Irrtümern! Sie, Sie befinden sich ja hier mit mir in einem Wake-Up-Call, und Sie kommen nicht umhin, auch die Frauen auszusortieren, die Sie jetzt nicht mehr brauchen. Ziehen Sie die Entrümpelungsaktion komplett durch, bis hierher.

Ist sauschwer, ich weiß.

Aber es ist Ihnen doch bestimmt schon mal aufgefallen, dass es Frauen gibt, die nur nehmen? Und wenig geben? Oder gar nix geben? Und dann megabeleidigt sind, wenn man mal gaaaanz leise nach »was zurück« fragt? So nach dem Motto, »War ich nicht IMMER da für dich, als du SO unten warst? Und jetzt soll ich dir auch noch deinen Cashmerepulli zurückgeben? UND deine teuerste Jeans, deine Hermèshandtasche (wo du doch noch die anderen beiden von H&M hast und ICH nur diese mickrige achtzehnteilige Cherry-Blossom-Kollektion von Louis Vuitton), den Goldring mit dem Brillanten von deiner Oma, die Schuhe, die ich dir ausgelatscht habe, weil sie mir eigentlich zu klein sind, UND deine Zehnerkarte vom Yoga, deren Stunden ich alle runtergerissen habe, obwohl ich nur EINmal gehen wollte, weil DU ja SO unten warst?«

Und Sie so gaaanz leise: »Ja, also, wenn das ok für dich ist?«

Und Sie erwähnen natürlich nicht, dass es mit dem Für-Sie-da-Sein gar nicht mal sooooo weit her war.

Das sind genau *die* Freundinnen, die sauer sind, wenn Sie sich nicht regelmäßig melden. Und von denen Sie die Höchststrafe bekommen, wenn Sie sagen, ich rufe dich in einer halben Stunde zurück und es dann erst am nächsten Tag tun. Verlässlichkeit ist toll, keine Frage. Aber in Freundschaften gelten andere Regeln. Es ist vollkommen ok, mal eine Phase ohne einander zu verbringen.

Das ist nur ein kleines Beispiel von vielen anderen. Sie können hier gerne Ihre eigenen Erfahrungen einsetzen.

Ibbeleg ma. Nehmst du mal die Buchstabe bissche anddes und zack machst du ma aus Freundin ein Feindin.

Klipp und klar gesagt: Wenn Sie sich eigentlich immer so fühlen, als müssten Sie bei einer Freundin ständig Erwartungen erfüllen oder bestimmte Dinge tun oder sich so oder so verhalten, damit Sie gut genug sind oder Angemessenes für Ihre Freundschaft tun, dann passiert genau, was ich meinte:

Energie geht flöten. Bye bye.

Wow, Sherlock! Richtig erkannt. Dieser Vorgang ist

FALSCH.

Nicht richtig. Für den Arsch. Für die Füße.

Gehen Sie weg da. Sie werden zwar ein Erdbeben ernten und der Dame ewigen Zorn, aber sagen Sie es ihr:

Du tust mir nicht gut. Ich kann dir nicht genau sagen, warum. Du bist so, wie du bist, ok. Aber nicht für mich und mein Leben. Ich möchte mich von dir trennen.

Ach? Sie denken sich, dass das aber ganz schön hart ist? Dass es vielleicht besser wäre, in den Dialog zu gehen, der Freundin endlich mal zu sagen, was Sie stört?

Das ist sehr sehr nobel.

Aber es bringt nix. Denn wenn ein Mensch da über Jahre nicht selbst draufkommt, können Sie es ihm nicht mehr beibringen. Schon mal was von Mustern gehört? Sehen Sie! Und wenn ich mich nicht täusche, möchten Sie doch jetzt einen riesigen Sprung nach vorn machen und – damit Ihnen das leichter von der Hand geht und Sie weiter springen können – Ihren Rucksack so leer wie möglich machen. Und nur mitnehmen, was wichtig ist. Oder? Die Menschen, die Ihnen beim Leeren helfen und sich für Sie freuen, dass Sie es endlich tun, und Ihnen Taschentücher reichen, wenn Sie mal flennen müssen bei dem Vorgang, sonst aber lösungsorientiert sind und sich Ihren Cashmerepulli im Leben nicht leihen würden, weil Sie wissen, Sie haben nur den einen, DIE bleiben. Alle anderen dürfen JETZT gehen.

Ich habe das auch so gemacht. Ich habe mir alles noch mal genau angeschaut. Mit der Lupe. Und die hätte ich noch nicht mal gebraucht.

Und es war hart. Natürlich ist es hart, nach Jahren eine Bindung aufzulösen. Aber warum sollen Freundschaften anders funktionieren als alle anderen Beziehungen? Bei Männern funktioniert das ganz anders. Die sortieren viel effizienter und schneller aus. Da kennen die nix. DAS können wir von unseren männlichen Sparringpartnern lernen.

Es gibt so unglaublich verstopfenden menschlichen Ballast. Machen Sie sich im Kopf eine Liste. Und dann überprüfen Sie Punkt für Punkt, wer davon Ihnen gut tut, aber auch, wem davon SIE gut tun können. Und dann handeln Sie.

Und auch wenn Sie noch nicht so genau erkennen können, wie das funktionieren soll, aber: Auch das wird in der materiellen Welt belohnt werden.

Das Geld fliegt nämlich, selbst wenn genügend da ist, sehr gerne in große schwarze Löcher. Wenn Sie genug davon haben, merken Sie es vielleicht nicht gleich. Wenn es aber weniger wird, dann geht es ruck, zuck, und irgendwann ist es weg.

Also: Minimieren Sie alles, alles, aaaaaaalles, was Ihnen etwas nimmt. Und stören Sie sich nicht daran, was andere darüber denken werden.

Wo wir doch eh andauernd von meiner Mutter reden ...

Disch kannst du ma verasche. Misch aber ma nisch.

Ja, so gut wie unsere Mütter kennt uns keiner, nicht? Meine Mutter ist der einzige Mensch auf Gottes weiter Flur, der mich so schnell auf die Palme bringen kann, so schnell steht da nicht mal eine! Sie sagt Dinge, die ich nicht hören will, und das Schlimmste ist, dass sie damit meistens auch noch recht hat. Für viele Frauen sind Ihre Mütter das große Problem. Sie wollen auf keinen Fall so werden wie sie. Und auch das kann belastend sein. Für beide, wohlgemerkt. Aber ich sage Ihnen was:

Auch unsere Mütter haben verdient, dass wir sie loslassen. Damit wir ihnen näherkommen.

Und dazu erzähle ich Ihnen jetzt auch wieder eine kleine Geschichte:

Also, als ich so richtig ausgebrannt war und meinen Führerschein bei den netten Herren der heimischen Polizeiwache abgeben musste, hat mich mein Hausarzt ja freundlicherweise in diese Klinik eingewiesen. Im wunderschönen kleinen Taunus-Örtchen Königstein. Königstein kennen Sie vielleicht aus den Nele-Neuhaus-Krimis; liegt direkt neben meinem Heimatort Kronberg. Die Klinik sah aus wie ein Prinzessinnen-Schlösschen mit Liegestühlen im Rosengärtchen und einem Flügel im Salon, und in so einer Einrichtung die Nerven zu verlieren hatte fast ein bisschen was von Hollywood. Und wenn es mir nicht so beschissen gegangen wäre, hätte ich mich sicher gefühlt wie Liz Taylor, die ihrer großen Liebe Richard Burton nachweint und droht, an gebrochenem Herzen zu verenden.

Stattdessen habe ich mich eher gefühlt wie Amy Winehouse, die sich zu viel mit Blake Fielder-Civil herumgetrieben hat. Obwohl ich meine Zeit natürlich bei Weitem nicht so ausgiebig und vor allem nicht so lange und vor allem nicht mit Hochprozentigen verbracht habe. Ich lag nämlich schon nach zwei Gläsern Wein unterm Tisch – was mich in den letzten Zügen meines Selbstmitleids natürlich nicht davon abgehalten hatte, lieber noch mal eins einzukippen, wo ich schon dabei war. Zur Sicherheit. Schließlich hatte ich ja ein kaputtes Herz! Einen triftigeren Grund gibt es ja wohl nicht.

Hoch die Tassen! Auf die Männer, die wir lieben, und die Penner, die wir kriegen!

Ungefähr nach zehn Tagen Aufenthalt im Schloss und ebenso vielen Tagen filmreifer Heulattacken durfte ich an der Musiktherapie teilnehmen. Wir bekamen Trommeln und Rasseln und Stöckchen, und einer durfte an ein Tasteninstrument, und wir wurden aufgefordert, unsere Gefühle in die Instrumente zu legen. Singen durften wir auch. Was uns in den Sinn kam.

Mir kam »Sex Bomb« von Tom Jones in den Sinn. Ich weiß auch nicht, wieso. Als ich damit fertig war und bemerkte, dass ich gerade eine Soloperformance hingelegt hatte, der Rest meiner Mitpatienten nicht so recht wusste, was nun tun, und die sehr blasse Grundschullehrerin anfing, ziemlich laut zu weinen, sagte der Therapeut, er sei sich fast sicher, diese Gruppe hätte nicht die richtige *Form* für mich. Ich sei wohl besser in der Gruppentherapie aufgehoben.

Und dort ging es vor allem darum, sich auszutauschen. Niemand durfte was singen. Jeder, der wollte, kam dran und durfte erzählen, wie es ihm geht und warum er da ist. Und danach sollte man sich gegenseitig etwas dazu sagen. Oder auch schweigen. Aber man durfte sich nicht unterbrechen.

Nicht unterbrechen?

Das war für mich viel, viel schlimmer als das mit den Trommeln und Stöckchen und Tom Jones.

Am Anfang war ich so beschäftigt mit *Nicht unterbrechen Mimi! NICHT unterbrechen. Nichtunterbrechennichtunterbrechen!*, dass die Hälfte der Inhalte nicht in mein Gehirn vordringen konnte.

Bei uns Kroaten ist das Sich-Unterbrechen wie *Survival of the Fittest*. Besonders in meiner Familie. Wer es nicht schafft, zuerst zu essen und als Erster in ein Gespräch einzusteigen, bei dem alle reden – gleichzeitig, versteht sich –, hat verloren. Der wird verhungern und kommt als Allerletzter dran. Der ist das kaputte Licht an der Lichterkette. Und Sie wissen ja, wie ich zu Hunger stehe.

Nach ein paar Sitzungen hatte ich *Nicht unterbrechen Mimi! NICHTun-ter-bre-chen. Nichtunterbrechennichtunterbrechen!* etwas besser im Griff und die Worte meiner Mitpatienten rieselten langsam in meine Gehirnzellen ein.

Die Sätze drangen wie mantrische Phrasen zu mir durch, und ziemlich schnell war es klar. Eine Erkenntnis, die alle erleichtert miteinander teilten und austauschten, die Wurzel allen Übels, die Schuld ihrer Lebensmisere, die Pandora aus der Büchse, der Grund ihrer mannigfaltigen Aufenthalte in diversen Prinzessinnen-Schlösschen der Republik war endlich gefunden:

Die Mütter!

Es waren die Mütter, die schlimmen, schlimmen Mütter!

Dass meistens die Väter den viel größeren Kackmist gebaut und die Erinnerungen an eine schreckliche Kindheit verursacht hatten, das hat die meisten irgendwie nur peripher und nur ein kleines bisschen am Rande gejuckt.

Verstehen Sie mich jetzt bitte nicht falsch, ich möchte keinesfalls die Erlebnisse meiner Mitpatienten bagatellisieren. Einige Geschichten waren hochtragisch und sehr schlimm, dagegen war ich mit meiner vorübergehenden depressiven Liz-Taylor-Richard-Burton-Verstimmung und einem gescheiterten Selbsttherapieversuch durch Alkohol eine Klosterschülerin. Aber das kollektive *blame it on mum* hat mich irgendwann so hoch auf die Palme gebracht – so hoch hat das nicht mal meine Mutter geschafft –, dass ich *NICHT un-ter-bre-chen* vorzeitig voll an den Nagel gehängt habe.

Das hat natürlich dazu geführt, dass ich gefeuert wurde. Entlassen, Kündigung aus der Gruppe. Und eigentlich bin ich ziemlich gut in Gruppen. Das habe ich dann zu meiner Verteidigung auch angeführt: Ich war in der fünften Klasse Klassensprecherin! Die hätten mich bestimmt *nicht* gewählt, wenn ich nicht gruppenkompatibel wäre!

Ich habe natürlich – als ich aus der Gruppe entlassen wurde – erst mal aus lauter Indoktrinierung meine kroatische Mutter bei ihrem nächsten Besuch den neuen Fakten gegenübergestellt. Hätte ja sein können, dass sie *doch* Schuld an meinem Aufenthalt im Schlösschen hat. Und auch daran, dass ich keinen Mann mehr habe. Und auch keinen Führerschein. Und keine

Kröten, dafür aber zu viele Kilos. Und ihre Antwort war psychologisch ziemlich eindeutig:

Weißt du was, Schatz. Das ist ma Freschheit. Wäkklisch! Freschheit. Isch sag ma nisch, dass isch ma nie ein Fehle gemacht hab, aber isch bin de nisch besooffe in de Auto gestiege. Sondern DU.

Und das ist eine Wahnsinnsüberleitung zurück zu Ihnen, schließlich geht es ja hier um Sie und nicht um mich. Deswegen eine kurze Zwischenfrage:

Wie stehen Sie eigentlich zu Ihrer Mutter? Gehören Sie auch zu der *Lets-blame-it-on-mum*-Delegation und tragen sogar das olympische Feuer? Hm? Sie ahnen vielleicht, dass das nicht nur total anstrengend, sondern auch total ungesund ist. Und auch das eigene Frau- und vor allem Mutterdasein torpediert.

Ihr Vater hat Sie vermöbelt? Ihre Mama ist schuld! Ihr Vater hat sich öfter mal einen eingelötet? Ihre Mama ist schuld! Ihr Vater hat das ganze Vermögen verzockt? Ihre Mama ist schuld! Ihr Vater hat seinen Pullermann in die Muschel der Sekretärin gesteckt? Ihre Mama ist schuld. Ihr Leben läuft scheiße? Mama ist schuld! Sie haben Pech mit Männern? Mama ist schuld! Sie werden gemobbt? Mama ist schuld! Mama ist schuld!

Finden Sie den Fehler?

Genau. Irgendwas sieht doch bei dem Ihr-Vater-hat-Pünktchen-Pünktchen-Pünktchen-Mama-ist-Schuld-Absatz komisch aus. Oder? Und wenn wir hier mal kurz Herrn Freud oder seinen Kumpel Jung voll küchenpsychologisch-balkanstylemäßig einfließen lassen, dann darf man bei uns Mädchen zumindest davon ausgehen, dass wir unseren Vätern um jeden Preis gefallen möchten. Tiiiiiief unterbewusst natürlich. Und dann verzeiht man ihm tiiiiiiiief unterbewusst auch die Muschel seiner Sekretärin. Aber man verzeiht seiner Mutter nicht, dass sie sich die Muschel der Sekretärin über Jahre hat gefallen lassen. Stimmt's? Ein bisschen? Minikleines bisschen?

Ja?

Wie wäre es an dieser Stelle Ihres Lebens mit einem kleinen bisschen Solidarität mit Ihrer Mutter? Sofern Sie noch eine haben. Könnte nämlich ruck, zuck passieren, dass Sie keine mehr haben. Und wenn Sie noch eine haben, dann gehören Sie zu den gesegneten Frauenzimmern dieser Welt.

Jaaaaa, natürlich gibt es auch Arschloch-Mütter unter uns Frauen. So wie es überall Arschlöcher gibt. Vielleicht hat Ihre Mutter Ihnen eine wirklich schlimme Kindheit beschert. Und Ihnen damit eine üble Hypothek mitgegeben. Aber selbst hier ist Verzeihen und Loslassen die Devise. Nicht so sehr für Ihre Mutter. Sondern für Sie. An Groll und Vorwürfen festzuhalten, das schadet vor allem IHNEN. Nicht den anderen – das gilt für Ihre Mutter ebenso wie für Ihren Chef, Ihren Ex-Mann oder wen auch immer. SIE haben den Knoten im Bauch und den galligen Geschmack im Mund. IHNEN vergiften Groll und Zorn das Leben. N I E M A N D anderem.

Bei allem, was Sie an Ihrer Mutter stört, gehen Sie doch einfach davon aus, dass sie es nicht besser kann. Sonst würde sie es besser machen. Und wenn es Ihnen nicht passt, dann machen *Sie* es doch besser. Und hören Sie mit diesem »Meine Mutter hat«-Gejammere einfach auf. Denn in den meisten Fällen haben SIE und nicht Ihre Mutter den Griff ins Klo getätigt.

Werden Sie erwachsen. SIE sind für Ihr Leben verantwortlich. Seien Sie nicht so kindisch, dauernd anderen die Schuld für Ihre Probleme zu geben. Jaaaa, das ist suuuuperbequem. Aber eben nicht sehr erwachsen oder verantwortungsvoll, sondern einfach feige. Egal, was schiefgelaufen ist, es ist an Ihnen, es gradezurücken. Und egal, wie viel Ihre Eltern falsch gemacht haben, je eher Sie sich davon freimachen, es einfach abhaken, es ihnen verzeihen, desto gesünder ist das für Sie. Und wenn Sie mit Ihren Eltern fertig sind, dann machen Sie dasselbe mit allen Leuten, denen Sie noch etwas nachtragen – Chef, Kollegen, die beste Freundin aus der Grundschule, die erste Liebe, die Sie hat sitzen lassen, Ex-Mann, alle. Verzeihen Sie. Lassen Sie los. Nur so machen Sie sich frei von den miesen Geschichten der Vergangenheit. Solange Sie dem Groll nachhängen, bleibt der ganze Ballast in Ihrem Leben. Und dass wir den nicht mehr wollen, hatten wir doch eigentlich schon viel weiter oben beschlossen, oder?

Und ein Gedanke zum Schluss: Wenn Ihre Mutter so ist wie die meisten Mütter, liebt sie Sie. Über alles. Sie würde sich ihren rechten Arm für Sie abschneiden. Und den linken, wenn es sein muss. Und deswegen sollten Sie jetzt erst recht ein für alle Mal Ihr altes Programm ad acta legen und sie anrufen. Oder eine Whatsapp schicken mit einem lustigen Bildchen. Oder eine Postkarte. Oder kaufen Sie ihr ein paar Blümchen. Einfach so. Sie werden sehen, es ist wie Zauberei. Denn die meisten Mütter leiden schrecklich darunter, dass sie von ihren Töchtern so abgelehnt werden. Geben Sie ihr das Gefühl, dass Sie sie mögen, vor allem als Frau.

Ich verrate Ihnen NOCH was: Früher habe ich immer gesagt, dass ich AUF KEINEN FALL WERDEN WILL WIE MEINE MUTTER.

Und? Wie bin ich geworden?

Mhm, ganz genau:

Genau so.

(Und wissen Sie noch was? Es ist gar nicht so schlecht.)

Bodytime

So, eigentlich müsste Ihr Kopf jetzt so richtig schön frei sein für Veränderungen und das neue Leben. Als Nächstes mimi... äh minimieren wir alle körperlichen Probleme. Jetzt geht es darum, Ihr maximales Potenzial zu verwirklichen. Sie sind befreit von Ballast, jetzt kommt der Feinschliff.

Gleich mal vorweg: Merken Sie sich eines, schreiben Sie es sich hinter die Ohren, mit Edding: Die folgenden Seiten werden Ihnen bestimmt nicht so gut schmecken, und vielleicht werden Sie maulen und sich beschweren, weil Sie dieses Buch unter gaaaaanz anderen Voraussetzungen gekauft haben und bestimmt NICHT, um so ernährungsapostolische Tierliebhaber-Phrasen lesen zu müssen. Sie wollten schließlich unterhalten werden.

Aber Sie werden in den sauren Apfel beißen müssen, Schwester. Und zwar im wahrsten Sinne des Wortes. Es führt kein Weg daran vorbei. Wollen Sie GUTES oder SCHLECHTES Bindegewebe? HM?

Oder um Gott mal zur Abwechslung wieder auf den Plan zu holen:

Denn DEIN ist der gesunde Leib und bringt dir die Kraft und die Herrlichkeit, in Ewigkeit. AMEN.

Oder wie Teresa von Avila mal gesagt hat:

Tu deinem Leib etwas Gutes, damit deine Seele Lust hat, darin zu wohnen.

Oder noch etwas anders gesagt von meiner kroatischen Mutter:

Isch hab ma nua diese eine Köpeh und wenn de ma kaputt geht, hab isch ma gaaa nix mea. Und? Was hab isch dann?

Meine Mutter hat's echt schon lange begriffen: Wahre Schönheit kommt von innen und macht sich außen bemerkbar. Durch den Körper. Und Sie, Sie haben es doch sicher auch schon bemerkt: Sie befinden sich in genau so einem Körper.

Sie haben eine einzigartige Umhüllung zur Geburt geschenkt bekommen. Nur Sie sehen so aus. Nur Sie sind genau so gebaut (das zum Trost, wenn Ihnen Ihr individuelles Gebäude nicht immer so ganz optimal gefällt). Es ist ein einmaliger Zustand. Nicht mal der Abdruck Ihrer Fingerkuppen lässt sich unter all den über 7 Milliarden Menschen, die es auf diesem Planeten gibt, ein zweites Mal finden.

Sie sind so was wie die Mona Lisa im Original, suuuperwertvoll, weil nur einmal in dieser Ausgabe zu haben. Und wenn man die Mona Lisa beschädigen würde, würde es Riesenärger mit dem Louvre geben und einen Arsch voll Geld kosten. Sehr, sehr viel Geld. Und obendrein würde es dazu führen, dass die schief lächelnde Mona nicht mehr das Gleiche wert wäre wie vorher. Sie sind also ziemlich wertvoll. Sie und Ihr Körper.

Darum sollten Sie auf Ihren Körper achten. Aber natürlich wissen Sie das schon, oder? Sie sind ja nicht zurückgeblieben. Jedes Kind weiß das. Wenn Sie auf die Schnauze fliegen, können Sie sich ein Bein brechen oder Sie reißen sich einen Muskel (wer wüsste das besser als ich?). Deswegen passen Sie auf, dass Sie nicht auf die Schnauze fliegen. Sie springen auch im besten Falle nicht von einer Klippe ins Wasser, ohne zu wissen, wie tief das Wasser ist. Weil Sie wissen, dass Sie mit gebrochenen Halswirbeln wahrscheinlich nie mehr an einem Wet-T-Shirt-Booty-shake-Tanz-Wettbewerb teilnehmen können. Stimmt's? Sie würden sich auch nicht mit heißem Wasser übergießen oder sich absichtlich in ein Brennnesselfeld setzen, weil Sie wissen, dass Ihre Haut das nicht soooo mag.

Es sei denn, in Ihrem Oberstübchen ist was Grundlegendes nicht in Ordnung, aber davon gehen wir beide jetzt erst mal nicht aus. Falls Sie aber tatsächlich jetzt das Gefühl haben, sehr gerne eine Kanne sehr heißes Wasser über sich schütten zu wollen oder sonstige autoaggressive Dinge mit sich zu veranstalten, rufen Sie bitte umgehend Ihren Hausarzt an und lassen sich einen Termin geben. Machen Sie das bitte? Ja? Denn für solche Fälle ist die Balkantherapie nicht das Richtige. Ich als Balkan-Dottore Fiedler behandle nur die an der Oberfläche wohnenden Malheurs des Lebens. Gut, mit Alkohol kenne ich mich ganz gut aus, da kann ich Ihnen vielleicht auch noch den einen oder anderen fundierten Stupser geben. Für alles andere gibt es Spezialisten.

Zurück zu Ihnen, Mona Lisa. Zu Ihrem Traumkörper, zu diesem Wunderwerk der Natur, dem ausgeklügeltsten Werk Gottes, dem Ferrari unter den Gestellen der Natur. Dem unfassbar durchgestylten Leib, den Sie Ihr eigen nennen dürfen. Und den Sie pflegen sollten.

Damit meine ich jetzt nicht sauteure Cremes und Tinkturen aus den Regalen der Edel-Parfümerie. Nein, es geht um ganz Grundlegendes, das uns eigentlich allen klar sein sollte – im Alltag vergessen wir es aber viel zu häufig. Die meisten von uns gehen mit ihrem Auto besser um als mit ihrem Körper. Dabei muss der genauso in Schuss gehalten werden.

Wenn du ma deine Auto imma mit de Diesel tankst, de aber ganz nomale Benzin braucht, dann bleibte eggentwann stehen und geht de ma kaputt. Deine Käpa ist deine Auto, und wenn du ma nua Scheise in deine Käpa stopps, bleibt de auch eggentwann stehen. Is ma in Prinzip ganz einfach.

Meine Mutter legt Wert darauf, ihren Körper gut zu behandeln, fit zu halten und gesund zu ernähren. Mein Vater nennt meine Mutter »de Doktor«, und sie ist auch »de Doktor«. Sie ist eine wandelnde Apotheke und kennt sich so ziemlich mit jeder Krankheit aus. Sie hat von der Homöopathie bis hin zu den neuesten schulmedizinischen Errungenschaften alles studiert, und ich bin mir sicher, dass meine kroatische Mutter Marija die wahre Erfinderin der grünen Smoothies ist.

Gesund ist Trumpf. Weil es um Ihren Leib geht, Ihren Körper, die reizende Hülle Ihrer atemberaubenden Seele. Unsere kleine gemeinsame Reise soll schließlich keine Kinkerlitzchen-Popelmission werden, sondern eine hochheilige holistische Angelegenheit. Wir wollen Sie ja von Grund auf pimpen, und deswegen ist es sehr wichtig, dass Sie wissen, worum es hier eigentlich so ganz genau geht.

Denn – unter uns Gebetsschwestern – auch Sie nehmen sich viel zu selbstverständlich, sich und Ihren Alabasterkörper. Ich kenne Sie doch! Sie und ich, wir sind telepathisch verbunden. Ohne dass wir uns vorher kannten. Sie können zwar sich, aber mir nichts vormachen. Ich möchte Ihnen hiermit etwas Wunderbares eröffnen: Die Zeit der Selbstveräppelung ist vorbei. Oder wie meine Mutter sagen würde:

FO-BAJ!

Es gibt so vieles, was wir einfach für total selbstverständlich nehmen. Ich wette, das tun Sie auch mit Ihrem Körper. Und meckern dann rum, wenn er nicht funktioniert. Das ist doch irgendwie 'ne Milchmädchenrechnung, müssen Sie schon zugeben. Solange Ihr Körper funktioniert, ist es Ihnen schnuppe, wie er das macht. Erst wenn er anfängt, kleine Malheurs oder größere Behinderungen an den Tag zu legen, machen Sie sich in die Hose und fangen an, darüber nachzudenken, was mit Ihnen los ist. Aber dann ist es meistens leider, leider zu spät.

Dabei müssen Sie gar nicht so viel tun. Eigentlich nur drei Dinge:

Das Richtige essen, das Richtige trinken und genug schlafen.

Sie wollen doch unter keinen Umständen riskieren, dass es irgendwann für Sie zu spät ist? Sie sind ja nicht doof. Wie gut, dass wir beide gerade noch rechtzeitig zueinander gefunden haben. Was für eine fröhliche Fügung.

Denn auch ich habe noch mal Glück gehabt. Und wie Sie wissen, war ich war eine sehr große Baustelle. Ich war Ground Zero. Mir hat alles wehgetan. Alles. Von der Seele bis zur Sehnenscheide. Grundtieftraurig. Und ich war ein kleiner Dickie. Meine Schwester hat mich Dickie Cayente genannt. Nicht, dass ein üppiges Frauenzimmer was Schlimmes ist, im Gegenteil. Aber gesund soll es sein. Und ich war nicht gesund. Ich war aufgeplustert wie ein alter Truthahn, und meine Gesichtsfarbe war grauer als Schamottemörtel. Nicht besonders sexy.

Am Ende der Reise war ich sick, broke & unhappy. Das war eine Zeitlang sowieso die Überschrift meines Lebens. **Mimi Fiedler: sick, broke & unhappy.** In Leuchtschrift. 24/7. Den ganzen Tag geöffnet. Ich war eine Fortgeschrittenen-Balkanversion von Bridget Jones. Auch ich hatte Schokolade zum Frühstück und am Abend davor einen sitzen.

Auch nachdem ich schon längst über den Berg war und wirklich fern davon, noch vor Einbruch der Dunkelheit schon einen im Tee zu haben, hat meine Mutter mich bei wirklich jeder Gelegenheit gefragt:

Was is ma los mit dia? Bist du ma besooffe?

Und ich meine, es war während *Bist du ma besooffe?* nicht so, dass wir dabei immer nur unter uns waren.

Ein U-Turn, der an die Nieren geht

Damit Sie auch einen U-Turn einlegen können, hier mit mir und meiner Mutter, erkläre ich Ihnen noch mal kurz, wie ein paar wichtige Dinge in Ihrem Körper funktionieren und wie Sie sich pimpen können. Nicht dass ich Sie für ein bisschen doof halte, natürlich wissen Sie total gut, wie Ihr Körper funktioniert. Und bestimmt haben Sie auch 'ne Zehnerkarte fürs Fitnessstudio und zum Arzt gehen Sie sicher auch regelmäßig. Ist nur zur Sicherheit. Capisce? Und auch damit Ihnen hoffentlich noch mal so richtig klar wird, dass es Ihre heilige Pflicht ist, sich und Ihren Körper gut zu behandeln. Sie wohnen doch auch lieber in einer gemütlichen und aufgeräumten Bude als auf einer Müllhalde? Na also! Und als schöner Nebeneffekt werden Sie zur heißesten und strahlendsten Soja-Sahneschnitte unter dem Himmelszelt!

Also. Dann lassen Sie sich nicht lumpen, legen wir los.

Unser Wahnsinnskörper besteht aus vielen Organen, allesamt Meister des Teamworks. Sie haben alle eine bestimmte Form und einen bestimmten Platz. Herz, Lunge, Gehirn, Nieren und die Haut, alles lebenswichtige Organe. Nichts in unserem Körper ist zufällig da reingerutscht. Und wie Sie ja sicher wissen, wären Sie innerhalb kürzester Zeit am Arsch, wenn zum Beispiel Ihre Nieren komplett den Löffel abgeben würden. Ganz zu schweigen von der Lunge oder dem Herzen. Vom Gehirn wollen wir gar nicht erst anfangen. Das Gehirn ist unsere Schaltzentrale. Wenn die ausfällt, sind wir nicht nur am Arsch, sondern am Ende. Ende, aus, Micky Maus.

Fangen wir mal mit ganz simplen Dingen an. Nicht umsonst empfehlen die ganzen Abnehm- und Entschlackungstipps der Frauenzeitschriften, dass Sie viel trinken sollten. Wasser, versteht sich. Für die Nieren. Die brauchen das, um ihre Aufgabe wahrnehmen zu können, allen möglichen Mist aus Ihrem Körper zu befördern. Die Nieren filtern täglich 1800 Liter Blut. Wussten Sie nicht, was? Ein-tausend-acht-hundert Liter täglich! Stellen Sie sich das mal vor. Was für eine Leistung! Und sie sind nun wirklich nicht die größten Organe, durchschnittlich ist jede der beiden Ladies rund zehn Zentimeter lang und 200 Gramm schwer. Während sie das Blut filtern, holen die beiden allen möglichen Abfall da raus, der dann mit dem Urin ausgeschieden wird. Und damit Ihre Nieren das high-class-mäßig können, brauchen sie zur Unterstützung ungezuckerte Flüssigkeit. Kein Fruchtsaftkonzentrat mit siebenundachtzig Prozent Zucker und der Rest Aromen. Bäh! So was streichen Sie erst mal für immer von Ihrer Liste. Brauche Ihnen ja sicher nicht zu erklären, warum! Oder? Okay, hier bitte:

Wenn Ihre Nieren versagen, gehen Sie hopp. Denn sobald das Blut nicht mehr ausreichend gefiltert wird, steigt die Konzentration der Stoffe, die eigentlich ausgeschieden werden müssen, wie Kreatinin und Harnstoff, im Blut an. Je höher der Anteil dieser Stoffe, desto schwächer ist die Funktion der Nieren – dann muss die Entgiftungsfabrik schließen und Sie dürfen sich schon mal mit den ewigen Erdmöbeln guten Tag sagen. Denn wenn die Nieren versagen, können Sie nur am Leben erhalten werden, indem man regelmäßig Ihr Blut künstlich wäscht – von einer Dialyse haben Sie schon mal gehört? Das Blut wird aus dem Körper geleitet, gefiltert und anschließend wieder zurückgeführt. Und Sie können nicht ab und zu mal zu so ner Dialyse gehen, Sie müssen das regelmäßig machen lassen. Und das ist kein Besuch im Nagelstudio.

Bluthochdruck kann übrigens auch ziemlich leicht zu einer Nierenschädigung führen, und den bekommen Sie wie durch Zauberhand, wenn Sie ausgiebig quarzen und 'ne Menge Cosmopolitans trinken. Ja, genau! Rauchen und Alkohol. Vor allem als Duo sauschädlich. Ganz schön beachtlich, was man sich so alles zumutet. Aber auch ganz schön beschränkt: Wir nehmen Substanzen zu uns, von denen wir wissen, dass Sie uns schaden. Und so 'n bisschen ist es uns auch egal. Und dann krächzen wir zur Verteidigung, dass Helmut Schmidt ja auch so viel raucht und soooo alt geworden ist.

Jaaaa genau! Bravo! Suuuperintelligente Superbrain-Ausrede! Er ist die Aus-nah-me von der Regel. Und das ist man eben sehr selten. Sonst wäre es ja keine Ausnahme. Ich weiß ja nicht, wie Sie das sehen, aber ich möchte nicht (mehr) auf Risiko spielen und hoffen, dass ich die eine aus einer Million Menschen bin, die die Ausnahme sein darf. Genauso gut könnten Sie sich fest drauf verlassen, dass Sie in diesem Leben noch im Lotto gewinnen, und dabei schon mal schön prophylaktisch Schulden machen.

Allohooool & Friends

Wo wir gerade beim Superbrain sind: Ich hab' mal so eine Doku gesehen, da schneidet eine Forscherin das Gehirn eines depressiven Hochleistungssportlers, der sich umgebracht hat, in Scheiben. In Scheiben geschnittenes Gehirn sieht aus wie ein Faltknödel, und man konnte ganz genau sehen, wo die Depression und die Traurigkeit des Sportlers lagen. Ich war davon total fasziniert, und irgendwie dachte ich auch immer, das

Gehirn sei härter. So in der Konsistenz. Aber dass man wirklich jede biografische Spur im Körper zurückverfolgen kann, das fand ich echt unglaublich. Der Körper merkt sich alles. Jede Zelle, die Sie gut behandeln, wird sich bedanken und was Schönes daraus machen. Natürlich kann auch die trotzdem krank werden, aber von ihrer Besitzerin gut behandelte Zellen sind natürlich viel robuster und weniger anfällig als schlecht behandelte. Ist ja logisch.

Wenn Sie sich zum Beispiel gerne mal einen hinter die Binde kippen, beschädigen Sie die Faltknödel unter Ihrer Schädeldecke massiv. Bei jedem einzelnen Rausch sterben Millionen von Gehirnzellen. Millionen! Überlegen Sie sich das mal. Sie killen jedes Mal, wenn Sie sich abschießen, die Bevölkerung halb Deutschlands. Forever! Und wenn Sie das zu oft oder sogar regelmäßig machen, nehmen zuerst Ihre Gedächtnisleistung und Ihr Konzentrationsvermögen ab. Dann verlieren Sie langsam, aber so sicher wie das Amen in der Kirche, Ihr Urteilsvermögen und Ihre Intelligenz.

Das ist der Grund, warum meine kroatische Mutter gar keinen Alkohol und ich nur noch selten welchen trinke. Sehr untypisch für Kroatinnen, ist aber so. Wir mögen unsere kleinen rosa Faltknödel-Gehirnzellen einfach zu sehr.

Meine Mutter hat noch nie getrunken, die musste keine brachiale Erfahrung hinlegen, um es zu schnallen. Sie hatte genau einen Rausch in ihrem Leben und den fand sie so überflüssig, dass sie danach knallhart einfach nie mehr einen hatte:

Kannstd du dir ma vorstelle: De Bett hat de sisch ma gedreht. Und de Papa hat de ma gesagt, soll isch ma de Fuß auf de Bode stelle, dann hörte de Bett ma damit auf. Aber wie soll isch ma in de Sitze schlafe? Das hat de ma ga keine Sinn gemacht, was ist das ma fia Quatsch?

Bei mir war das leider eine klitzekleine Zeitlang ein bisschen anders, wie Sie ja bereits mannigfaltig an der einen oder anderen Stelle erfahren haben. Deswegen kann ich Ihnen diesbezüglich als abschreckendes Beispiel vorangehen. Sozusagen als die Queen-Mum der abschreckenden Beispiele.

Gott sei Dank sind das olle Kamellen. **FO-BAJI.**

Wir Balkanesen haben ja eigentlich eine besonders enge und leidenschaftliche Beziehung zum Alkohol, besonders zu Hochprozentigem. Wir konservieren uns damit und murksen Viren und Bakterien ab. (Das funktioniert bestimmt auch super, nur bei mir nicht.) Wir werden nicht wie in anderen Bevölkerungsgruppen üblich mit Muttermilch, sondern mit Rakija gestillt. Rakija ist ein Obstbrand, der durch Destillation vergorener Früchte hergestellt wird. Der Alkoholgehalt beträgt normalerweise vierzig Prozent. Ziehen Sie sich DAS mal rein!

Aber vierzig Prozent ist pillepalle. Jede Familie vom Balkan, die was auf sich hält, hat einen in der Sippschaft, der Rakija zu Hause brennt und mehr Prozent schafft. Der ist dann Anlaufstelle für alle und jeden. Hochzeiten, Beerdigungen, aber auch mal zwischendurch, morgens um halb zehn zum Beispiel, wenn der Nachbar kurz mal rüberkommt, abends vorm Zubettgehen, immer steht ein Schlückchen Rakija auf dem Tisch. Auch ich habe natürlich einen berühmten Rakija-Onkel, und der schafft sechzig Prozent. Er ist außerdem der Chef der Prepečenica. Das ist ein doppelt-destillierter Rakjia, dessen Alkoholgehalt bei über sechzig Prozent liegt und so hart ist, dass er damit das ganze Dorf ausrotten könnte. Mit nur einem Schluck.

Ich finde das ziemlich beachtlich.

Das Mitglied unserer Sippschaft mit dem frühesten Vollrausch war übrigens nicht etwa ich, sondern mein Cousin Ante. Der hat sich mit sechs unter den Traktor unseres Großvaters verbröselt und sich erst mal ordentlich die Lichter ausgeschossen. Er war so voll, dass er fast über den Jordan gesegelt wäre. Der Auftakt einer großartigen Karriere. So früh hat das in unserer Familie nie mehr einer geschafft.

In meiner Familie ist trotzdem noch nie einer an der Leber erkrankt, das liegt vielleicht daran, dass wir so robust sind wie der berühmte Kalkstein aus Brač, aus dem sogar das Weiße Haus gebaut ist. Wir haben natürlich diverse andere Schäden, aber die Leber gehört nicht dazu.

Die Leber ist übrigens die größte Drüse und das zentrale Organ für den Stoffwechsel Ihres Alabasterkörpers und wiegt anderthalb Kilo. Sie ist quasi der Katalysator unter den Organen, sie speichert superwichtige Nährstoffe, ohne die Sie ziemlich schnell abnippeln würden, und baut Giftstoffe aus Ihrem Blut ab. Fast 2.000 Liter Blut werden täglich durch die Leber gepumpt, täglich! Das sind 1,5 Liter pro Minute!

Zu viel Alkohol trinken und gleichzeitig zu viel Fast Food, Pommes und Süßigkeiten in sich reinstopfen, weil verkatert und unterzuckert, führt erst mal zu einer Fetteinlagerung im Gewebe. Aber nicht nur in Ihrem Bindegewebe, sondern im Gewebe Ihrer Leber. Das nennt man dann Fettleber. Wenn Sie mal ein paar Tage hintereinander oder zumindest regelmäßig einen oder zwei hinter die Binde gekippt haben, haben Sie vielleicht das Gefühl, dass Sie was im Bauch drückt, vor allem auf die Lunge. Sie können nicht mehr so gut Luft holen. Das ist aber weder der Bauch, noch ist es die Lunge, es ist die Leber. Sie ist fett. Sie quillt auf wie ein altes Brötchen, das sich mit Wasser vollsaugt. Und das ist gar nicht gut. Das kann die Leber auf lange Sicht sogar killen.

Die gute Nachricht ist, eine Fettleber kann geheilt werden. Die Leber hat die einzigartige Fähigkeit, sich wieder zu regenerieren. Wenn Sie also auf das Gift, das ihr schadet, verzichten, ist sie sehr dankbar und heilt sich von selbst. Zumindest wenn Sie was ändern, bevor die Sache ins Endstadium eintritt.

Merken Sie, worauf ich hinauswill? Sie sind ausgestattet mit einem un-glaub-lich durchdachten Hochleistungssystem. Es ist eine Schande, es nicht mit der größten Hochachtung zu behandeln und Ihren Organen jeden Tag den roten Teppich auszurollen und ihnen zu helfen, weiterhin so gut und effizient zu arbeiten, anstatt sie ständig zu boykottieren.

Und obwohl Ihnen wahrscheinlich schwant, worauf ich hinauswill, und ich Ihnen nun ganz offensichtlich gleich raten werde, Ihr Alkoholkonsumverhalten noch mal genau zu überprüfen, möchte ich hiermit deutlich anmerken: Mein absoluter Lieblingszustand ist es, leicht einen sitzen zu haben. Und an einem Pool abzuhängen. Im Abendlicht. In Saint Tropez. In einem Sechs-Sterne-Hotel. Während mir ein muskulöser Poolboy die Füße massiert.

Nur passiert das leider sehr, sehr selten. Und das liegt nicht daran, dass ich ziemlich unregelmäßig an einem Pool abhänge, im Abendlicht, in Saint Tropez, in einem Sechs-Sterne-Hotel. Und auch nicht daran, dass Poolboys einem so selten die Füße massieren möchten.

Es liegt daran, dass bei mir Alkohol ziemlich schnell zu Allohoool wird. Von leicht einen sitzen haben zu unterm Tisch liegen geht bei mir ziemlich zügig. So schnell können Sie nicht mal Buh sagen. Ich bin die einzige Frau auf dem Balkan, die Alkohol nicht gut verstoffwechseln kann. Während Sie noch bei angenehmen Null Komma Acht Promille locker die Flasche schwingen, bewegt sich meine Anzeige bei gleicher Menge Allohooool schon weit über dem Einser-Limit. Na ja, was soll ich sagen: Wenn keiner in der Nähe war, der mir das Zeug weggenommen hat, dann gab es kein Halten mehr. Ich werde ziemlich schnell blau. Dunkelblau. So blau wie der weite Ozean. Nur, dass dann das, was mit mir passiert, nicht so poetisch ist. Wenn der Sprit erst mal in mir drin ist, ist Polen offen. Erstens höre ich erst dann auf, wenn Polen nicht nur offen, sondern besoffen ist, und zweitens möchte ich dann dringend meine Mitmenschen zu etwas Besserem bekehren. Unaufgefordert. Sie verstehen, was ich meine? Dabei versuche ich sie zu küssen. Auch Obdachlose. Meistens trage ich dabei keine Schuhe. Von weiteren Peinlichkeiten in beduseltem Zustand schweige ich jetzt mal lieber.

Gottseigelobt hab ich noch mal die Kurve gekratzt, denn auch mir ist irgendwann klar geworden:

SO wird das nix.

Und genau dieser Fakt prädestiniert mich, Ihnen nun ein paar Fragen zu stellen. Ich hoffe, Sie können sie alle mit einem Lachen abtun, weil Sie das alles gar nicht betrifft. Wenn Sie nur die Hälfte davon mit Ja beantworten, sollten wir uns noch mal genauer unterhalten.

Also: Wie stehen Sie zu Alkohol? Oder der Alkohol zu Ihnen? Trinken Sie regelmäßig? Auch mal so, dass Sie am Wochenende ordentlich einen sitzen haben? Freuen Sie sich tagsüber schon auf Ihre Pulle am Abend? Schreiben Sie dann seeehr emotionale Nachrichten und E-Mails und flennen grundlos? Oder Sie posten etwas in sozialen Netzwerken und müssen es am nächsten Tag peinlichst berührt wieder löschen? Fahren Sie besoffen Auto? Um Nachschub an der Tanke zu holen, weil Ihr Wein alle ist und Sie aber absichtlich keine weiteren Flaschen mittags im Supermarkt gekauft haben? Weil Sie wissen, dass Sie sonst alles, was da ist, leermachen? Tutto completto? Trinken Sie alleine? Heimlich? Oder schaffen Sie sich regelmäßig Trink-Gelegenheiten? Sind Sie es, die auf Partys, Veranstaltungen, Weihnachtsfeiern bis zum Schluss bleibt? Ihre Aktionen im benebelten Zustand werden Ihnen immer peinlicher? Sagen Sie sich immer häufiger nach einer durchzechten Nacht »Nie wieder!«? Und machen nach spätestens zwei Tagen aber da weiter, wo Sie aufgehört haben? Sind die ersten Schlucke dann wie ein kleiner Glücksrausch? Sie wissen, dass Sie nicht mehr problemlos aufhören könnten und die nächsten Wochen, Monate keinen Alkohol trinken? Finden Sie sich manchmal so richtig scheiße? Hatten Sie schon mal den Gedanken, dass der Alkohol Sie krank macht? Hatten Sie?

Meine kroatische Mutter würde Ihnen jetzt sagen:

Bist du ma wiedä besooffe?

Na guuut, Spaß beiseite, es ist echt ein ernstes Thema, Schwester. Wenn Sie auch nur im Ansatz die Fragen mit JA beantwortet haben, dann ist das vielleicht doch etwas, was Sie thematisieren sollten.

Aber hier an dieser Stelle möchte ich zur Abwechslung mal nicht meine Mutter zitieren, sondern Willy Brandt:

»Zur Summe meines Lebens gehört im Übrigen, dass es Ausweglosigkeit nicht gibt.«

Falls Sie sich also mehr Alkohol genehmigen, als gut für Sie ist: Es ist nicht ausweglos. Wer wüsste das besser als ich? Mir hat schon eine kurze Phase gereicht, um das zu begreifen. Das gilt im Übrigen wirklich für alles im Leben.

Das Gute im Unguten ist: Sie sind nicht allein, und Sie können aufhören. Sie haben bestimmt 'ne leise Ahnung, wie viele

Schnapsdrosseln allein in Deutschland leben. Und es ist überhaupt nicht schlimm und sehr richtig, zu sagen, dass man nicht zu den begnadeten Kein-Problem-Trinkern gehört. Und selbst, wenn Sie bereits körperlich abhängig sind – was ich Gott sei Dank nie war –, Sie können aufhören. Und so schlimm es sich jetzt auch anfühlen mag, Sie können es schaffen, wieder ein selbstbestimmtes und zufriedenes Leben zu führen. Denn eines ist klar, Alkohol ist eine Substanz, die sich von Ihnen ernährt, und nicht umgekehrt. Sie verlieren durch den regelmäßigen Kontakt damit Ihr Geld, Ihre Schönheit, Ihre Gesundheit, vielleicht sogar Ihre Freunde und Ihre Familie, und am Ende müssen Sie sogar Ihren Seelenfrieden abgeben. Ich habe die alte Schlampe Ally Cohol genannt, und sie ist die kleine Schwester des Teufels.

Oh, den Teufel hatten wir ja noch gar nicht! Aber wissen Sie was? Er kann uns mal, kreuzweise und hoch und runter! Denn Sie und ich wissen, regelmäßige Treffen mit Ally Cohol sind eine Einbahnstraße. Sie werden mit diesem Arschloch von Frauenzimmer niemals glücklich. Niemals.

Aber Sie können, wenn Sie sich entscheiden – und zwar für sich –, zurück auf die Spur. Und wenn Sie womöglich aber gar nicht wissen, wo Ihre Spur ist, dann erschaffen Sie sich mit der Entscheidung für sich selbst eine neue. Eine brandneue obersexy Spur. Denn eines ist sicher, es ist so wie mit allem: Wenn man lernt, Nein zu sagen und Grenzen zu setzen, beginnt Ihre Umwelt sich zu verändern, und leise, aber sicher, werden Sie anders wahrgenommen.

Ich hoffe aber sehr, dass alle diese Probleme auf Sie gar nicht zutreffen. Es ist ja auch nicht so, als ob jeder, der mal was trinkt, ein Problem damit hat – das will ich überhaupt nicht behaupten. Sie müssen keinesfalls zur völligen Abstinenzlerin werden, um die Balkantherapie erfolgreich abzuschließen. Falls Sie ab und zu mal ein Gläschen Champagner oder einen Wein trinken, dagegen ist rein gar nichts einzuwenden. Alles in Maßen ist in Ordnung. Aber übertreiben Sie es nicht – Ihr Körper dankt es Ihnen, indem er sich länger hält. Denn Alkohol ist echt nix für ihn – weder für innen noch für außen.

Schall und Rauch

Bin isch doch ma nisch blöd und gebe isch jede Tag sechs Äuro fia sowas aus. Äkkälhaft. In Monat sind das ma 168 Äuro. Kauf isch ma lieber scheene Schuhe.

Wo wir schon dabei sind, werfen Sie auch gleich die Zigaretten in den Müll. Tun Sie es! Rauchen ist soooo out. Rauchen ist nicht mal Neunziger, Rauchen ist Achtziger. Rauchen ist so, als würden Sie immer noch Schulterpolster tragen und behaupten, es sei superchic. In Wahrheit waren Schulterpolster noch nie superchic. Und in Wahrheit war Nikotin auch noch nie superchic, sondern es ist der größte Abfall, mit dem Sie Ihren Körper vollstopfen können. Sie züchten in Ihren schönen, sauberen Zellen viele kleine hässliche Gremlins. Und das nicht nur in den Zellen Ihrer Lunge, sondern so ziemlich überall. Und wenn die erst mal schlüpfen, ist das Geheule groß.

Sollten Ihnen die Krebswarnungen auf den Kippenschachteln und auch alle anderen Krankheiten, die Sie provozieren, genauso am Po vorbeigehen wie meine Ausführungen, dann bekomme ich Sie vielleicht mit dem hier:

Sie altern im Schnitt zwanzig Jahre früher, dafür aber proportional sehr viel schneller, wenn es erst mal losgegangen ist, als eine Nichtraucherin. Und Raucherinnen haben immer so schöne viele kleine eingerissene Falten um den Mund. Vom Ziehen an der Kippe. Das sind die sogenannten tiefen Lach-Raucher-Mund-Falten. Gehen selbst mit Filler nicht weg. Und lassen Sie schon mit Mitte 30 optisch älter wirken als eine Nichtraucherin. Von dem Grauton Ihrer Haut ganz zu schweigen. Wenn Sie dazu auch gerne ab und zu einen kippen, dann gute Nacht. Wie ein polierter Apfel sehen Sie wahrscheinlich nicht aus.

Außerdem riechen Sie schlecht. Die abgestorbenen totgequalmten Zellen Ihrer Haut haben diesen unverkennbaren Geruch eines Aschenbechers, der in einer Kneipe steht und – obwohl er ausgeleert und gewaschen wurde – eben nach Aschenbecher riecht. Und: Ihre Körperflüssigkeiten schmecken nach ... nassem Hund.

Ok, das mit dem nassen Hund habe ich mir ausgedacht. Woher soll ich das auch wissen? Ich habe weder was Intimes mit einer Raucherin gehabt noch mit einem nassen Hund. Gott sei Dank. Dagegen wäre Ihre Raucherei Kindergarten. Aber nasser Hund klingt einfach so gut. So ekelig. Ein nasser Hund ist an Stinktierfaktor kaum zu übertreffen.

Aber: Nachgewiesenermaßen verändern sich bei Raucherinnen sowohl der Körpergeruch als auch der Geschmack der Körperflüssigkeiten, wie Speichel und alle anderen Sekrete. Und wenn Sie Glück im Leben haben, dann werden Sie doch genau diese Körperflüssigkeiten mit dem einen oder anderen teilen, oder? Wollen Sie da nicht lieber nach Rosenwasser riechen?
Sie können natürlich den bequemen Weg gehen, weiterhin rauchen und sich einfach einen Raucher suchen. Der riecht dann auch so wie sie und schmeckt den nassen Hund gar nicht, weil seine Geschmacksknospen genauso angefackelt sind wie Ihre.

Dann werfen Sie noch schön Ihre Gene zusammen und zeugen suchtgefährdeten Nachwuchs. Super für die Evolution! Tipptopp. Herzlichen Glückwunsch! So gut, dass die Menschheit Sie hat.

Hören Sie auf zu rauchen! Hören Sie mit dem ganzen Quatsch einfach auf! Sie werden soooo belohnt werden, ich verspreche es Ihnen. Falls Sie Angst haben, fett zu werden, dann habe ich später ein paar grundlegende Tipps für Sie, die Ihnen nicht nur zu einer Hammerfigur verhelfen, sondern auch gut für Ihr Karma sind. Und außerdem macht Nikotin volle Lotte Cellulite! Und tun Sie jetzt BITTE nicht so, als hätten Sie das nicht schon tausend Mal irgendwo gelesen.

Ich hab doch gesagt, die Zeit der Selbstverarsche ist FO-BAJ!

Was anderweitige Drogen angeht, Marihuana, Kokain, Speed, Trips etc., davon verstehe ich nichts und kann auch nicht so viel darüber sagen. Außer, dass es out ist, high zu sein. Genauso wie es out ist, besoffen zu sein oder zu qualmen. Steinzeitrelikt. Drogen sind uncool, schlicht und einfach deshalb, weil sie mega ungesund für den Körper sind und übelst süchtig machen. Wenn Sie also gelegentlich zu Pülverchen und Pillchen greifen, weg damit. Hören Sie auf, Gift in Ihren Körper zu pumpen. Wir sollten mittlerweile geschnallt haben, dass wir so unfassbar viele Möglichkeiten haben, gesund alt zu werden und ein langes, erfülltes Leben zu führen. Und das schafft man nicht, indem man sich mit Zeug vollballert, Scheiße frisst, sich nicht bewegt und schräge Gedanken hat. Auch ohne das ganze Suchtzeugs kann man Spaß im Leben haben. Wem Spaß nur mithilfe von Alkohol und Chemikalien gelingt, der sollte sich ein paar ernsthafte Fragen stellen. Ist doch eigentlich erbärmlich, wenn man nur so in Schwung kommt. Oder? Sie sind doch nicht Lindsay Lohan. Außerdem ist es ein Bild des Jammers, wenn Menschen, die Kinder haben, immer noch kiffen. Wir sind doch keine Assis.

Ach, Sie denken, Künstler, Mediziner und Lebemenschen allen voran, ein bisschen Ausgleich und Spaß muss doch sein, ein bisschen Rock'n'Roll, das letzte bisschen Rebellentum bei dem mühsamen Leben? Da kann ich nur wieder meine Mutter zitieren:

Das is ma de greeßte Quatsch, das isch ma gehört hab.

Wir sind in der Neuzeit angekommen, probieren Sie mal was richtig GEWAGTES. Nicht so olle Hippie-Kamellen. Fangen Sie an, sich so sehr zu mögen, dass Sie ab sofort Ihren Körper behandeln wie Ihr Kind. Und dem würden Sie ja auch keinen Joint in die Hand drücken, damit es runterkommt, oder ihm zum Frühstück erst mal einen Mojito hinstellen, damit es im Kindergarten nicht immer in der Ecke klebt und bisschen mehr aus sich rauskommt.

Wo wir schon bei Kindern sind, hier gilt als grundsätzliches Leitmotiv: Leben Sie Ihren Kindern das vor, was Sie sich für ihre Zukunft wünschen. Also nicht für Ihre Zukunft, sondern für die Zukunft Ihrer Kinder. Und knicken Sie an dieser Stelle gleich mal »Aber ich rauche ja nicht vor meinem Sohn« und »Meine Tochter hat mich noch niiiie betrunken erlebt«. Schwester, hören Sie auf, sich was vorzumachen, Kinder sehen und hören alles! Und wenn Sie selber einen Vater oder eine Mutter hatten, der oder die sich mit egal welchen Substanzen vergnügt oder auch weniger vergnügt hat, dann ist es doppelt an der Zeit, den genetischen Kettenbrief zu unterbrechen.

Ran an den Speck, Mäuschen

Isch bin ma in dein Alte jede Tag zehn Kilometer schogge gegange und hab isch ma meine Kopf doschgepustet. Danach war isch imma ma wie ein ganz neue Marija!

So, und jetzt gehen wir an die praktische Arbeit. Frei nach dem Motto »Nicht quatschen, machen!«. Wer den Körper gesund halten will, muss was tun. Ja, Süße, was tun. Ohne Arbeit geht's nicht. Von alleine kriegt man keinen Bikini-Bauch.

Fangen wir an bei Ihren Muckis. Wenn ich an Ihre baldigen Erfolge denke, wird mir ganz warm ums Herz.

Wo wir schon bei Muskeln und Herzen sind: Wussten Sie, dass man doch an gebrochenem Herzen sterben kann? Es gibt nämlich eine Krankheit, die nennt sich Broken-Heart-Syndrom. Das ist eine sehr seltene Funktionsstörung des Herzmuskels. Und ich war eine Zeitlang sicher (ganz, ganz sicher), dass ich daran erkrankt bin. Manche Menschen verkraften die Trennung inklusive der emotionalen Dauerbelastung von einem Menschen so schlecht, dass das Immunsystem das Herz nicht mehr schützen kann. Das fühlt sich irgendwann an wie ein Herzinfarkt. Ohne Mist! Das gibt es. Es kommt aus dem Nichts. Zuerst fängt Ihr Herz an zu rasen, als wäre es auf einer Formel-Eins-Rennstrecke, dann bekommen Sie keine Luft mehr, und bums landen Sie im Krankenhaus.

Deswegen sollten Sie zwei Mal mehr prüfen, wem Sie dieses äußerst fragile Vögelchen in die Hände legen. Davon reden wir aber später noch mal ausführlicher, ja? Jetzt geht's erst mal an die Fettpolster!

Ein Mensch hat mehr als 700 Muskeln. Der Penis gehört übrigens nicht dazu, sonst könnte man(n) ihn ja problemlos trainieren (Mensch, wenn das ginge, was würden die Jungs ins Fitnessstudio rennen). Er ist ein Schwellkörper. Da kann er noch so sehr versuchen zu trainieren, der Penis schwillt halt nur an, so gut er kann. Manche Penisse weniger gut. Sie wissen schon.

Frauen und Männer haben unterschiedlich viele Muskeln. Bei Männern machen sie fast fünfundvierzig Prozent der Körpersubstanz aus, bei Frauen nur dreißig. Je mehr Sie einen Muskel trainieren, desto größer wird er. Mal abgesehen von den Muskeln, die wir nicht trainieren können und auch nicht müssen. Die Magenmuskeln arbeiten ganz von alleine, ohne Anweisung, und auch die Herzmuskeln – wobei wir die durch Fitnesstraining tatsächlich trainieren können, wenn auch nur indirekt. Manche Muskeln lassen sich mit dem Willen steuern, zum Beispiel die Muskeln in Armen und Beinen. Ihr Allerwertestenmuskel hört im Laufe Ihres Lebens auf, auf Sie und das, was Ihr Wille will, zu hören.

Aber da wir zwei beide natürlich schlau sind und wissen, dass Sie um Sport nicht herumkommen, kommt jetzt wiederum **GUY** ins Spiel. **Guy le Säilör** ist mein megaheißer Personal Trainer und sozusagen jetzt auch Ihrer. Ich teile ihn gern. Und da wir zu Beginn Ihrer körperlichen Züchtigung nicht gleich durchdrehen wollen, gibt es hier von ihm drei klitzekleine Übungen. Nur diese drei. Die machen Sie aber ab sofort jeden Tag. Jeeeeden Tag! Und damit das auch die allerletzte Sportmuffeline unter uns versteht: Es sind stinknormale Liegestütze, Sit-ups und Kniebeugen. So einfach wie ein Rührkuchen. Selbst wenn Sie bisher auf dem Mond gelebt haben, haben Sie das doch schon mal irgendwo gesehen.

Machen Sie es als Frühsport. Erfahrungsgemäß ist das Risiko am Abend größer, dass man es nicht mehr macht. So eine Couch kann ganz schön penetrante Lockrufe aussenden. Dagegen sind Guys Muckis leider unbrauchbar, denn Guy ist leider, leider nur aus Papier.

Bevor Sie mit den Übungen anfangen, dehnen Sie sich ordentlich: Das ist sehr wichtig, damit Ihre Muskeln kapieren, dass sie ab sofort mehr tun müssen, als von der Couch aufzustehen und zum Kühlschrank zu laufen. Die ersten zwei Wochen machen Sie jede der Übungen 15-mal. Und das in drei sogenannten Sätzen. 15-mal, kurze Pause, 15-mal, kurze Pause, noch mal 15-mal. Das dauert fünf Minuten pro Übung, das ist zu schaffen. Selbst meine sechsundachtzig Jahre alte Oma schafft das. Also schaffen Sie das auch! Und Sie werden sich SO gut fühlen. Promise!

Wenn Sie 15-mal nicht schaffen, machen Sie 10-mal. Und dann steigern Sie sich. Wenn Sie 15-mal gut schaffen, weitermachen. Machen Sie mehr Liegestütze, laufen Sie die Treppe, anstatt den Aufzug zu nehmen, machen Sie abends einen schönen langen schnellen Spaziergang, Wetterlage egal, versteht sich. Wenn Sie sich superfit fühlen, fangen Sie an zu laufen statt zu spazieren. Oder fahren Sie mit dem Fahrrad um den Block.

Damit auch nichts schiefgeht, hier Guys Betriebsanleitung für die Übungen, lesen Sie sich das genau durch, bevor Sie anfangen.

Sit-ups
Für Ihren zukünftigen Waschbrettbauch

Legen Sie sich auf dem Boden auf den Rücken und stellen Sie die Beine etwa einen High Heel voneinander entfernt und leicht angewinkelt vor sich auf. Die Arme können Sie am Körper entlang Richtung Knie strecken. Ihre Hände nehmen Kontakt mit der seitlichen Muskulatur Ihres Popöchens auf, oder sie streicheln den oberen Teil Ihres seitlichen Oberschenkels. Wonach Ihnen gerade ist. Aber hören Sie auf, an sich rumzufummeln, darum geht es jetzt nicht!

Zuerst bewegen Sie Ihre Möpse in Richtung der Knie, dann drücken Sie den Bauch in Richtung der Oberschenkel, bis der Oberkörper fast senkrecht zum Boden steht. Gleichzeitig atmen Sie aus. Ganz wichtig! Luft anhalten bringt gaaaar nix. Ihre Zellen brauchen Sauerstoff. Die Arme führen Sie während der Aufwärtsbewegung an den Oberschenkeln nach oben. Sich an den Oberschenkeln festzuhalten und nach oben zu ziehen, ist verboten! Streng verboten!

Danach senken Sie den geraden Oberkörper wieder laaaaaangsam nach hinten und krümmen ihn wieder, um ihn auf den Boden zu bringen. Dabei stellen Sie sich vor, dass Sie eine Feder und kein Kartoffelsack sind. Wenn Sie es schaffen, dabei einzuatmen, wäre das Weltklasse. Die Schultern bleiben während der ganzen Chose hinten.

Liegestütze
Ganzkörpertraining schlechthin

Begeben Sie sich auf die Knie, kippen Sie nach vorne und stützen Sie sich mit Ihren manikürten Händen minibisschen weiter als schulterbreit ab. (Sie wissen doch aus dem Effeff, wie das geht.) Ihre Hände sollten in der Ausgangsstellung etwa auf Höhe der Brust sein. Anschließend strecken Sie die Beine nach hinten aus und stellen die Füße auf die Zehenspitzen. So hoch Sie können!

Keine Mädchen-Liegestütze! Nix mit auf die Knie, do it like a dude! Und spannen Sie alles an. POBACKENZUSAMMENPETZALARM! YEAH!

Ist er nicht süß? Wollen Sie auch so einen? Dann bringen Sie sich in Shape. Und es geht nicht darum, magersüchtig zu werden. Auch weibliche Rundungen vertragen Definition.

Drehen Sie nicht durch! Machen Sie Ihre Kniebeugen langsaaam und kneifen Sie Ihre Pobacken zusammen. Bringt Ihnen übrigens auch in der Kiste eine Menge Spaß.

Ihre Beine, Ihr Oberkörper und Ihr kluger Kopf sollten eine möglichst gerade Linie bilden. Schieben Sie Ihren Po nicht nach oben, aber Ihre Hüfte dürfen Sie auch nicht nach unten durchhängen lassen. In den Beinen herrscht Spannung, und der Kopf bildet die Verlängerung der Wirbelsäule. Wenn Sie während der Übung den Schwung einer Banane haben, dann läuft da was falsch. Ihre Arme dürfen Sie nicht ganz durchstrecken. Halten Sie immer eine kleine Beugung in den Ellenbogengelenken, es ist schonender.

Beugen Sie jetzt die Arme und senken Sie den Körper nach unten ab. Dabei Spannung halten, gerade bleiben. Nicht den Körper verbiegen. Wir wollen ja nicht zum Zirkus. Die Arbeit wird tutto completto von der Brust und den Armen gemacht, die Ellenbogen zeigen nach außen. Ach so: atmen. Immer atmen. Nie die Luft anhalten. Gehen Sie so weit nach unten, dass Ihre Nase dem Boden einen Eskimokuss gibt (aber nicht mit dem Kopf abstützen!) Wenn Sie fertiggeknutscht haben, drücken Sie sich wieder nach oben und atmen dabei aus.

Superwichtig ist die Geschwindigkeit Ihrer Bewegung: Nach unten sollte es mindestens eine Sekunde dauern und nach oben genauso lange. Und, Sherlock? Gut kombiniert? Genau! Ein Liegestütz sollte mindestens zwei Sekunden dauen!

Kniebeugen
Wunderübung, vor allem für Beine und Hallöchen-Popöchen

Stellen Sie Ihre pedikürten Füße etwa schulterbreit auseinander. Stehen Sie aufrecht und schieben Sie Ihre Möpse nach vorne. Ihr Oberkörper ist kerzengerade, aber Ihr unterer Rücken bleibt bei der ganzen Übung in einer leichten Hohlkreuzstellung. Ihr Blick geht nach vorn, und Ihre Bauchmuskeln sind angespannt.

Laaaaangsam beugen Sie die Beine, Ihr Oberkörper wird dabei leicht nach vorn geneigt und Ihr Po nach hinten geschoben. Atmen Sie während dieser Übungsphase. Und zwar: ein. Achten Sie bei der Abwärtsbewegung darauf, dass Ihre Knie in die gleiche Richtung wie Ihre Fußspitzen zeigen und dass die Knie hinter bzw. maximal auf gleicher Höhe mit den Fußspitzen sind. Nicht alles nach vorn schieben, Hintern raus bei der Geschichte! Wenn die Oberschenkel parallel zum Boden sind, haben Sie den Endpunkt der Abwärtsbewegung erreicht.

Wenn das geschafft ist, strecken Sie Ihre Beine mit Druck über die Fersen wieder nach oben durch. Und atmen dabei aus. Achten Sie immer darauf, dass Ihr unterer Rücken in der leichten Hohlkreuzstellung bleibt. Das ist superwichtig, sonst können Sie die Übung in die Tonne kloppen.

Nach den ersten beiden Wochen merken Sie schon die ersten Mucki-Anzeichen, und wenn ich Ihnen später noch ein paar kleine Ernährungstricks erkläre, blühen Sie spätestens in einem Monat auf wie eine Pfingstrose. Sie werden Purzelbäume vor Glück schlagen, wenn Sie Ihr neues Leben verinnerlicht haben, und anfangen, morgens erst mal eine Runde in der Küche zu tanzen, bevor Sie aus dem Haus gehen, und aussehen wie ein Filmstar.

Meine kroatische Mutter geht übrigens jeden zweiten Tag zehn Kilometer joggen. Und das bei einem Fulltime-Job. Und sie hat bestimmt ein bis zwei Lenze mehr auf der Kerbe als Sie. Nur mal so als Randnotiz.

Isch rauch ma nisch, ich trink ma nisch, isch geh schoggen und schoppen.

Jau – richtig, Mama. So macht man es. Und shoppen macht mit der durch Jogging gestählten Figur auch viel mehr Spaß.

SO! Nur damit Sie vorgewarnt sind, jetzt kommt 'ne Passage über Sachen, die Sie auf Facebook im Newsfeed der Veganer bestimmt immer wegklicken. Ja, richtig gehört. Und das machen Sie, weil Sie diese Themen voll annerven und Sie sich davon auch ein bisschen belästigt fühlen.

Aber ich frage Sie jetzt was, so von BF zu BF:

Möchten Sie den Rest Ihres Lebens ECHT als ignorante, wegguckende oberflächliche Schnalle verbringen? Oder lieber als WACHES, warmherziges, mit allem verbundenes, cellulitefreies HAMMERWEIBSBILD? Falls Sie sich für die zweite Variante entschieden haben, hätte ich jetzt gerne Ihre ganze Aufmerksamkeit. Und ich zähle auf Sie!

Eat! Pray! Love your animals!

Dass ausgerechnet eine Kroatin Ihnen das sagt ...

Das Rauchen habe ich aufgegeben, wie Sie ja bereits erfahren haben. Alkohol trinke ich aus Ihnen ebenfalls bekannten Gründen auch keinen mehr. Ich war noch nie eine Partypaula, und auf einem roten Teppich inklusive ausschweifendem feuchtfröhlichem Fest werden Sie mich auch eher selten antreffen. Weißmehl und Industriezucker stehen auch nicht mehr auf meinem Speiseplan. Sind auf Dauer nicht sooo viel gesünder als Nikotin. Und ich habe mich entschieden, auf Fleisch und Fisch völlig zu verzichten.

Ja genau. Ich, die ich noch vor nicht allzu langer Zeit in einem Interview – bei dem es ums Kochen ging – behauptet habe, ich sei eben eine stolze Kroatin und Fleisch sei mein Gemüse. Und heute esse und trinke ich nicht mal mehr Milchprodukte, und Eier esse ich nur noch sehr selten und auch nur dann, wenn ich mit eigenen Augen gesehen habe, wie das Huhn lebt und vor allem, dass es ein sehr sehr glückliches Huhn ist.

Ich meine, meine BF aus meiner Kindheit hieß Lieschen und war ein Huhn! Wie konnte ich Lieschen all die Jahre SO verraten?

Oder wie meine Mutter sagen würde:

Wie kann ISCH denn ma eine glikklische Huhn sein, wenn da aaaame Hihnsche in de Fabrik so schräkklisch lebe müsse?

Wussten Sie eigentlich, dass jedes Jahr 50 Millionen kleine süße männliche Babyküken in den Legefabriken bei lebendigem Leibe zerschreddert werden, weil sie keine Eier legen können? Wobei man eigentlich nicht so genau weiß, was das bessere Schicksal ist, das Leben der Legehennen oder das Eintagsleben der männlichen Küken.

Aber bevor Sie anfangen rumzumosern und mir verklickern wollen, warum das sooo ungesund ist, was ich da tue, weil in Fleisch – vor allem in Hühnerfleisch – soooo viele Vitamine sind und ich fleischlos total krank werde: Ich habe endlich – nach sehr vielen anderweitigen gescheiterten Versuchen – dort abgenommen, wo ich immer schon abnehmen wollte. Die Reiterhosen gehören der Vergangenheit an, und mein Körper sieht nach einigen Kilos Gewichtsverlust gesund und definiert aus. Und ich bin nicht krank geworden, weil ich unter Vitaminmangel leide. Ich hole mir die Vitamine woanders. Und leide an gar nichts mehr.

Aber Gewicht zu verlieren war nicht der Grund, warum ich aufgehört habe, Fleisch zu essen. Der Grund waren schlicht und im wahrsten Sinne des Wortes ergreifend die Tiere. Ja, so ist es. Die Tiere.

Vielleicht denken Sie jetzt, wow, das klingt aber nach einem beeindruckend öden Leben. Kein Alkohol, keine Kippen, kein Steak auf dem Grill, keine Panna Cotta, kein Tiramisu.

Aber das komplette Gegenteil ist der Fall.

Tiefschläge und schlechte Erfahrungen führen sehr oft zu massiven Richtungswechseln. Viele Menschen, die die schlechte Luft in der untersten Etage schnuppern durften, entscheiden sich ob dieser Erfahrungen, dort nie mehr sein zu wollen. Und bekommen so endlich die Kraft, ihr Leben von Grund auf zu überdenken und zu verändern.

Genau das habe ich getan. Ich bin gefallen, habe mir eine Weile angeschaut, wie es sich da unten anfühlt, und als ich wieder auf dem Weg nach oben war, ist mir plötzlich klar geworden, dass ich nicht das Recht habe, mich oder andere Lebewesen auszubeuten.

Und es fühlt sich UNFASSBAR gut an. Ich wache jeden Morgen auf und bin gut gelaunt. Es fühlt sich tatsächlich an, als wäre ich aus einem Tiefschlaf erwacht. Es geht mir so gut wie noch nie und ich habe – für mich – erkannt, dass es vielleicht doch den einen oder anderen Zusammenhang gibt zwischen dem regelmäßigen Konsum von zum Beispiel Industriefleisch, einem schlechten Körpergefühl und schlechten Gedanken bis hin zu einem schlechten Leben. Googeln Sie doch BITTE mal, was allein für ein Scheißdreck in dem Futter ist, das die Tiere zu fressen bekommen, ganz zu schweigen von den ganzen Medikamenten. Machen Sie das mal. Ich bin sicher, dass ich mich dann hier nicht so abmühen muss mit Ihnen.

Du bist, was du isst. Oder wie meine Mutter sagt:

ISCH ess das ma NISCH! De liebe Gott hat das ma SO nisch gewollt!

Ja, ja, ich weiß. Sie denken jetzt bestimmt, dass ich auf so einen neumodischen Zug aufgesprungen bin. Weil ich 'ne olle Schauspielerin bin. Weil wir iiiiimmer was Neues sein müssen, damit uns nicht so langweilig wird. Und wir der Presse nicht langweilig werden. Jetzt ist sie also vegaaan. Boah, gääähn. Und was ist sie morgen? Dschingis Khan? Die isst doch bestimmt heimlich Fleisch, und in ein paar Monaten macht sie dann wieder einen Kabbalah-Kurs.

So richtig vegan bin ich im Sinne der Hardliner-Veganer ja auch nicht. Ich würde sagen, ich bin vegan-isch. Wäre ich eine Hardlinerin, dann müsste ich zum Bespiel auch alles aus Leder aus meinem Schrank verbannen. Ich behalte aber das, was ich habe, und trage es weiterhin. Es wäre ein Affront dem Tier gegenüber, es jetzt auch noch wegzuwerfen. Und ansonsten fördere ich kleine Unternehmen, die nachhaltig, artgerecht und ökologisch produzieren. Und ich benutze nur noch kosmetische Produkte, für die kein Lebewesen leiden musste.

Und? Fragen Sie sich trotzdem noch ein minibisschen, wie eine Kroatin, Angehörige eines der fleischfressendsten Völker unter dem Himmelszelt, fleischlos leben kann? Und es sogar will? Und wann ich endlich aufhöre, Sie mit dem Peta-Aktivisten-Scheiß zu langweilen? Wissen Sie was? Sogar mein Vater hat es geschnallt und hat begriffen, um was es mir geht, und seitdem höre ich auch nicht mehr so Sachen wie »Dann grill isch ma Hühnsche, wenn du ma keine Fleisch esst«.

TIER-REICH UND FETT-ARM UND RANK UND SCHLANK

So und jetzt packe ich Sie einfach ein und nehme Sie mit auf meine kleine Mimi-Tiere-Farm.

Wir haben bisher gelernt, wie der Körper funktioniert und dass Sie gut zu ihm sein sollten. Dann leistet er Ihnen die besten und dankbarsten Dienste. Und Sie werden mit großer Wahrscheinlichkeit ein langes und erfülltes Leben führen. Wollen Sie doch, oder? Oder doch lieber Lust auf Pflegeheim und starre Knochen und Demenz? Ich meine, es bleibt natürlich Ihnen überlassen. Muss jeder für sich entscheiden, wie er seinen Lebensabend verbringt. Vielleicht wollen Sie ja un-be-dingt die Chance größtmöglich halten, an wenigstens einer Krankheit zu leiden. Dann machen Sie weiter wie bisher.

Falls Sie bereit sind für die Reise, hören Sie gut hin. Lesen Sie es sich gut durch. Verinnerlichen Sie, was es für Sie verändern wird, wenn Sie sich für LEBEN entscheiden und nicht fürs STERBEN. Und deswegen nicht mehr mitschwimmen im Strom von krankmachenden Lebensmitteln und gequälten Lebewesen, die für Sie ein unvorstellbar schreckliches Dasein fristen mussten. Am Ende entscheiden nur Sie, ob Sie glücklich und mit weniger Cellulite (ja! weniger Cellulite! Einerseits möchte ich Sie natürlich locken, andererseits stimmt es) leben wollen oder nicht? Und gleichzeitig etwas für Ihr Karma und andere atmende Kreaturen tun?

Sie werden erwachen. Das garantiere ich Ihnen. Balkanehrenwort! Sie werden plötzlich anfangen, Dinge wahrzunehmen, die vorher für Sie unsichtbar waren – obwohl sie direkt vor Ihren Augen stattgefunden haben.

Ihr Körper wird sich wundersamerweise in eine gesunde schöne Hülle verwandeln. Sie beginnen Ihren Körper immer besser zu verstehen und bauen eine unglaublich sexy Verbindung zu ihm auf.

Es gibt sehr viele Menschen, die immer noch denken, es sei wirklich genauso wie in der Werbung. Die glücklichen und ausgelassenen Tiere stehen alle auf der Weide herum und sind superhappy, dass sie uns etwas abgeben können von sich. Ihre Milch zum Beispiel oder ihre Eier oder wenn es sein muss auch ihre toten Körper. Denn wenn sie ja erst mal tot sind, dann können sie sie nicht mehr gebrauchen und warum sollten wir Menschen sie dann nicht aufessen dürfen? Das ist im Prinzip so etwas wie tierische Organspende und der Beitrag der Tiere zum menschlichen Glück. Weil sie wissen, wie gern wir sie auf den Grill legen und ihr Fleisch essen. Vor allem das ihrer Kinder und Babys. Tiere lieben uns Menschen wirklich sehr, deswegen teilen sie mit uns auch ihren Nachwuchs zum Verzehr.

Ich erzähle Ihnen jetzt die Geschichte von Bella, der Kuh. Eine Bäuerin hat sie MIR erzählt. Und ich wette, diese Geschichten geschehen in der Milchviehzucht jeden Tag, jede Stunde.

Also, diese Bäuerin hatte mehrere Milchkühe, eine davon war Bella. Sie hat natürlich bei jeder Mutterkuh eine Veränderung gemerkt, wenn sie von ihrem Kälbchen getrennt wurde. Aber bei Bella war es extrem. Die Kuh ist erst spät trächtig geworden und gebar mit drei Jahren ihr erstes Kalb. Bella war vernarrt in ihren Sohn, der aber in einer eigenen Box aufgezogen wurde, damit Bella mehr Milch geben konnte. Natürlich nicht ihrem Sohn, der wurde mit Magermilchpulver und Wasser gefüttert, sondern dem Bauern. Damit er mehr von Bellas Milch verkaufen konnte. Täglich nach dem Ausgang auf der Weide stand

Bella als Erste am Stalltor. Nach dem Öffnen machte sie regelmäßig einen Umweg zu ihrem Kälbchen, schmuste mit ihm und ging dann erst zurück in ihre Box.

Bellas Sohn sollte zwei Wochen später geschlachtet werden. Die Nacht davor lief die Kuh unruhig im Stall hin und her und machte Lärm. So, als hätte sie gespürt, dass ihr Sohn am nächsten Tag vom Fleischer geholt wird.

Sie konnte von ihrem Stall aus sehen, wie ihr Sohn aus seiner Box gezerrt wurde, war völlig außer sich und stieß mehrmals heftig gegen ihre Stalltür. Ihr Kälbchen fing auch an, panisch zu muhen. Die Bäuerin erzählte, sie hätte versucht, Bella zu beruhigen, aber sie war nicht zu beruhigen.

Als ihr Sohn nicht mehr in Sichtweite war, war sie zuerst eine kurze Zeit völlig starr, und dann begann Bella zu weinen. So, wie wir eben auch weinen. Richtige große Tränen. Und sie schrie dabei so laut nach ihrem Kind, dass die anderen Kühe begannen mitzuschreien und mitzuweinen. Stundenlang dauerte dieser Zustand an.

Irgendwann hörte sie auf damit, und Bella fiel in eine tiefe Trauer. In dieser Nacht stoppte ihre Milchproduktion, und sie hörte auf zu fressen. Irgendwann weigerte sie sich auch zu trinken. Drei Wochen später fand die Bäuerin sie leblos im Stall. Ihre Kuh hatte sich vor Trauer um ihr Kind zu Tode gehungert.

W A C H E N SIE AUF!

Sie können Ihr Leben von Grund auf nur dann ändern, wenn Sie vor NICHTS mehr die Augen verschließen. Das Leben ist eben nicht nur lustig. Und so lange wir Menschen uns benehmen wie die letzten Arschlöcher der Evolution, wird das nix! Dabei geht es nicht nur darum, dass wir uns selbst sabotieren (jeder so, wie er will!), es geht auch darum, wie wir mit anderen Lebewesen umgehen. Und nicht nur ihr bellender Fiffi ist ein Lebewesen, sondern auch alles, was Sie sich auf den Teller holen. Sich über die Asiaten aufregen, die Hunde zu Tode quälen und sie dann grillen, nur weil Sie einen haben, aber zu Aldi rennen und billiges Grillfleisch kaufen ist 'n bisschen minibisschen peinlich. Finden Sie nicht auch?

Und heutzutage können Sie auch nicht mehr sagen, Sie hätten das halt nicht gewusst – obwohl Sie alles sehen –, damit Sie weiterhin konsumieren können – das haben wir hier in Deutschland doch schon mal bitter bezahlt. Erinnern Sie sich?

Jetzt komme ich zum positiven Teil. Nämlich wie ein tierloses Leben nicht nur einen großen Unterschied machen kann, indem Sie sich und anderen Kreaturen etwas wirklich GUTES tun, sondern wie es Sie schlank, gesund, strahlend, sexy und cellulitefrei macht. Wagen Sie doch endlich mal was! Falls Sie all das bereits wissen und umsetzen und sind: Ich bin seeeehr sehr stolz auf Sie. Sie gehören zu den erleuchten Zehntausend.

FAKTEN, FAKTEN, FAKTEN

Mal abgesehen von der Haltung der Kühe soll ja Milch sehr gesund sein. Äh, noch mal genau hingucken, Sherlock! Schließlich leiden nicht umsonst so viele Menschen weltweit an Laktoseintoleranz, das ist doch kein Zufall. Wenn Milch das absolute Nonplusultra für den menschlichen Organismus wäre, dann würden doch mehr Menschen sie vertragen.

Auf die Frage, welche Milch am gesündesten für uns ist, gibt es eine ziemlich einfache Antwort: Muttermilch. Und zwar die der eigenen Spezies. Und auch nur in den ersten Lebensmonaten. Ich habe mal auf dem Spielplatz einen Dreijährigen gesehen, wie er an der Brust seiner Mutter stand. Stand. Das sah ziemlich merkwürdig aus. Und das ist es auch. Wir sind die einzige Spezies auf Gottes Erden, die im Erwachsenenalter immer noch Muttermilch trinkt, und dabei ist es normalerweise nicht mal unsere eigene.

Wir leben im 21. Jahrhundert und müssen keine Tiere oder tierischen Produkte mehr essen, um zu überleben. Vor allem müssen wir sie nicht abfüllen mit Gift und Chemie, damit wir noch mehr von ihnen haben. Das ist so was von unnötig. Und kriminell. Unfassbar abartig, wenn man es mal näher beleuchtet. Das müssen Sie schon zugeben.

Und mit »Mach isch heute ma Bauchfleisch« kann mein kroatischer Vater mir heute nicht mehr kommen. Mann, diese hysterische kiloweise Grillerei, sobald der erste Sonnenstrahl in den Garten fällt. Fleisch, supergesund, ja klar. Von Tieren, die im dusteren Hallen gehalten und mit Medikamenten vollgestopft werden. Wenn ich darüber nachdenke, was für Scheiße ich mir in all den Fast-Foodketten reingezogen habe, könnte ich heulen.

Okay, jetzt nerve ich Sie schon seit einer halben Stunde mit dem Tiere-müssen-ja-sooooo-leiden-Kram. Die Welt ist halt ungerecht, finden Sie. Wir waren immer schon Jäger, ist halt so.

Okay, wenn wir mit dem Konzept des Jägers und Sammlers argumentieren, dann sollten wir uns doch bitteschön ins Gedächtnis rufen, dass Jäger sich sehr viel bewegen mussten, um ein Tier in der Wildnis zu erlegen. Selbst später, als die Menschen anfingen, Tiere zu halten und sie zu züchten, hatten sie mehr damit zu tun, als nur zur Fleischtheke eines Billigmarktes zu laufen, sich abgepacktes Fleisch zu kaufen und es sinnfrei in sich reinzustopfen. Kein großes Wunder, dass wir alle fett werden. Schauen Sie sich mal die Kinder von heute an. Immer mehr kleine, fette, ungesunde, traurige Wesen. Die zu Hause den ganzen Tag an ihren elektronischen Geräten rumhocken und von ihren Eltern mit Scheiße lahmgelegt werden, damit sie sich nicht allzu viel mit ihnen beschäftigen müssen, weil sie sich selbst lahmgelegt haben mit der gleichen Scheiße.

Was für eine tolle Zukunft vor uns liegt. GOTTSEIDANK haben wir die Pharmaindustrie. Und GOTTSEIDANK werfen wir der Industrie so viel Geld in den Rachen, damit die Menschen, die Firmen besitzen, iiiiimmer reicher werden und mit ihren Yachten gemütlich bis ans Ende ihrer Tage durch die Südsee schippern können, während Sie sich nicht nur mit läppischer Laktoseintoleranz, sondern mit Osteoporose, Krebs, Herz- und Gefäßsystemerkrankungen, Diabetes und Kontaminierung rumschlagen.

Mhmmmmm. Die Milch macht's! Und das Fleisch! Ganz klar.

Das sind ma alle Väbräsche, die sowas mit de aaame Tiere mache. Weed isch die alle ma in de Gefängis stecke. Schräkklisch ist das ma. Das hat de liebe Gott ma nisch gewollt!

Sicher hat Gott das nicht gewollt. Wahrscheinlich ist ihm da einfach beim Bauen des Menschen ein Fehler unterlaufen, vielleicht hat er gerade geträumt, und zack! ist es passiert! Wer weiß das schon.

Aber wissen Sie was? Der liebe Gott schaut nicht tatenlos zu. Tut er wirklich nicht. Uns Frauen hat er – weil wir die armen Mama-Kühe so schlecht behandeln und ihnen ihre Babys wegnehmen – zur Strafe eine gaaaaanz wunderbare Sache geschenkt. Eine Sache, die uns sehr beschäftigt, die wir überhaupt nicht mögen, die uns weniger hübsch macht, die uns das Geld aus Tasche zieht und wiederum die Industrie reich macht und die wir auch haben, wenn wir dünn sind.

Cellulite, oh du meine Pein

Aja, is ma wohl klar. Wenn du ma de ganze Sondermüll fresst, siehst du auch ma aus wie Sondermülldeponie!

Bisher dachten Sie vielleicht, es liegt nur an Ihrer beschissenen Veranlagung? Schwester, Schwester! So bisschen haben Sie sich doch insgeheim schon gedacht, dass es allein das nicht sein kann. Überlegen Sie mal scharf.

Milch ist kein Getränk. Ah, dachten Sie das? Weil sie doch flüssig ist, die liebe Milch? Nee. Milch ist ein Nahrungsmittel. Ein Glas Vollmilch mit 250 ml hat 160 Kilokalorien. Nehmen wir mal einen durchschnittlichen Kalorienbedarf von 2000 Kalorien am Tag an, dann können Sie sich den Rest ausrechnen. Latte Macchiato hier, ein Müsli mit Milch da, Butter auf die Stulle hier, Käse drauf da, da Joghurt mit Früchten, weil es sooo gesund ist, einen Mangolassi hier. Machen Sie das schon immer so? Ihre Eltern haben Ihnen auch schon immer sehr viel Milch gegeben? Weil es so gesund ist? Und stark und groß macht?

Käse, Butter, Sauermilch, Joghurt, Kefir, Buttermilch, Sahne, Kondensmilcherzeugnisse, Trockenmilcherzeugnisse, Molkenerzeugnisse, Milchmischerzeugnisse, Molkenmischerzeugnisse?

Alles für den Arsch. Sprichwörtlich. Celluliteproduzenten hoch zehn.

Und jetzt haben Sie den Salat. Nee, oder besser: Sie denken, wenn Sie Diäten machen mit Salat und nur noch fettarme Milch trinken, gehen die Dellen am Arsch weg und Ihre Beine sehen weniger aus wie ein Wellblechdach? Leider, leider ist das nicht so. Denn selbst wenn Sie ungezuckerte Milcherzeugnisse kaufen mit minus tausend Prozent Fett: Die Milch macht es trotzdem.

Ich hatte jahrelang mit hübschen Dellen zu kämpfen. Mein Bindegewebe sah schon, als ich zwölf war, aus wie ein alter Kaugummi, und mit zweiunddreißig sah ich aus, als sei mir ein Kleinlaster in den Arsch gefahren. Und auch wenn ich Diätversuche gestartet und zumindest etwas abgenommen hatte, waren die miesen Arsch-Dellen immer noch da. Dünnsein ist leider kein Blocker gegen Cellulite. Jedenfalls nicht, wenn man zwar runterkommt auf eine bestimmte Kilozahl, sich dabei aber trotzdem das wirklich falsche Zeug reinballert. Jo-Jo-Effekt garantiert.

Cellulite ist eine Ansammlung von Stoffwechselschlacken im Bindegewebe. Stoffwechselschlacken sind Körpermüll. Alles, was der Körper nicht mehr verarbeiten und ausscheiden kann, kommt in eine dafür vorgesehene Deponie.

Das Bindegewebe ist normalerweise unser Nährstoffdepot, und wenn man da genug an Spurenelementen, Mineralstoffen und Vitaminen hineintransportiert, sieht es auch weniger aus wie ein alter Kaugummi. Sondern eher wie ein Trampolin. Tierische Eiweiße, also Fleisch, Wurst, Fisch, Eier, Milch und Milchprodukte, aber auch gaaaanz besonders Zucker (auch so ein dummes und hinterhältiges mieses Arschloch) werden im Bindegewebe zu Stoffwechselschlacken und verstopfen es. Die

Verschlackung Ihres Bindegewebes führt zu Übersäuerung, die Zellen sind nicht mehr mit Vitaminen und allem anderen Schönen versorgt und wellen und dellen sich vor allem dort, wo unsere schönsten und aufnahmefähigsten Zellen sitzen: Bauch, Beine, Po und Arme.

Vor allem die Bestandteile der Milch verschlacken. Sie werden SAUER, Schwester.

Ich habe viiiiel Milch getrunken. Ohne einen Latte Macchiato konnte mein Tag nicht richtig beginnen. Joghurt und Käse haben zu mir gehört wie Marianne Rosenberg zu dem Namen an der Tür. Schon immer. Damals waren unsere Eltern noch viel unwissender als heute, und so kam es natürlich, dass ich wie viele, viele Frauen meiner Generation von Kindesbeinen an verschlackt und verstopft wurde. Und mich seit immer schon mit dem Kleinlaster und dem Kaugummi herumschlug.

Seitdem ich nichts Tierisches mehr intus habe und jeden Morgen Guys Übungen mache, nicht mehr rauche und auch kaum mehr Alkohol trinke, sind die wunderbaren BBP-Dellen um 80 % besser geworden. Und ich bin sehr viel schlanker – ohne dass ich hungern muss –, und das auch noch an den richtigen Stellen.

Das Beste, was ich tun konnte, war, auf Fleisch und Milcherzeugnisse zu verzichten. Für die Tiere – und für mich. Nicht nur, dass ich viiiiel besser aussehe, ich schlafe besser und bin nicht mehr müde.

Na? Kleine Panikattacke? Wie? Sie sollen auf alles verzichten? Na ja, müssen Sie ja nicht. Zwingt Sie ja keiner. Sie können Ihr Leben natürlich genau so beibehalten und wellig und dellig und oll bleiben, und mit sechzig wird's nicht besser mit dem Stoffwechsel und der Verschlackung.

BYE BYE CELLU... WHAT?

Soooo, gleich haben wir es und sind durch mit dem Thema. Ich hab ja gesagt, dass es keine Kaffeefahrt wird. Sie wollen etwas verändern? Dann müssen Sie sich kennenlernen. Und zwar alles!

Cellulite entsteht also durch eine Übersäuerung Ihres Alabaster-Körpers. Das heißt wiederum, Sie können alle Cremes, die eine Wunderheilung versprechen, in die Tonne werfen. Sie polieren ja auch nicht die Motorhaube, wenn der Motor defekt ist, und wundern sich, warum das Auto immer noch nicht fährt, oder? Sie müssen die Regulation Ihres Bindegewebes wiederherstellen. Leuchtet ein, oder? Und die, Sie schlaues Ding, funktioniert NUR über die richtige Ernährung.

Cola, tierisches Eiweiß, weißer Zucker, Milchprodukte, Weißmehl, Süßigkeiten, Eis vom Italiener, Latte, Cappuccino, kann jetzt erst mal weg. Capisce? Es gibt mittlerweile hunderttausend vegane Kochbücher und Backbücher und Rezepte und Blogs und Instagramer, die Ihnen zeigen, wie es geht. Gehen Sie doch einfach mal in den Buchladen Ihrer Wahl und holen Sie sich welche. Es macht so einen Spaß.

Kommen Sie schon, einen Versuch ist es wert. Machen wir einen Deal. Versuchen Sie es für vier Wochen. Ich verspreche Ihnen die ersten gravierenden sichtbaren Veränderungen. Positiver Art natürlich.

Und noch was: Ich gebe nur an Sie weiter, wie ich es gemacht habe. Ich bin weder Ärztin noch Ernährungsberaterin. Ich bin ein totaler Laie, der Cellullite besser in den Griff bekommen hat, weniger Schlaf braucht, sich mehr bewegt, glücklicher ist, und ich sehe – wie man mir sagt – auch ein bisschen so aus, als hätte ich im Jungbrunnen gebadet. Ich möchte Ihnen jetzt hier nicht sagen, wie obergeil ich mich selbst finde, darum geht es nicht. Das würde mir im Leben nicht einfallen, ich würde vor lauter Scham darüber ins nächste Loch fallen. Aber ich sage Ihnen, wie GUT ich mich FÜHLE. Und wie sehr dieses neue Dasein mein Leben verändert hat. Nicht mal die Umkleidekabinen bei H&M jucken mich mehr. By the way, kann nur ein Mann erfunden haben. Wollen die nicht, dass man da sehr sehr viel kauft, anstatt mit einem Nervenzusammenbruch das Etablissement rückwärts wieder zu verlassen? So bescheuert ...

Also NOCH Mal zum Mitschreiben: KEINEEEEE Cola, keine tierischen Eiweiße, keine Milchprodukte at all, kein weißer Zucker, kein Weißmehl, keine Süßigkeiten, kein Eis vom Italiener, nix Latte, Cappuccino ... JETZT angekommen? Lassen Sie das ALLES weg. Ich garantiere Ihnen, in wenigen Wochen ist Ihr Bindegewebe so was von nicht mehr wiederzuerkennen. Guy nicht vergessen. Wasser nicht vergessen! Lesen Sie auf den Verpackungen nach, was Sie kaufen. Wenn an zweiter Stelle ZUCKER steht, dann ist da AUSSCHLIESSLICH Zucker drin.

Und dann habe ich noch was. Da haben die Amerikaner schon vor Urzeiten etwas entdeckt, was bei uns immer noch ein bisschen wie neumodischer Kram verkauft wird, aber der Burner ist – und zwar ein Cellulite- und Fettburner, der Sie obendrein mit Mineralstoffen und Vitaminen bis zum Abheben versorgt.

Sie wissen es? Sie sehen eine Farbe? Jaaaa! Er ist es!

Der grüne Smoothie!

Den trinken Sie ab sofort jeden Morgen und, wenn Sie mögen, auch am Abend. Superleicht gezaubert und eine klasse Mahlzeit für zwischendurch. Fangen Sie doch an mit dem Lieblings-smoothie meiner Mutter. Und wenn Sie Nachschub an Rezepten brauchen, das Internet ist voll davon. Alles, was Sie brauchen, ist ein guter Glasmixer – aber den können Sie ja von der gesparten Knete kaufen, die Sie sonst so in Alkohol und Kippen investiert haben.

Ich VERSPRECHE hoch und heilig, wenn Sie sich erst einmal in Ihre neue Figur verliebt haben, dann werden Sie jeden Morgen sagen: NICHT OHNE MEINEN SMUSIE.

Marijas grine Smusie

1 Handvoll Babyspinat
1 Handvoll frische Minze
1 Banane
1 halbe Ananas
1 Apfel
4 große Blätter Löwenzahn
1 Prise Chiasamen
1 Prise Heilerde
1 Prise Weizengras
1 Löffel feinstes Kokosöl
250 ml stilles Wasser

Und Sojamilch ist auch voll ok, falls Sie Ihren Kaffee dringend mit Milch brauchen. Und kommen Sie mir jetzt bloß nicht mit dem »Sojaproduktion und Gentechnik und so«-Gequacke. Wir kaufen natürlich auch HIER mit Köpfchen ein, klar oder? Das heißt, sie kaufen zwar Sojamilch oder Kokosmilch oder Mandelmilch oder oder oder ... aber keine, die genmanipuliert und voller Zucker ist. Beschäftigen Sie sich einfach mit Ihrer Nahrung. Vielleicht zum ersten Mal in Ihrem Leben?

Sie werden das glikklischste Hihnsche auf de ganze Welt. Cellulitefrei und knackig und so voll ohne menschlichen und sonstigen Ballast.

love your body

Hab ich Ihnen eigentlich schon erzählt, dass ich mir die Möpse hab machen lassen? Nee? Veganes Zeug natürlich. In mir ist nichts drin, wofür ein Tier leiden musste.

Na? Denken Sie jetzt: WHAAAT? Die erzählt mir seit gefühlten 300 Seiten was von »be good to yourself« und »keine Tiere essen« und »Liebe-dich-selbst«, und dann hat die einen SCHÖN-HEITSDOC?

SCHRÄKKLISCH, schrääääcklisch! De liebe Gott hat disch ma so gemacht, wie du ma bist! Warum machst du das ma?

Und da kann ich nur antworten, der liebe Gott hat aber auch Schönheitschirurgie gemacht. UND meinen Schönheitsdoc.

Meine kroatische Mutter würde das im Leben nicht machen und findet es doof, dass ich es gemacht habe. Aber das ist mir ma scheise-egal, schließlich muss es ja wenigstens eine Sache geben, bei der wir nicht d'accord sind. Sonst wäre die Übereinstimmung ja abnormal. Wir sind immer noch Mutter und Tochter.

Jepp, Schwester, so ist es. Ich liebe meine neuen Möpse. Ich habe sie mir verdient.

Ist die blanke Wahrheit. Und ich sag Ihnen dazu auch was. Nicht weil ich mich verteidigen will, sondern weil ich bin, wie ich bin, und gelernt habe, mich auch so zu nehmen. Passt für Sie nicht zusammen?

Doch. Es passt eben doch! Es geht um ein Alles-in-Maßen und zu dem stehen, was man für sich möchte und gut findet.

Verstehen Sie mich bitte nicht falsch, ich jage keinem Schönheits-OP-Jugendwahn nach, und jeder soll das für sich entscheiden – aber Bücher zu schreiben über »An meine Haut kommen nur Wasser und Nivea«, aber bis unter die Haarspitzen geliftet und kein Körperteil ist der Beauty-OP entkommen, das finde ich wiederum schräääääääkklisch! Man muss ja nicht so exaltiert darüber plaudern wie ich, verstehe ich ja, aber dann bitteschön wenigstens schweigen und niemandem das Geld aus der Tasche ziehen für Fachliteratur, die einem ein A für ein O verkaufen will.

Schönheits-OPs sind okay, finde ich. Aber auch hier, wie gesagt: Alles in Maßen. Schrecklich ist es, wenn man volle Lotte übertreibt und auch immer einen Arzt findet, der es macht. Aber ich kann Sie und meine Mutter beruhigen: Mein Arzt würde mir erst den Vogel und dann die Tür zeigen, wenn ich Möpse in Doppel-D oder Polster in die Wangen und ein Schlauchboot in den Lippen wollte.

Ich wollte nur ENDLICH meinen BH über Bord werfen: FREIHEIT FOR THE BOOBS. Nach all den Abracker-Jahren die Krönung für mich und meinen Körper. Eine Körbchengröße größer für Mimi bitte.

Und wenn Sie bis jetzt so ein bisschen aufgepasst haben, dann können Sie sich vermutlich denken: Wenn Sie rauchen, saufen, schlechtes Essen zu sich nehmen, schlechte Gedanken denken, schlechte Energien und die falschen Menschen um sich herum haben, dann kann Ihr Arzt noch so gut sein, dann nützt die Beauty-OP auch nix. Dann lassen Sie die Finger davon und konzentrieren Sie sich lieber weiter auf die Vernichtung Ihres Körpers. Sie haben von mir nur die Erlaubnis, an sich rumschnippeln zu lassen, wenn Sie GUT zu sich sind und die OP nur zur Krönung Ihrer bereits vorhandenen Strahlkraft machen lassen. Größere Möpse lösen keine Probleme, sie können nur das Tüpfelchen auf dem i Ihrer Veränderung sein. Wenn Sie unglücklich sind, werden Sie das auch mit größeren Möpsen sein. Und dann werden Sie ganz schnell die nächste OP anpeilen, denn DANACH sind Sie ja dann sicher glücklich, oder? Nee, Schwester, wird nicht passieren. Lassen Sie das. Ich unterstütze Sie nicht auf dem Weg, eine zweite Nicole Kidman zu werden. Das ist das Paradebeispiel von zu viel Geld und zu viel schlechten Ärzten. Es tut einem in der Seele weh, was diese Frau aus sich gemacht hat.

Wenn die größeren Möpse, die Korrektur Ihrer unendlich großen Nase oder die Absaugung Ihrer Reiterhosen das letzte ist, was Ihnen zum zufriedenen Dasein fehlt, dann nix wie los. Aber halten Sie Maß, seien Sie vorsichtig und lassen Sie sich gut beraten. Nicht jeder Arzt hat was drauf, und gerade Korrekturen im Gesicht gehen gerne nach hinten los, und das möchte ich echt nicht erleben, dass Ihnen so was passiert.

Aber Sie haben ja jetzt mich, und ich kann Ihnen sagen, *wohin* Sie gehen können.

DR. TICLEA, DER DOC VOM BALKAN, DEM DIE FRAUEN VERTRAUEN

Ich habe Dr. Ticlea vor ein paar Jahren kennengelernt. Er ist ein waschechter Balkan-Doc, ein Rumäne. Er hatte einer Kollegin gerade ein Paar nagelneue Brüste gemacht, und die sahen unfassbar echt aus. Überhaupt nicht wie unnatürliche Silikonberge. Sie war so schon eine ziemliche Hammerbraut und ziemlich happy mit sich und wollte – so wie ich – BH-frei werden. Und der Doc machte ihr Brüste, die wie angegossen zu ihrem Körper passten. Die Form und die Größe: einwandfrei.

Kein Mensch sieht, dass Sie unecht sind. Was man sieht, ist eine perfekte Silhouette. Ohne mühseligen Push-up-BH, der kneift und drückt. Ich wollte das auuuuuuch. Auch! Auch! Auch!

Aber vor ein paar Jahren war ich noch nicht so weit. Ich war noch zu sehr beschäftigt mit meiner inneren Reise und dem Aufräumen meines Lebens. Ich begleitete meine Kollegin zu einem Termin mit ihm und fragte ihn, wie das bei mir so aussehen könnte mit neuen Brüsten. Ich hätte damals – hätte ich es mir leisten können – wirklich versucht, durch eine Veränderung meines Körpers ein besseres Lebensgefühl zu erzwingen, aber das hat der Doc natürlich sofort gesehen. Er saß mit mir in der Besprechung und sagte in seinem unverkennbaren Balkanakzent, dass er denke, ich solle noch warten. Ich sagte, ooooch das sei kein Problem, ich hätte auch noch 'ne Menge Dinge, die wichtiger seien als neue Brüste. Ich dachte natürlich an Horst und den Berg und die Verbindlichkeiten und die falschen Männer und und und. Der Doc meinte, er würde mich, selbst wenn ich ihm hunderttausend Euro auf den Tisch legen würde, in einer Lebenskrise nie operieren. Aber ich solle wiederkommen, wenn die Krise bewältigt sei, und er würde fest davon ausgehen, dass ich das alles schaffe.

Er sagte das mit dem Schaffen seeeehr streng. Balkan halt. Nicht so heiziteizi.

Aber: Er gab mir zum Abschied noch was mit. Nämlich dass, wenn ich es schaffe, mich und mein Leben aufzuräumen, er mir zur Belohnung einen guten Preis macht. Ich wette, er wusste, dass auch das, natürlich unterbewusst, ein klitzekleiner Ansporn war. Schließlich bin ja auch ich eine Balkanesin, wir stehen total auf Challenges. Das hat er natürlich sofort gecheckt.

Dieses Jahr war's dann so weit. Ich war volle Lotte ready und mega aufgeregt. Ich habe mich mit meinem Schönheitsdoc ganz Hollywood-like zum Abendessen verabredet. Er hat mich ziemlich anerkennend angelächelt und mir attestiert, dass ich bereit bin für eine körperliche Veränderung.

Sie denken sich jetzt bestimmt, boah, die macht SO einen Wind wegen einem Paar Brüste und einer Schönheits-OP? Gibt's nicht echt Wichtigeres im Leben? Weltfrieden? Armutsbekämpfung? So was?

Sicher gibt es Wichtigeres. Und ich verschließe meine Augen ja auch nicht, vor nichts. Aber für mich ist das so was wie die Vollendung *meiner* persönlichen Mona Lisa. Ich meine, immerhin hab ich es geschafft, die Reiterhosen und den Liebeskummer loszuwerden. Und meine Verbindlichkeiten. Obwohl ich Horst manchmal echt vermisse.

Ich hab's knallhart gemacht. Jetzt habe ich ein niegelnagelneues Dekolleté. Sie würden es nicht mal bemerken. Also, dass die unecht sind. Ich bin fast vom Stuhl gefallen, als ich die zum ersten Mal gesehen habe. Sehen Sie? So ist das im Leben. Was die einen einem genommen haben, geben die anderen einem zurück. Bei mir war's ein Balkan-Doc. Ein schlauer und guter Mann. Man muss nur Geduld haben. Und daran glauben, dass am Ende alles so läuft, wie man es sich wünscht. Natürlich muss man sich dabei auch in die richtige Richtung bewegen. Aber dann kommt es! In der Wundertüte. Selbst, wenn die Wundertüte zwei Wundertüten sind.

Als ich das letzte Mal seine Praxis verlassen und gemerkt habe, wie sehr ich mich verändert hab und wie viele Helferlein das Universum mir geschickt hat, hab ich erst mal 'ne Glücksrunde geheult. Denn früher hatte ich sooo oft das Gefühl, ich zahle

NUR drauf und in meinem Leben ist irgendwo ein schwarzes Loch, das alles verschluckt. Und jetzt habe ich das Gefühl, das Glück fliegt wie Konfetti durch die Gegend und ich muss nur danach greifen.

Übrigens hat der Balkan-Doc 'ne ganze Weile wirklich in Hollywood gearbeitet und damals einer Dame die Brüste gemacht, die heute mit einem Schönheitschirurgen verheiratet ist – und der hat bis heute nicht gemerkt, dass an ihren Brüsten jemand dran war.

Das, Ladies, schafft nur ein Doc vom Balkan.

Hach! Die Liebe!
und andere Katastrophen

Die Liebe ist langmütig, die Liebe ist gütig. Sie ereifert sich nicht, sie prahlt nicht, sie bläht sich nicht auf. Sie handelt nicht ungehörig, sucht nicht ihren Vorteil, lässt sich nicht zum Zorn reizen, trägt das Böse nicht nach. Sie freut sich nicht über das Unrecht, sondern freut sich an der Wahrheit. Sie erträgt alles, glaubt alles, hofft alles, hält allem stand. Die Liebe hört niemals auf.

(»Hohelied der Liebe«, 1. Korinther 13, dargeboten bei meiner Hochzeit, 2000)

Reischst du dem nisch ma de kleine Finge, weißt du doch ma, was dann passiert. Zeigst du dem kalte Schulter, mach isch bei dein Papa einmal an de Tag. Imme, wenn de ma nisch weiß, was jetzt ma los is, is de ma lausfromm.

(Mit lausfromm meint sie natürlich lammfromm.)

Hätte ich auf meine Mutter gehört, hätte ich mir wahrscheinlich einiges erspart. Meine Mutter hat ihren Mann schließlich seit Jahrzehnten im Griff. Ja, aber man hat ja so seine eigenen Vorstellungen von der Liebe. Dass sie soooo wunderschön ist und völlig frei von berechnendem Verhalten. Dass sie nie aufhört und so. Davon träumen wir Mädels doch, seit wir alt genug sind, um mit kugelrunden Augen im Fernsehen irgendwelche Schnulzen zu gucken. Mit irgendwelchen sagenhaft umwerfenden Männern, die natürlich NIIIIEEEE solche Sachen machen, wie reale Männer sie andauernd bringen. Und natürlich habe ich mir bei jeder neuen Liebe eingebildet, DAS ist er! Und bei dem, den ich geheiratet habe, natürlich erst recht. Also vorher. Aber das sah mein Vater ein minibisschen anders, als er mich zum Traualtar führte, und das hat er auch klar und hörbar artikuliert:

»Machst du ma Scheise. Machst du ma grooooosse Scheise! Grooosse grosse Scheise.«

Wenn das kein fliegender Start in den Hafen der Ehe war ...

Afrika

Eine Scheidung, einen Rosenkrieg, und noch eine weitere Beziehung in den Sand gesetzt und zwölf Jahre später. Konversation mit meiner kroatischen Mutter.

— War isch ma auf deine Fejsbuk. Warum heißt du da
  jetzt ma FIEDLÄ?
— Ähm. Also ... Ich hab' mich verlobt, Mama.
— Väschtah isch jetzt ma nisch.
— Ich h a b e mich ver-lobt!
— Was hast du disch ma??
— Verlobt.
— Velobt?!?
— VER-lobt!!!!!
— Was is das ma wiedä fia Quatsch?
— Mama! Das ist kein Quatsch! Dieses Mal ist es Liebe!
  ER ist es!
— Eine Er?
— Mama! Ja ein ER! Bestimmt keine SIE.
— Ah! Wedd misch ma bei dir nisch wundern.
— ER heißt Cameron.
Schweigen, dann:
— A Isusa ti Isusa Boga. TI BOGA ISUSA!*
— Mama, hör auf, dich zu bekreuzigen, das ist scheiße!!
  Kannst du dich nicht ein Mal für mich freuen?
— Willst du dann auch ma Kopftuch tragen?
— Hä?
— Was hä?

— Was hat meine Verlobung mit 'nem Kopftuch zu tun?
— AJA! Kannst du ma bestimmt keine Bikini tragen, wenn du ma in Afrika bist.
— Sag ma, Mama, hast du gekifft? Was ist los mit dir?
— Was is ma los mit DIR? Hab isch disch ma SO ezogen? Schräkklisch!!!

*kroatischer Fluch, Gott und seinen Sohn betreffend, von meiner Mutter sehr verständnislos dargebracht. Dürfen Sie sich später näher mit beschäftigen.

Meine Mutter dachte, mein Verlobter kommt aus Kamerun und ich würde jetzt Muslimin. Sie hat nicht so ganz verstanden, dass Cameron ein amerikanischer Vorname ist. Und ein afrikanischer Muslim ist für eine kroatische Katholikenmutter ein Supergau. Eigentlich sind alle Religionen außer unserer ein Supergau. Nicht dass meine Eltern nicht gastfreundlich wären, im Gegenteil, sie würden aus lauter Nächstenliebe die Ladung eines ganzen Flüchtlingsschiffes bei sich im Wohnzimmer unterbringen, aber man muss die Gäste ja nicht gleich heiraten. Vor allem nicht, wenn sie keine Katholiken sind. Der Lebensgefährte meiner Schwester ist jüdisch; meine Mutter findet, eine andere Religion in der Familie reicht, sie müsse ja schließlich verkraften, dass weder meine Schwester noch ich es geschafft haben, 100% kroatische Kinder zu zeugen, die dann automatisch katholisch wären, sondern Mischmasch. Obwohl sie den Mischmasch natürlich über alles liebt. Wenn jemand dem Mischmasch auch nur ein halbes Haar krümmen würde, wäre sie fähig, Brei aus diesem Jemand zu machen.

Sie war trotzdem froh, dass Cameron wenigstens Protestant ist, aber noch froher war sie, als er ein Jahr später seinen Ring wieder zurückwollte, die Umzugswagen vor meinem Haus standen und er wieder zu seiner Mama gezogen ist. Aber ich hatte mich ja schon vor der Hochzeit in Fiedlä umbenannt, ich fand das voll den Liebesbeweis. Noch vor der Eheschließung den Namen des Bräutigams auf Facebook benutzen und sogar unter diesem Namen *arbeiten*! Sogar im Fernseh-Abspann stand der neue Name. Das ist doch Hollywood, müssen Sie schon zugeben.

Das war ma keine Holiwud, das war ma wäkklisch dumm!

Die Hochzeit ist nie zustande gekommen, Gott sei Dank, alle waren erleichtert, die erste Hochzeit inklusive Scheidung hatte allen gereicht. Aber ich habe FIEDLÄ trotzdem behalten. Nur um Afrika, äh, Cameron zu ärgern.

Außerdem dachte ich, pf, dann suche ich mir eben einen *neuen* Fiedler, einen viiiiiiel tolleren, sehr reichen, sehr, sehr reichen, sehr gut aussehenden Fiedler, der mich überhäuft mit Liebe und Diamanten und der Humor hat und einen schönen Po...rsche, und der die Welt schon gesehen hat und mich mitnimmt in die Welt und auch schon Kinder hat und surfen kann. Mindestens surfen!

Und dann habe ich FIEDLER in »Das Örtliche« eingegeben, leider gibt es da kein Ankreuzfeld mit männlich, reich und lustig, das sollten die da unbedingt ändern.

Aaaaaber: Das Telefonbuch spuckte 9380 Fiedlers aus. Mit Branchenbucheinträgen. Das Mekka für meinen Plan, den richtigen Fiedler zu finden. Um die Flitzpiepe ein für alle Mal zu vergessen.

Ergebnis: 78 Rechtsanwälte, 48 Zahnärzte, 15 Architekten, 18 Bauunternehmer, 9 Bestatter und 39 Psychotherapeuten.

Oh jaaa, dachte ich mir. Ich heirate einen Psychotherapeuten! Zwei Fliegen mit einer Klatsche. Im wahrsten Sinne. Mein neuer toller Fiedler hat keine Probleme mit Klatschen und ist froh, dass seine zukünftige Frau nur eine gaaaanz ganz kleine Klatsche hat. Na ja, gut, vielleicht auch eine mittlere. Und er ist selbstverständlich ein Surfer. Jaaa, ein surfender Psychotherapeut und nicht so ein ungewaschener mit wirren Haaren, wie der eine, wo ich mal war und nie mehr hin möchte. Und was hätte ich für eine Wahnsinnsgeschichte zu erzählen, die ich dann soooo schön in allen möglichen Talkshows darbieten könnte. Die wundersame Geschichte der Mimi Fiedler und des richtigen Fiedler, und wie sie vorher deshalb den Flitzpiepenfrosch küssen musste.

Na ja, was soll ich Ihnen sagen. 39 Fiedlers und darunter 37 Fiedler*innen*. Der Rest konnte nicht surfen. Ich hab angerufen. Und gefragt. Ob sie surfen können. Auf die Frage, warum ich das wissen möchte, habe ich natürlich beiden die Wahrheit gesagt. Beide haben mich dann gefragt, ob ich so was oft mache und ob sie mal für mich nach einem guten Kollegen in meiner Nähe schauen sollen. Ich habe dann gesagt, nee, das habe ich schon, es gibt keine Fiedlers in meiner Nähe. Aber ich glaube, das haben sie nicht gemeint.

Aber das Schicksal ist ja klug, es macht selten einen Fehler. Also hab ich das mal abgehakt.

Und beschlossen, auf meine Mutter zu hören. So generell. Aber nicht, weil ich dachte, ich mache das mit der Liebe nicht sooo gut (ok, vielleicht dachte ich das ein minibisschen, klitzekleines minibisschen, aber das würde ich natürlich vor meiner Mutter nie zugeben. NIE!), sondern weil ich einfach keine Lust mehr hatte.

Und deswegen habe ich aufgehört zu suchen und getan, was meine Mutter mir aufgetragen hat:

Soggst du disch ma um disch selbst. Und wenn du ma SO bist, wie du disch ma foschtellst und wäkklisch ma keine Mann brauchst, dann kommt de ma de Rischtige. Is ma so. Is ma imma so.

Tja. Und als ich dann fast an der Endversion von »Wie du disch ma foschtellst« angekommen war, hat das Universum plötzlich einen Surfer vom Himmel fallen lassen. Einen, der schon laaaaange in meinem Orbit gesurft ist. Einen, von dem ich immer dachte, och nee, der ist mir viiiiel zu schön, der steht bestimmt den ganzen Tag vorm Spiegel und außerdem hat der ja gar keine Probleme! Aber einen Porsche hatte er, einen ganz ganz alten. UND Kinder. Und Humor. Und obwohl er kein Fiedler ist, hat das Universum einen klaren Hinweis in seinen Nachnamen gesteckt, damit ich es auch *wirklich* kapiere. Der bessere Mann, Mimi. *Das* ist der bessere Mann!

Und meine Mutter fand das zum ersten Mal in meiner Männerkarriere auch.

Aber dazu später.

Meine Männergalerie

Ich habe mehr als die mir zustehende Ration an bescheuerten Männern gehabt. Ich hatte echt ein Talent für solche Typen. Meine Eltern wussten bei jedem Mann, den ich in die Höhle geschleift und gezeigt habe, das wird nix.

Vor allem meine Mutter.

Von

Mit den stimmt ma was nisch, de hat de ma ganz schleschte Auge!

über

DE hat ma ibbehaupt keine Geld!

bis

Ja bist du ma bescheuert? De is doch ma schwul!

war alles dabei und hat alles gestimmt. Aber es liegt wohl in der Natur der Dinge, dass Töchter ihren Müttern immer das Gegenteil beweisen wollen. Vor allem *ich* meiner Mutter. Was natürlich voll in die Hose gegangen ist – und zwar jedes Mal. Meine Mutter ist wie die allwissende Müllhalde bei den Fraggles. Kennen Sie die noch? Die allwissende Müllhalde bei den Fraggles heißt sogar fast wie meine Mutter, nämlich Marjorie. Klingt doch wie Marija. Ist doch kein Zufall!

Das ganze Malheur mit der Liebe und den Männern fing zur Jahrtausendwende an. Mit meiner Hochzeit.

Vierundzwanzig Lenze jung und 1A Bindegewebe. Mein Vater war, während er mich auf »Oh Happy Day« zum Traualtar führte, einem Nervenzusammenbruch nahe, und meine Mutter klebte in der ersten Reihe und heulte so laut, als sei sie auf meiner Beerdigung. Meine kroatische Familie war in Bussen angereist und quetschte sich in den rechten Kirchenflügel, und links saß die deutsche Familie. Sie können sich vorstellen, wie das aussah.

Und als ich meiner Ehe Schritt für Schritt näher kam, war ich mir plötzlich nicht mehr so sicher. Irgendwie war das vielleicht doch alles ein bisschen zuuuu schnell? Jedenfalls sah das mein Vater so:

»Machst du ma Scheise. Machst du ma grooooosse Scheise! Grooosse grosse Scheise.«

Aber leider, leider bin ich trotzdem in den Hafen der Ehe geschippert.

Später, auf der Hochzeitsfeier, hatte mein Vater dann einen richtigen Nervenzusammenbruch, weil das Restaurant den Pršut (das ist unser berühmter luftgetrockneter Schinken) nicht dünn genug geschnitten hatte. Um genau zu sein, war es eigentlich eher ein cholerischer Totalausfall. Bei uns ist dünn geschnittener Pršut auf einer Hochzeitsfeier ungefähr so wichtig wie das »Urbi et Orbi« zu Ostern. Stellen Sie sich mal vor, der Papst lässt das einfach weg oder sagt an der Stelle mal was ganz anderes, da wär doch die Hölle los.

So war das bei meiner Hochzeitsfeier, nix »Urbi et Orbi«, sondern Nervenzusammenbruch et cholerischer Totalausfall. Mein Vater hat dann Balkantourette bekommen und den deutschen Wirt mehrmals sehr laut mit »Bog te jebo« angeschimpft. Das heißt so was wie »Gott soll Beischlaf mit dir machen«. Und damit meinen wir nicht so romantischen Beischlaf, sondern eher ... ok, lassen wir das.

Ich habe dann auf der Toilette mit meinen Cousinen zwei große Rakija auf ex getrunken, auf leeren Magen. War nicht sooo ne gute Idee. Damals wusste ich das mit dem schlechten Alkoholstoffwechsel noch nicht. Ich habe die Flecken selbst nach mehrmaliger Reinigung nicht aus dem Kleid bekommen. Magensäure ist voll hartnäckig! Na ja, die Ehe hat ja eh nicht gehalten.

Meine Eltern halten mir heute noch vor, dass sie von den dreißigtausend Euro, die sie für meine Hochzeit in den Wind geschossen haben, beide ihre Kiefer mit Jacketkronen hätten vollstopfen lassen können.

Mein Vater meinte irgendwann versöhnlich, dass man aus Fehlern ja bekanntlich lernt. Die Antwort meiner Mutter war:

Dein Tochtä hat sisch ma zwei ma in sechs Monate de Schlisselbein gebroche. Und so machte die schon de ganze Lebe. Also ibbeleg ma bessä, bevo du wiedä so eine Quatsch äzehlst.

Ich hab auch tatsächlich nicht aus meinen Fehlern gelernt, sondern mir gleich das nächste Prachtexemplar aus der »Bin-große-männliche-Baustelle«-Riege geangelt. Ich hab natürlich nicht gesehen, dass ich andauernd auf Vollpfosten reinfalle. Nein, ich hab super-modern-reflektiert-und-selbstkritisch gedacht. So voll, »Ach, das sind doch grooooßartige Männer, die mir wunderbare Jahre und Erfahrungen geschenkt haben. Sie sind allesamt Prachtexemplare und absolute Vorreiter ihrer Gattung. Ganz bestimmt. Ganz, ganz bestimmt. Wir haben einfach nur nicht gepasst. Und *ich* bin vielleicht einfach ein bisschen ballaballa und nicht beziehungsfähig, weil ich ja immerzu viel zu viel will und sowieso ein ungestümes Frauenzimmer bin, unbelehrbar und voller Kitschromantik im Koffer. Die können alle gaaar nichts dafür. Es sind die Lebensumstände, unüberbrückbare Differenzen, für die ja wirklich keiner was kann, der falsche Ort zum falschen Zeitpunkt, bad timing sozusagen, und für seine Mutter kann ja auch kein Mann was. Da kann ich doch unmöglich jemandem böse sein.«

Mütter und Söhnchen

Männer und ihre Mütter, das ist ein ganz schwieriges Thema. Weiß ich. Und wenn der Mann toll ist, dann muss man die Mutter eben ertragen. Gar keine Frage. Und es kann auch wirklich kein Mann was für seine Mutter. Allerdings, es gibt Warnsignale, bei denen sollten Sie SOFORT kehrtmachen. Ich bitte Sie an dieser Stelle INSTÄNDIG, lassen Sie unter ALLEN UMSTÄNDEN – selbst wenn er der allerletzte Mann auf der Welt ist – die Finger von Männern, die ihre Mutter beim Vornamen nennen. Wenn die ihre Mutter anstatt Mama Michaela nennen, steckt da ein schlimmer, schlimmer ödipaler Komplex dahinter. Glauben Sie bitte Ihrer Balkantherapeutin. Ich bin für Sie durch eine harte Schule gegangen. Nur damit ich Ihnen diese Erkenntnis mitteilen kann. Und selbst wenn er das eine ganze Weile vor Ihnen verstecken kann, SIE – Michaela – wird es Sie spüren lassen. Er und sie sind eine Lovestory, in der keine andere Frau Platz hat. Falls er zu dieser schweren Sachlage auch noch Einzelkind ist UND sein Vater entweder schon übern Jordan gesegelt oder 'ne andere Frau geheiratet hat, na dann gute Nacht, Marie. Viel Spaß mit Mutti.

Oder wie meine Mutter in solchen Fällen sagt:

Warum nennt de sein Muttä Mischaella? Fäschtäh isch ma nisch. Is die ma sein Freundin oder sein Muttä? Das is ma nisch ganz sauba, wenn du misch ma fragst.

Na ja, was soll ich sagen, mich hat ja keiner zu was gezwungen. Schließlich bin ich schnurstracks und eigenverantwortlich an jedes neues Mannsbild und jede neue Michaela herangetreten. Inklusive Gang zum Traualtar. Oder wie meine Mutter sagen würde:

BIST DU MA SELBÄ SCHULD.

Ja, ich will

Gott vergibt wieder Männer. Ich stehe ganz hinten in der Schlange.
— Komplizierten Mann zu vergeben, wer will?
Keine will. Alle schweigen. Ich brülle von gaaaaanz hinten:
— Ich! IHHHHICH! ICH WILL!!
Gott tut so, als hätte er mich nicht gehört.

— Äh hallo?? ICHWILL!!!

Ich drängle mich nach vorn.

— Ich habe GESAGT, ICH WILL.

Gott seufzt.

— Och nö. Mimi. Echt jetzt? Schon wieder? Aber DU hattest doch schon!

— Aber ich möchte so r i c h t i g kompliziert.

— Wie? Richtig kompliziert? Haben dir die mutterkomplexierten, bindungsunfähigen, narzisstischen, daumenlutschend-neurotischen, sich andauernd überschätzenden, hypochondrischen, defätistischen, hängen gebliebenen männlichen Menschen nicht gereicht?

Ich erstarre vor Ehrfurcht.

— Öhm, äh, nööö.

— Unfassbar. Na ja, gut, was soll's. Sonderexemplar wieder zu Mimi.

— Äh, ok, ach soooooo! Ok! Äh. Vielleicht möchte ich doch lieber den Pri... -

— Zu spät. Is' schon ausgeliefert.

Gott schüttelt Kopf.

Und da ich ja hochkatholisch erzogen wurde, wurde natürlich immer gegessen, was auf den Tisch kam. Und genommen, was der Herrgott geschickt hat. Auch die BÄ-Ware.

Na ja, aber wie das so ist: Ich dachte natürlich immer, *ich* bekomme die wieder hin. Ich mache aus denen erstklassige lupenreine A-Ware. Verstehen Sie? Ich, die so supereinfühlsame und Superschnell-begreifende-was-der-Mann-braucht-um-endlichzu-gesunden-Supernova, die doch beim letzten Mann soooo viel gelernt hat und jetzt deswegen total gut und hundertprozentig weiß, wie es geht.

Nichts hinderte mich daran, ein neues BÄ-Waren-Projekt ins Haus zu holen, auch nicht die Erinnerung an meinen armen Vater vor dem Traualter: »Machst du ma grooooosse Scheise!« Ich hatte seinerzeit SO einen riesigen blauen Fleck am Oberarm, weil er da so fest seine Hand reingekrallt hatte, dass man noch in den Flitterwochen den Abdruck seiner Finger sehen konnte.

Apropos Flitterwochen. Ich hatte mir Bali gewünscht. Mein Angetrauter fand, dass was anderes mit B auch reicht. Deswegen waren wir am Ballermann.

Was hab isch de ma gesagt? De hat ma IBBEHAUPT keine Geld. Und jetzt siehst du ma, WAS du gemacht hast. Selbä Schuld.

Aus BÄ-Ware macht man keine A-Ware. Und aus Fröschen keine Prinzen. Prinzen sind eine absolute Rarität. Die Wahrscheinlichkeit, dass es die nur im Märchen gibt, ist rein stochastisch gesehen relativ hoch. Vor allem bei Jungs in meinem Alter. Da sind die Anlagen zum Prinzen-Dasein so was wie ein Achter im Lotto. Die haben allein altersgemäß alle eine Schraube locker, bei einigen fehlt sogar der ganze Setzkasten. Nicht dass wir Frauen da anders sind. Aber wir versuchen nicht, es zu verbergen. Wobei! Eigentlich ist das ungerecht! Männer würden es auch gerne nicht verbergen. Aber das geht ja nur, wenn man *weiß*, was mit einem ist.

Wenn man sich natürlich total normal findet, dann findet man die Frau, die einem ständig zu verklickern versucht, dass man aber *nicht* normal ist, nicht normal. Verstehen Sie, was ich meine? Die versuchen einem echt zu verklickern, WIR seien der Problemherd, dabei brennt bei *denen* die Hütte.

Ausnahmen bestätigen ja bekanntlich die Regel, aber wie gesagt, der Prinz ist eine absolute Rarität. Und der Jackpot ist schon einer, bei dem zwar die Hütte brennt, der aber immer einen Feuerlöscher zur Hand hat, weil er es weiß. Und auch zugibt, dass die Hütte ihm gehört.

Hüttenbrand

— Ist das *deine* Hütte, die da brennt?
— Äh nee. Welche Hütte?
— Na die Hütte, die in *deinem* Garten steht.
— Ach sooooo, *die* Hütte! Keine Ahnung, wem die gehört.
— Aber die steht doch in *deinem* Garten!
— Öh joa. Aber ... aber die gehört mir nicht.
— Aha, und wieso steht sie dann in *deinem* Garten?
— Öh, keine Ahnung. Hat da wohl einer mal hingestellt.
— Du lässt dir von irgendwem 'ne brennende Hütte in *deinen* Garten stellen??
— Mhm. Muss wohl so gewesen sein.
— Aha. Und die fremde Hütte brennt da jetzt so im Garten, und du machst nichts?
— Na ja, ist ja nicht *meine* Hütte.
— Hm, und du findest das alles nicht ein bisschen komisch?
— Öh nö. Du, Schatz, können wir jetzt mal das Thema wechseln? Borussia Dortmund ist kurz vorm Absteigen!

Aber kommen wir zurück zu meiner Mutter und ihrem

Soggst du disch ma um disch selbst. Und wenn du ma SO bist, wie du disch ma foschtellst und wäkklisch ma keine Mann brauchst, dann kommt de ma de Rischtige. Is ma so. Is ma imma so!

Bei mir hat das volle Lotte funktioniert, und es ist wahrlich nicht so, dass ich eine große Hoffnungsträgerin in meiner Familie war. Sogar meine Freundinnen waren nicht mehr so amused. Meine beste Freundin hat mir doch die Trauzeugenschaft für den Fiedler knallhart verweigert. Sie meinte, eher brächte sie ihren Mops dazu, einen Pavian zu heiraten, als dass sie es fertigbringen würde, mich ein zweites Mal zum Schafott zu begleiten. Der sei ja noch merkwürdiger als der Erste. Und beim Ersten hätte sie es auf die Jugend schieben können, bei dem Zweiten könne sie es auf nichts mehr schieben. Ich solle mich doch bitte einfach wieder trennen.

Aber ich bin heute glücklich, mit dem besten Mann, den es für mich gibt. Also, warum soll das bei Ihnen dann nicht funktionieren? Wir werden es ja schließlich auch schaffen, Sie körperlich in Hochform zu bringen. Und wenn Sie *dazu* Mamas und meine Liebes- und Frausein-Tipps verinnerlicht haben, dann fällt auch IHR Man-of-your-dreams-with-only-a-small-Dachschaden vom Himmel.

Das ist reinste Universums-Mathematik. Wirklich! Das sagt Marija, die allwissende Müllhalde. Sie müssen einfach nur bereit dazu sein. Und mitmachen. Fleißiges Hot-Mamma-Bienchen.

Und falls Sie bereits einen Mann an Ihrer Seite haben, den Sie nicht mehr loswerden und der ein bisschen Feuer unterm Hintern braucht, auch dann sind Sie hier v ö l l i g richtig.

CHAKAAAAA.

Wut! tut! gut!

Mama, just killed a man
Put a gun against his head
Pulled my trigger, now he's dead[6]
Queen

Erst mal geht es um Vergangenheitsbewältigung. Ich möchte wetten, Sie haben auch schon den ein oder anderen total behämmerten Typen in Ihrer Vergangenheit. Seien wir mal ehrlich: Wenn Sie superzufrieden mit sich und der Welt wären, wirklich alles stimmen würde – Liebe, Figur, Job, alles und jedes –, dann würden Sie doch dieses Buch nicht lesen. Oder lesen Sie es etwa nur aus Schadenfreude? Weil Sie so witzig finden, was mir so alles Beschissenes passiert ist? Dann legen Sie es SOFORT weg!

Ich gehe jetzt aber mal davon aus, dass fast jede Frau schon mal so ein männliches Ausschussexemplar ihr eigen genannt hat. Dass es bei Ihnen im Beziehungsleben auch schon mal so richtig gekracht hat, es übelste Streitereien und Tränen gab, Gemeinheiten und Verletzungen, fiese Trennungen und und und ... Vielleicht ist das ja bei Ihnen noch gar nicht so lange her – es hat doch sicher einen Grund, dass Sie bei mir die Balkantherapie absolvieren. Gehen wir doch einfach mal davon aus. Und fangen beim ersten Balkangenesungsprinzip in Bezug auf Männer an.

Es ist WUT. Wut ist eine Sache, die sehr verbreitet ist auf dem Balkan und hierzulande meist für Befremden sorgt. Dabei ist es das allerbeste Ventil, das Sie haben, um Lust abzulassen. Äh Luft! Das war ein freudscher Verschreiber. Wo bin ich denn da gerade mit meinen Gedanken?

Die Textzeile aus dem Queen-Song »Bohemian Rhapsody« ist natürlich nur metaphorisch gemeint. Nicht, dass Sie auf die Idee kommen, Ihren Mann umzuballern, nur weil ich einen Songtext von Queen zitiere. Nicht, dass ich Sie für so gewalttätig halte, aber man weiß ja nie. Nachher hat Ihr Mann 'ne Kugel im Kopf hängen und die Fiedler ist schuld. Da habe ich nur mittel Lust drauf. Also noch mal: ALLES B I L D L I C H gesprochen. Dichterische Freiheit und so.

Ich habe in meinen wütendsten Phasen diesen Song sehr laut hoch und runter gehört. Und gleich danach kam »Killing in the name of« von Rage against the Machine. Was genau der da singt, war mir schnuppe, es ging einfach nur um den Refrain. Und nachdem ich mich daran abreagiert habe, kam als krönender sanfterer Abschluss »She Hates Me« von Puddle of Mudd. *SHE FUCKING HATES MEEEE TRALALA.*[7]

Ja, ich habe ihn und das ganze beschissene Kackfucking fuuuucking gehatet, und das war auch gut so. Und Sie müssen echt auch nicht alles und jeden verstehen und so voll jesusmäßig die Backe hinhalten und verzeihen, wenn man Ihnen wehgetan hat. Aber das habe ich auch erst sehr, sehr spät geschnallt. Es war Gott sei gelobt noch nicht zu spät, aber kurz vor zwölf war es schon.

Jajaja, ich weiß. Weiter oben habe ich gepredigt, dass man Menschen verzeihen soll. Das ist auch richtig. Verzeihen heißt loslassen, und loslassen heißt, auch selber davon loszukommen. Aber das sollte man wirklich erst tun, wenn man so weit ist. Frühzeitiges Loslassen, nur weil es sich nicht schickt, politisch inkorrekte Gefühle zu haben, ist wie ein Bumerang und kommt immer durch den Haupteingang zurück. Man tut sich auch viel leichter mit dem Verzeihen und Loslassen, wenn man vorher so richtig durchgedreht ist. Wie man auf Englisch sagt: *Get it out of your system!*

Ich dachte früher auch, ich darf niemandem böse sein. Auf keinen Fall. Alle Menschen habe ihre Gründe, warum sie dieses oder jenes tun und ihre eigenen Biografien und Kindheiten und sonst welche traumatischen frühkindlichen oder spätkindlichen Erlebnisse, die sie veranlassen, zu tun, was sie tun. Ja, ist ja alles total verständnisvoll, bloß – eigentlich ist es ja auch eine saumiese Nummer. Wenn man die Argumentation auf die Spitze treibt, dann kann man mit irgendeinem frühkindlichen Trauma ja jedwede Schweinerei gegenüber anderen Menschen rechtfertigen. Kann ja nichts dafür, ich hatte ja so eine schlimme Kindheit …

Wo bleib ich da eigentlich? Das hab ich viel zu spät angefangen zu fragen. Hätte ich damals auf dem Schulhof die Weichen gestellt, indem ich Ahmed Abdullah dafür, dass er mich mit seiner miesen Meine-Mutter-ist-krank-Nummer um mein Kommunionsgeld gebracht hat, erst mal ordentlich eine verpasst, so wie meine Schwester das gemacht hätte, dann wären die Dinge mit den Männern danach sicher auch anders gelaufen. Aber neiiiin, ich war damals schon jesusmäßig unterwegs und habe ihm an Ort und Stelle verziehen. Weil ich sofort Mitleid mit ihm hatte, weil er solche schlimmen Sachen tun muss.

Disch wedde ma soga eine Sechsjährige veasche.

Ja, meine Mutter hat recht. Mich könnte sogar ein Sechsjähriger verarschen. Und wenn ich noch mal scharf nachdenke, fällt mir bestimmt sogar ein Sechsjähriger ein, der mich voll über den Tisch gezogen hat. Und ich habe den einfach nur verdrängt.

Wer hat eigentlich mit uns Mitleid? Genauuuu, keine Sau! Und wenn wir mal scharf überlegen, was aus dem »Wenn dich einer auf die linke Wange schlägt, dann halt ihm auch die andere hin« geworden ist, fällt uns auch wieder ein: Sie haben ihn aufgehängt. Ende, aus, tot. Und von wegen Auferstehung und ewiges Leben. Der hing in meinem Kinderzimmer.

Wir hören jetzt auf, uns verarschen zu lassen, nix mehr *Entschuldigung, dass ich überhaupt existiere*. Haben wir doch jetzt gelernt. Und wer uns wehtut, der soll nicht erwarten, dass wir das einfach ganz lieb und brav hinnehmen, bloß weil er was von seiner schlimmen Kindheit faselt. Der soll sich lieber hinten am Kopf Augen wachsen lassen.

Oder wie meine Mutter sagt:

Warum bist du ma so doof!? Wenn disch eine schlägt mit eine Hand, dann schlägst du ma nisch zurück mit eine Hand. Nehmst du ma eine Hammer.

Natürlich ist es ist sehr nobel, auf miese Nummern keine miesen Nummern zurückzugeben, das erzeugt nur Unheil, da gebe ich dem Heiland ja recht, aber wir sind alle nur Menschen, und wir dürfen ja wohl wütend sein. Und uns nichts mehr gefallen lassen. Die sind da draußen in der Wildnis des Lebens ziemlich schlau. Survival of the fittest. Und wenn Sie nicht fit genug sind, dann survived eben wer anders. Und ich sag Ihnen was, ohne den Jungs zu nahe treten zu wollen: Männer geben seeeehr ungern ihr Survival Kit an eine Dame ab, wenn es ums Eingemachte geht. Werden Sie nicht erleben. Vor allem, wenn sie von Ihnen nichts mehr wollen. Glauben Sie wiiiirklich, Sie bekommen dann den Gentleman zu Gesicht?

Und um schneller und besser die Kurve zu bekommen und nicht so wie ich auf allen vieren zwei Extrarunden einzulegen, weil ich so verständnisvoll war, schreiben Sie sich eines hinter die Löffelchen: Wütend sein! Wichtigstes Balkanprinzip.

Das gilt nicht nur für die Liebe, sondern auch ganz generell. Lassen Sie nichts auf sich sitzen. Emotional gesehen. Wir reden hier nicht von brachialer Gewaltanwendung. Obwohl ich Ihnen zu brachialer Gewaltanwendung trotzdem kurz was erzählen möchte. UND NATÜRLICH NEHMEN SIE DAS NICHT ZUM ANLASS, DAS BEI SICH ZU HAUSE ZU WIEDERHOLEN!

Die Sache mit der Villeroy & Boch-Vase

Als seinerzeit meine Wehen losgingen und ich auf dem Weg in den Kreißsaal war, musste ich an der Notaufnahme vorbei. Und da saß der Mann meiner damaligen Nachbarin. Mit einer riesigen Platzwunde am Kopf. Er war gerade versorgt worden und wartete aufs Röntgen. Um festzustellen, ob das Oberstübchen noch in Ordnung ist oder ob er größere Schäden davongetragen hat. Von der Villeroy & Boch-Vase, die ihm seine Frau übergezogen hatte, wie ich später erfahren habe. Und dass bei denen SO WAS passiert, hat wahrscheinlich keiner aus der Nachbarschaft erwartet. Außer meiner Mutter natürlich:

A! Deeee! De TUT ma so pefekt! Mekkst du ma nisch, wie de disch ma anglozz? Glozz de soga MISCH an! De hat ma eine Problem mit seine Homone. Glaubst du mia ma! Unn is de ma eine Fuchs in Schlafpelz!

Ich hab das natürlich NICHT gesehen. Ich so voll geblendet von der Bilderbuchfamilie und seiner Frau. Die waren wie aus der Werbung. Sie war perfekt! Lustig, hübsch und 'ne tolle Mutter für seine kleine Tochter. Ihn fand ich einfach nur seeehr nett. Aber als das zweite Baby gerade frisch auf der Welt war, hat seine Frau rausgefunden, dass ihr seeeeehr netter Mann bei seinen Geschäftsreisen nach Rom nicht den Papst besucht hat, sondern – na klaaaar, Sie ahnen es! – seine Geliebte. Und das ging schon 'ne ganze Weile. Und vor dieser hatte er beim ersten Kind auch schon eine.

Ich sag Ihnen was, Männer, die fähig sind, Ihre Frauen in der Phase der allergrößten Schutzbedürftigkeit so mies zu betrügen, für die sollte eine extra Villeroy & Boch-Vase designt werden. Auf so was steht echt die Höchststrafe. Und falls Ihnen Ihr neuer Lover beichtet, er habe seine Ex-Frau in der Schwangerschaft oder als die Kinder noch sehr klein waren, betrogen, dann schicken Sie ihn bitte zur Tür. Sagen Sie ihm, er möge sie doch bitte von AUSSEN schließen. Solche Typen sind hochgradig narzisstisch. Und verhaltensgestört. Und so einen Typen brauchen Sie wie ein Loch im Kopf. Sie können davon ausgehen, einmal Betrüger, immer Betrüger. Die Phase der Charakterbildung ist mit sechs abgeschlossen. Wenn Ihr Neuer also älter als sechs ist, dann ist die Wahrscheinlichkeit seeeehr groß, dass das Kind in den Brunnen gefallen ist.

Meine Nachbarin, die süße und hübsche Vasenschwingerin, hat Gott sei Dank ihre Knete schon in der Ehe gespart und ihn vor Gericht so blank gemacht wie den Babypopo, den Sie geputzt hat, während er den Po der Römerin gepimpert hat.

Aber um das brachial und mit Gewalt hier noch mal deutlich zu sagen: Holen Sie bitte nicht die Vase raus, und verpassen Sie Ihrem Vorgesetzten auch keinen Kinnhaken oder schleifen Sie ihn an der Krawatte über den Büroflur und zwingen ihn, ganz ganz laut und sehr oft ICH BIN EIN UNFÄHIGER AUS DEM MUND STINKENDER SCHEISSCHEF zu rufen. Aber vorstellen dürfen Sie es sich.

Das ist soooo befreiend.

Erst als ich dazu fähig war, dem Mann, der mich in einen tsunamiartigen Herzbruchzustand versetzt hatte, im Geiste jedes einzelne Sackhaar einzeln auszureißen und aus seinen Sackhaaren eine Leine zu flechten, mit der ich ihn dann nackt und kahl am Sack vor der Haustür seiner Mutti an den Zaun gebunden habe, ging mein Genesungsprozess los.

Während Sie gesunden, Schwester, dürfen Sie sich ruhig an meiner kleinen Top-5-der-kleinen-Gemeinheiten bedienen. Sie tun ihm nicht weh – jedenfalls nicht außerhalb Ihrer Fantasie –, Sie dürfen sich aber freuen, weil er sich ärgern wird. Promise!

Oder wie meine Mutter sagen würde:

De Rache is ma eine Gericht, das schmeckt ma am beste KALT.

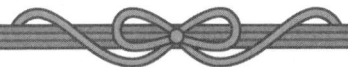

Top 5 der kleinen, aber feinen Gemeinheiten

— 1. Schicken Sie ihm einen Glitzer-Brief. Die glamour
röseste Art der kleinen Rache. Einen Umschlag bis
zum Anschlag voll mit möglichst feinem Glitzer, und
ein Blatt Papier rein. Er öffnet den Umschlag, sich so
voooll in Sicherheit wiegend, holt den vermeintlichen
Brief heraus und verteilt das Zeug überall. Glitzer ist
die fieseste Erfindung der Menschheit. Er wird Wochen brauchen, um das Zeug loszuwerden. Und wenn
er sich WIEDER in Sicherheit wiegt, schicken Sie ihm
NOCH einen Glitzerbrief. Und zwar ins Büro.

— 2. Falls Sie einen Hund haben und wissen, wo Ihr Arsch-
ficker-Ex jetzt wohnt: Gehen Sie in der Nähe Gassi und
bringen Sie das kleine Kaka-Geschenk Ihres Hundes
direkt vor seine Haustür. BEVOR er ins Büro muss. Falls
Sie keinen Hund haben, dann leihen Sie sich einen.

— 3. Wenn noch Sachen von ihm in Ihrer Wohnung
sind, packen Sie sie ihm schön in Kartons und stellen
sie ihm vor die Tür. Am besten, wenn es in Strömen
regnet. Kleine Aufmerksamkeiten sind unbedingt
wünschenswert. Zum Beispiel seine Lieblingswurst
zwischen seine weißen Hemden legen und drüber-
bügeln. Bügeln Sie ruhig auch seine geliebte Lang-
spielplatte von den Beatles, bevor Sie sie einpacken.
Sie wissen schon! Die, die er sooo lange gesucht und
endlich gefunden hat.

— 4. Schicken Sie seiner 50-jährigen Nachbarin Elektronippelklemmen mit einer Karte von ihm. Schreiben Sie drauf, dass er seine Dauererektion nicht mehr aushält und dass er an nichts anderes mehr denken kann, als unanständige Dinge mit ihr zu tun. Und dann stellen Sie sich bitte seine Erklärungsnot vor. Oder noch besser: Schicken Sie das Zeug nicht der Nachbarin, sondern dem Nachbarn!

— 5. Geben Sie in seinem Namen mit seiner Telefonnummer eine Wohnungsanzeige auf – sanierter Altbau, Bulthaupt-Einbauküche, Badewanne mit Whirlpool, 4 Zimmer, Flügeltüren, Fischgrätenparkett, Putzservice inklusive. Für 560 Euro warm. Auch schön: eine romantisch formulierte Kontaktanzeige unter »Er sucht ihn – Intimfotos erwünscht«. Sie achten als Vollprofi natürlich darauf, dass man die Sache nicht zu Ihnen zurückverfolgen kann.

Es lohnt sich natürlich NICHT, für ein Arschloch Bekanntschaft mit der Polizei zu machen. Ich möchte das an dieser Stelle betonen. Ich weiß ja nicht, in welcher Verfassung ich Sie vorfinde. Vielleicht sind Sie gerade in Villeroy & Boch-Stimmung, und ich treffe voll ins Schwarze. Deswegen nooooch mal: Wichtig ist IMMER, verlieren Sie NIE die Kontrolle. So richtig dollen Schaden wollen wir ja niemandem zufügen. Wir sind ja keine Idiotinnen, und schlechtes Karma kann echt keine von uns gebrauchen. Und man weiß ja nie!

ALSO, KAPIERT? BE ANGRY, GIRLFRIEND. Sie sind weder Jesus noch Buddha, noch sind sie Mutter Theresa. Sie sind eine Königin. Und das Fußvolk pinkelt Königinnen nicht straffrei ans Bein. Was glauben Sie, was dann los wäre? Die Königin wäre sehr, seeeehr wütend, und der Kopf würde rollen. Und nicht nur seiner, sondern die seiner ganzen Familie und seines Dorfes. Da sind Glitzer und Kaka vor der Tür ein Kindergeburtstag.

Es bringt nichts, Wut zu unterdrücken. Sie müssen sie rauslassen. Denn wenn der Reifen zu prall ist, müssen Sie Luft ablassen. Sie dürfen damit nicht so weiterfahren und so tun, als sei nichts. Irgendwann platzt er. Bumm! Und das wird er sicher genau dann tun, wenn es gerade richtig unpassend ist. Verstoffwechseln Sie Ihre Wut, joggen Sie bis zum Umfallen, schreien Sie sooo laut im Wald, dass die Bäume wackeln, gehen Sie die oben genannten Schritte oder denken sich was Eigenes aus. Und neiiiiin!! KEINE Villeroy & Boch-Vasen! Nein nein neiiiiiiin!

Und wenn Sie das getan haben – wie auch immer –, dann kommt der zweite Schritt: weibliche Rache auf Balkanesisch. Oder wie sagt meine Mutter noch mal?

De Rache is ma eine Gericht, das schmeckt ma am beste KALT. Neee, zahltst du dem ma nischt sofott zurick. Zahlst du den ma zurick, wenn de disch ma hat vegesse. Abä dann mit Zinseszinns.

Hach, wie guuuut, dass wir uns treffen. Ich bin so froh, dass ich meine Erfahrungen an Sie weitergeben kann, Schwester. ICH bin sozusagen IHR Kroatische-Mutter-Marija-Sprachrohr. Denn wie Sie das mit dem Zinseszins machen, wenn Sie wütend genug waren, das erzähle ich Ihnen ... genauuuuu ... jipiiiieh:

JETZT!

Liebeskummer? lösch die Nummer!

Oder wie das mit dem kroatischen Zinseszins funktioniert.

Das ist ma eine nix und imand! De wedd ein Frau bekomme, die nisch ma eine Ei koche kann. Und wenn de DIR dann nachweint, weil de disch vermisst, hat de ma Pesch gehabt. PESCH. Weil du das nechste Ma, wenn de disch sieht, aussiehst wie eine Supesta. Und der is ma immenoch de gleiche Aschloch.

Ein Ex-Freund kann – wenn er es war, der mit Ihnen Schluss gemacht hat – eine 1A-Motivation sein, um sich zu Höchstleistungen zu bringen. Auch wenn die Heulerei am Anfang groß ist. Besonders dann. Denn Heulerei verbrennt Kalorien. Ist so. Es ist anstrengend, und der Stoffwechsel läuft auf Hochtouren. Und gegen ein paar Kilos weniger und eine Jeansgröße kleiner kommt kein Mann an. Besonders keiner, der nur noch als Staubwolke zu sehen ist. Arschloch! Pimmellutscher! Ameise!!!

Falls er Sie als einen Haufen AA hinterlassen hat, dann machen Sie aus Scheiße Gold. Pimpen Sie sich. Packen Sie die Gelegenheit beim Schopf, flennen Sie sich ordentlich aus, und wenn Sie fertig damit sind, zeigen Sie dem Saftsack, was er verloren hat.

Machen Sie Guys Work-out, jeden Tag, direkt nach dem Aufstehen. Zwanzig Minuten. Von mir aus können Sie vorher auch erst noch mal ein bis zwei Heulkrämpfe bekommen, aber dann: Stählen Sie Ihren Venuskörper. Seien Sie Rocky Balboa! Essen Sie viele Proteine, Gemüse, Obst, trinken Sie Wasser, viel! Grüne Smoothies werden Sie zu einer weiblichen Popeye machen! Besonders wenn Sie viel heulen müssen. Der Körper braucht Nachschub, und Sie sehen nicht so verquollen aus.

Was Sie natürlich nicht tun werden, ist, zur Flasche zu greifen und sich regelmäßig à la Bridget Jones volllaufen zu lassen. Seien Sie nicht bescheuert! Nehmen Sie bitte immer mich als schlechtes Beispiel. Wäre ich früher wütend geworden und hätte nicht so ne Titanic-Heulnummer aus der Sache gemacht und wäre nicht fast ersoffen im Selbstmitleid, dann wäre so einiges anders gelaufen.

Weisheit Nummer eins möchte Ihnen sogleich mitgeben. For all times. Wenn Männer sich aus dem Staub machen, KOMMEN SIE NICHT WIEDER. Es wird nicht passieren. Und Sie wissen es! Denken Sie an Ihren eingebauten Navigator! ER WEISS ES! Also tun Sie nicht so bescheuert und warten Sie nicht darauf, dass er wieder vor der Tür steht. Saufen Sie nicht! Das macht Sie nicht schöner, und es geht Ihnen nicht besser. Im Gegenteil, der Prozess dauert noch länger als nötig. Und Sie fühlen sich nicht nur verlassen und ungeliebt, sondern wie der Inhalt einer Mülltonne. Saufen ist eh Mist, in allen Lebenssituationen. Liebeskummer in Rotwein zu ertränken ist genauso Achtziger wie Rauchen.

Sie kommen natürlich, nachdem Sie selbst die allerletzte Tanne im Wald zur Sau gemacht haben, wieder zu sich. Machen Sie es im Balkanstyle. Heulen ist erlaubt, schreien, Dinge zerhauen, seine Hemden zerschneiden, jammern, wieder heulen, schrecklich abmagern. Und das dürfen Sie maximal drei Wochen.

Drei Wochen = Balkanstyle.

Auch wenn Sie 20 Jahre verheiratet waren. Ich sag ja nicht, dass Sie nicht weiterhin trauern dürfen – aber wenn Sie das mit Stolz und Würde tun, kommt am Ende eine heiße, trainierte, entschlackte, super gelaunte Mama raus und keine Jogginghosenträgerin, die sich seit neun Wochen die Haare nicht mehr gewaschen hat. Nehmen Sie doch einfach mich als Beispiel. Ich hätte mir Jahre sparen können! JAHRE! Lassen Sie das nicht zu. Doch nicht wegen eines Penishalters. Ganz ehrlich, gönnen Sie ihm diese Genugtuung? Dass ein Mann, der sich aus dem Staub gemacht hat, es geschafft hat, Sie in den Rinnstein zu treten? Nicht wirklich, oder?

Apropos Penis: Rumvögeln, um sich auf andere Gedanken zu bringen, ist gaaaanz ganz falsch. Lassen Sie das! Denn je mehr neue Männer Sie an die verwundete Wäsche lassen, desto schlimmer wird's mit dem Kummer. Weil Sie nach jedem

Typen denken, wie sehr Sie den Saftsack vermissen. Und das ist nicht der Plan. Und unter uns, die Typen, die man in dem Zustand aufgabelt, die würde man doch nicht mit der Kneifzange anfassen, wenn man seine fünf Sinne beieinander hätte?

Bleiben Sie bei sich. Lecken Sie sich die Wunden sauber, denken Sie darüber nach, was schiefgelaufen ist, buchen Sie einen Kurztrip mit Ihren Freundinnen nach Paris. Gehen Sie schick essen, malen Sie sich die Lippen rot, lästern Sie mit Ihren Freundinnen über den Saftsack. Über seine hässlichen Fußzehen, seine Schrumpeleier oder seine bescheuerte Mutter. Über egal was. Und lassen Sie dieses *Er war sooo toll*-Gejammere und *Ich vermisse ihn so*. Er war überhaupt nicht toll. Denn wenn er sooooo toll wäre, wären Sie ja wohl noch zusammen und würden, anstatt zu flennen, Pretty-Woman-like an einer Feuertreppe stehen, während er unten mit einer Limousine vorfährt und Sie aus Ihrer Liebesmisere befreit.

Er interessiert keine Sau mehr. *Er war sooo toll*-Gejammere und *Ich vermisse ihn so* ist nur okay, wenn er von einem Bus angefahren wurde und total tot ist. Falls er aber putzmunter durch die Gegend läuft und sein Pullermann in Hochbetrieb ist, wird nicht wegen ihm gejammert – sondern gelästert.

Und zwischendrin, Sport! Wenn Ihnen Guys zwanzig Minuten Work-out nicht reichen, gehen Sie joggen, melden Sie sich zum Boxen an oder buchen Sie einen Karatekurs (wer weiß, wozu das noch mal gut ist, wenn man mal wieder von einem Arschloch verlassen wird). Sport setzt Endorphine frei, die machen volle Lotte gute Laune. Essen Sie gut. Jetzt wäre die beste Zeit für eine ordentliche Ernährungsumstellung. Gehen Sie jeden Tag für mindestens 30 Minuten an die frische Luft. Atmen Sie! Uuuund, suuuperwichtig: extralange Sessions beim Friseur! Klamotten shoppen! Tut sooo gut, und die Fetzen wer den Sie brauchen bei der neuen Figur, die Sie bald haben werden. Lassen Sie sich die Zähne bleachen. Von mir aus auch Ihr Popoloch. Gehen Sie ins Theater oder ins Kino. Aber in keine Heulfilme. M e i d e n Sie alles, was mit Nicholas Sparks zu tun hat, wie der Teufel das Weihwasser. Das ist jetzt nicht das Richtige für Sie. Gehen Sie lieber zur Pediküre. Maniküre. Machen Sie endlich Karriere! Genau, stürzen Sie sich lieber in Ihre Arbeit anstatt in den Alkohol. Sie werden sehen, was passiert:

Sie verlieben sich. Bis über beide Ohren. Volle Lotte, mit Herzaussetzern. Und zwar in sich selbst. Sie werden vor Freude halb ohnmächtig, wenn Sie sich im Spiegel anschauen. Weil sie so-ooo rattenscharf sind. Sie werden sein wie meine Mutter Marija, die sagt:

Isch sag ma jede Tag zu meine Spiegelbild: Siehst du heute ma aus wie ein wäkklisch scheene Frau und de Spiegelbild sagt ma jeden Tag zurick: Marija, du auch!

Sie lassen sich nicht gehen. Schon mal aus Prinzip nicht! Aus Zinseszins-Prinzip. Sie haben begriffen, dass Menschen, die Ihnen nicht gut tun, keine Ihrer Tränen wert sind. KEINE! Nicht mal eine Lachträne. Vor allem die nicht.

Und dann stellen Sie sich nur mal vor, was passiert, wenn Sie den Saftsack wiedersehen? So rein zufällig. So im Vorbeigehen. Sie so rattenscharf mit der Ausstrahlung einer Flutlichtanlage und er so immer noch so kacke wie früher mit der Ausstrahlung einer Feuerzeugtaschenlampe. Und ruft so Ihren Namen und »Bist DU das?«. Und Sie so, voll gutgelaunt und fröhlich und Flutlichtlampe: »Heeeey, DAS ist aber schön, dich zu sehen. Wie geht es dir?« Und er so, voll in Adiletten und Haare seit neun Wochen nicht gewaschen und Feuerzeugtaschenlampe: »Äääh, also, na ja, geht so.« Und Sie wieder so: »Ach weißt ja, das Leben geht iiiimmer weiter« und klopfen ihm so voll buddylike auf die Schulter und wackeln beim Weggehen extraschön mit Ihrem Hintern. Mit dem trainierten, sehr festen und schönen Hintern. Versteht sich.

Hach, genau. Ganz genau. Dieser Moment wird sich als Best Of vor ihrem geistigen Auge abspulen, wenn Sie diesen Planeten verlassen. Vertrauen Sie mir.

Wenn der Schmalspurpisser dann aus Ihrem Sichtfeld verschwunden ist und Sie im Auto dann doch noch mal einen exorbitanten Heulkrampf bekommen, völlig normal. Kein Anlass zur Sorge. Sie sind über ihn hinweg. Das wird der berühmte finale Heulkrampf sein. Aber lassen Sie es ihn NICHT SEHEN.

Und danach – Chakaaa, Schwester, die Männer werden Schlange stehen. Der nächste wartet schon. Und der ist dann zur Abwechslung KEIN Arschloch.

Und übrigens können Sie das Pimping-Programm eins zu eins übernehmen, wenn Sie unter Dach und Fach sind und ein Mannsbild Ihr Eigen nennen können. Das entbindet Sie nicht von Ihren HOT-MAMMA-PFLICHTEN. Sie tun das in erster Linie natürlich alles für sich, aber kein Mann steht auf Dauer auf eine Jogginghosenträgerin, die sich gehen lässt wie ein Hefeteilchen. Genauso wenig wollen Sie doch einen mit Bierbauch, der im Feinripphemd, aus dem die Brustwolle quillt, auf dem Sofa hockt. Tun Sie was für Ihr Glück. Auch wenn es um halb sieben in der Frühe ist. Oder wie meine Mutter sagen würde:

Das nächste Ma stehst du ma eine halbe Stunde frihe auf, duscht du disch und schminkst du disch. Das Auge esst mit.

Erwischt

Halloooooo! Wo wollen Sie denn hin? Versuchen Sie nicht, sich zu verstecken!

HA! Sie dachten wohl, Sie könnten so mir nichts, dir nichts und völlig unbeobachtet in Ihrer ollen Jogginghose auf dem Sofa rumgammeln wie alter Ziegenkäse im Kühlschrank und sich ein bisschen den Liebeskummer-Gossip der anderen reinziehen? Suuuperfroh, dass SIE das nicht betrifft und Sie keinen Stress mit irgendwem haben?

Haben SIE heute überhaupt schon geduscht??

Aha, Sie schauen so erstaunt. Habe ich Sie etwa erwischt?

Schwester! Es gibt k e i n e Ausrede für einen katastrophalen Körperzustand!

Und ich spreche dabei nicht von der Fülle und dem Ausmaß Ihres Körpers, ich spreche davon ob Sie jederzeit *fuckable* sind.

Jaaa, Sie denken jetzt wieder, Mann, ist die wieder ordinär – aber recht hab ich trotzdem.

Wischtig ist ma nisch, was du auf deine Haut, sondern in deine Herz trägst. Aber wenn du zu deine scheene Herz auch eine scheene Kleid anhast, sieht ma einfach bessa aus. Und dabei ist ma scheise egal ob de ma ein MANN in de Nehe ist.

Dass Sie da auf Ihrem Sofa keinem Mann begegnen werden, ist klar. Und manchmal passiert es uns Damen, dass, wenn wir untervögelt sind und weit und breit auch keiner ist, der das erledigen könnte, in einen – sagen wir – etwas desolaten Zustand geraten. Und bevor wir beabsichtigen, das Haus zu verlassen, unsere Kleidung nach der Länge der Beinbehaarung wählen.

Stellen Sie sich nur mal vor, Sie müssen mal irgendwohin reisen und begegnen im Zug einem Mann, der das großartige Potenzial eines One-auf-dem-Zugklo-Stand hat. Ihre Muschel befindet sich aber dummerweise im Vegetationszustand eines Urwaldes. Und Sie müssen deswegen diese einmalige Situation verpassen. Oder schlimmer noch, Sie klappen mit Ihren High Heels besoffen den Bordstein hoch, brechen sich das Bein, landen im Krankenhaus (ist meiner Freundin passiert, ich rede hier ausnahmsweise *nicht* von mir!) und liegen vor einem wirklich süßen Arzt, der Erfüllung Ihrer Greys-Anatomy-Träume. Stellen Sie sich vor, er schneidet Ihre sehr enge Jeans auf und müht sich ab und Sie können diesen Anblick nicht genießen, weil Sie wissen, er findet gleich so viel Beinbehaarung an nur diesem einen Bein vor, dass man mühelos davon drei Langhaarperücken knüpfen könnte und sogar noch was übrig bliebe für Rastazöpfe?

Lassen Sie es nie so weit kommen! Sollten Sie in einer Beziehung sein, erst recht nicht. Für uns Balkanesinnen ist das absolute Pflicht. Sie werden uns zwar in einer bequemen Hose vorfinden, aber unter dieser Hose ist der Zustand stets fuckable. Der Zustand ist *Vogue*. Editorial. Gisele Bündchen. Dings, Victoria Angels oder wie die heißen.

Seien Sie keine Lusche. Duschen Sie sich. Jeden Tag. Waschen Sie sich Ihre Haare. Cremen Sie sich ein. Ziehen Sie hübsche Unterwäsche an. Immer! Das ist bei uns Kroatinnen das zwölfte Gebot: Trage stets Spitzenunterwäsche. Gleich nach dem elften: Brazilian Cut und Komplett-Enthaarung.

Und bloß nicht rasieren. Niemals rasieren. Seit ich damit aufgehört habe und mich der schmerzhaften, aber sehr wirksamen Behandlung durch Sugaring aussetze, kommen aus jeder Haarwurzel nur noch zwei Haare. Zwei aus einer Wurzel sind vollkommen okay für eine Kroatin. Als ich mich noch rasiert habe, kam aus einer Wurzel eine ganze Großfamilie. Alle schwarz wie Nacht. Und die waren so hart, dass ich damit problemlos die Wände meines Wohnzimmers in den Shabby Chic Look hätte schmirgeln können.

Pediküre und Maniküre sind selbstverständlich. Wenn Sie abgekaute Fingernägel haben, dann machen Sie einen Termin bei Ihrem Hausarzt. Der soll Ihnen eine Überweisung zu einem Spezialisten geben. Und ich rede hier nicht von einem Nagelstudio. Denn wenn Sie Nägel kauen, dann ist in Ihrem Porzellanstübchen was nicht in Ordnung. Trotzdem gehen Sie in einem solchen Fall natürlich in ein Nagelstudio und lassen sich das Desaster reparieren. Und wo wir schon beim Thema sind: Gepflegte Fingernägel funktionieren genauso gut, wie sich die Brüste bis ans Kinn zu schnallen. Wenn Sie stets als Erste drankommen und am freundlichsten behandelt werden möchten, dann lassen Sie sich ein schönes Rot lackieren. Nehmen Sie UV-Lack. Der hält lange, und mit dem können Sie selbst die Kloschüssel mit den Fingernägeln sauberkratzen, ohne dass was davon abgeht.

Das mit dem Als-Erste-drankommen funktioniert natürlich nur, wenn der Rest von Ihnen nicht aussieht wie ein Wellblechhaus in den Slums. Rote Fingernägel, aber dafür nachgewachsene Ansätze und muffelig riechende Haare sind natürlich kontraproduktiv. Also Haare waschen und keine Ansätze. Neunzehn verschiedene Farbtöne im Haar sind nicht mal mehr dann vertretbar, wenn Sie Scheniffer heißen und an der tschechischen Grenze wohnen.

Und hören Sie auf, sich mit billigem Christina-Aguilera-Parfüm vollzukleistern. Das ist echt ekelhaft. Sparen Sie lieber mal 'ne Weile und kaufen Sie sich einen besonderen Duft. Und zwar einen ohne Synthetik. Die sind zwar ziemlich teuer, machen Sie aber zu etwas Unverwechselbarem. Und das wollen Sie doch sein, oder?

Fuckable zu sein heißt, seinem Geist eine schöne Hülle zu geben. Und zwar jederzeit. NATÜRLICH nicht nur für Männer, sondern einfach weil es sich gut anfühlt. Schöne Haut (geht auch mit viel Cellulite, ich spreche aus Erfahrung, aber das betrifft uns beide ja bald nicht mehr), schöne Haare, schöne Nägel. Haare nur auf dem Kopf und sonst zurechtgestutzt und -gezupft. Gut riechen, auch untenrum. Immer.

Und apropos Jogginghose. Wie der Name schon sagt: Sie ist zum Joggen da. Sonst für nix. Besorgen Sie sich für zu Hause eine schöne Hose aus Wolle, die nicht aussieht, als hätten Sie eine Damenwindel drunter. Die werden Sie natürlich nicht mal tragen, wenn Sie neunzig sind. Comprende?

Also, Popöchen in die Luft und runter vom Sofa. Aber bevor Sie unter die Dusche springen und sich danach einen Termin im Nagelstudio geben lassen, räumen wir zwei beide erst mal Ihre Bude auf. Auf Balkanesisch.

Putzen auf Balkanesisch

Ja und? War isch ma ein Putzfrau! Aber hab isch ma geputzt in hohe Schuhe.

Putzen ist supersexy.
Putzen ist Fitness.
Balkanfitness.

Zuerst befreien Sie sich von Ihrer Beinbehaarung, zupfen sich die Augenbrauen und machen Ihre Bikinizone wieder zu einer betretbaren Zone, sodass man keine Heckenschere braucht, um zu Ihrer Muschel vorzudringen.

Und dann werden Sie Mitglied meiner Balkan-Putz-Gang. Wir Balkangirls sind ausgewiesene Putzfitnessmeisterinnen. Wir lieben es, hart zum Schmutz zu sein. Wir entspannen dabei, wir lassen Gefühle raus und sprechen dabei mit uns selbst. Manchmal wird geheult, manchmal geflucht. Meistens geflucht.

Apropos Fluchen: Sie sollten unbedingt kroatisch fluchen lernen. Wollte ich Ihnen schon die ganze Zeit sagen. Vor allem, wenn Sie mit der Balkantherapie vorankommen möchten. Fluchen ist uns Kroaten so wichtig wie dem Dalai Lama das Meditieren. Eigentlich ist es so was wie Meditation. Nur eben nach *außen*. Sie lassen Spannung ab, und weil das so ist, *ent*spannen Sie. Soweit klar, oder?

Es gibt drei emotionale Stufen des Fluchens. Man kann die folgenden Schimpfworte in allen drei Stufen unterschiedlich, aber gleich effizient einsetzen. Die erste Stufe ist ein gelangweiltes Fluchen, das Es-geht-mir-am-Arsch-vorbei-Fluchen. Die zweite Stufe ist ein wachsames Fluchen, das Was-hast-du-gerade-zu-mir-gesagt-du-Lackaffe-Fluchen. Die dritte Stufe, auch Balkantourette genannt, ist die Königsdisziplin, das Hast-du-gerade-meine-Mutter-beschimpft-Fluchen. Dabei spielt es keine Rolle, ob Ihre Mutter wirklich beschimpft wurde. Solange es sich anfühlt, als wäre Ihre Mutter beschimpft worden, dürfen Sie sofort zu Stufe drei übergehen.

Ein Nicht-Kroate würde eventuell eine sehr unangenehme Grobheit und Vulgarität in den Ausdrücken erkennen und uns Kroaten oder Balkanesen im Allgemeinen als unzivilisiert bezeichnen. Das stimmt natürlich. Aber wie soll man auch zivilisiert fluchen?

Wichtig beim Fluchen ist allerdings, dass es nie länger als eine halbe Minute dauert. Danach sollten Sie genug Spannung abgebaut haben. Eine halbe Minute ist wirklich die Obergrenze. Danach ist Schluss. Wir sind doch keine Assis.

Ich lasse an dieser Stelle alle ödipalen und inzestuösen Schimpfworte weg und beschränke mich lediglich auf den Herrgott, seinen Sohn und die männlichen und weiblichen Geschlechtsteile. Ach so, und auf Hunde. Obwohl ich ja gern die weiblichen Geschlechtsteile weglassen würde, aber die entsprechenden Aussprüche sind leider Klassiker des Balkan-Fluchens.

Fluchen auf Kroatisch

Jebi se Betreibe doch Beischlaf mit dir selbst.
(Jäbbie säh)

Jebo te Bog Gott soll Beischlaf mit dir betreiben.
(Jebbo tä bohk)

Isus te jebo Jesus soll Beischlaf mit dir betreiben.
(Issus tä jäbboh)

Goni se u Kurac Geh zurück in das Glied.
(Gonni sä uh kuhratz)

Koji si ti Kurac Was bist du für ein Glied.
(Kojih si thi kuratz)

Boli me Kurac Mein Glied tut weh.
(Bolih mä kuratz)

Goni se u Pizdu Geh in die Scheide.
(Gonni sä u pisduh)

Koja si ti Pička Welche Scheide bist du denn.
(Kohja si tih pitschka)

Ludo luda Du verrückte Verrückte.
(Luhddo luhdaa)

Pička ti Materina Die Scheide deiner Mutter.
(Pitschka tih matteriena)

Jebo mu pas mater Der Hund soll Beischlaf mit
(Jebboh mu pass matä) deiner Mutter betreiben.

Goni se u tri pizde materine Geh zu den drei Vaginas
(Gohni sä uh trie pisdäh matterienä) deiner Mutter.

ISUSA TI ISUSA BOGA VON JESUS ZU GOTT ZU JESUS
(Issusah tie issuasah bogha) (Marijas Lieblingsfluch)

Üben Sie das bitte vor dem Spiegel und bewegen Sie die rechte flache Hand dabei, als würden Sie was wegwerfen, schräg nach oben. Und vor jeden neuen Fluch immer ein kurzes abgehacktes A hängen.

ES TUT SOOOOOO GUT!! MACHEN SIE DAS EINFACH IN AKUTEN PHASEN JEDEN TAG.

Und es macht Eindruck. Auch auf Leute, die kein Kroatisch verstehen. Sie müssen es nur mit der richtigen Vehemenz rüberbringen.

Wir machen das beim Putzen auch so. Wir lassen Dampf ab und machen unser regelmäßiges Work-out. Sobald ich einen Putzlappen in den Händen halte, kneife ich automatisch meine Pobacken zusammen. Das mache ich während einer Putzsession etwa 50-mal. Im Wechsel mit meinen Oberschenkeln. Und dabei laufe ich wie von der Tarantel gestochen durchs Haus.

Wenn Sie im Besitz eines Putzlappens sind, brauchen Sie kein Fitnessstudio. Sie haben mich und Sie haben Guy le Säilör. Mehr brauchen Sie nicht.

Versuchen Sie's. Je weniger Lust Sie aufs Putzen haben, desto besser. Vor allem wenn Sie in letzter Zeit eher das Sofa besucht haben als ein Schwimmbad. Sie werden sich grandios fühlen, wenn die Arbeit getan und das Popöchen trainiert ist. Denn das allerbeste am Putzen ist, dass man sofort Resultate sieht.

Sie wissen ja, was Hausstaub ist, oder? Etwa nicht? Hausstaub ist ein ekeliges Gemisch, das sich in unseren vier Wänden verteilt, bestehend aus Milben und anderem Spinnenzeug, aus Schimmelpilzen samt Sporen, aus Bakterien und Bazillen, Viren und Hautschuppen, Haaren, Insektiziden und Pestiziden, aus einer Prise Blei und einem leckeren Quäntchen Quecksilber, aus Schwermetallen, polychlorierten Biphenylen und polyzyklischen Aromaten. Hmmmm, lecker!

Bäääääh! Das ist sooo unfassbar ekelhaft.

Also machen Sie das Zeug weg!

Eine saubere zu Hause is ma genauso wischtisch wie saubere Untehose.

Ja eben! Stellen Sie sich mal vor, Sie haben beim Ausgehen so richtig, richtig, richtig Glück, angeln sich den heißesten Mann im Raum und dann ... können Sie ihn unmöglich mit nach Hause nehmen, weil der Zustand Ihrer Bude selbst den sexwütigsten Mann auf dem Absatz umkehren lassen würde. Nee, oder?

Und wenn der Fußboden und die Waschbecken wie die polierte Sonne glänzen, öffnen sich all Ihre Chakren, und es fließt neue Energie in Ihr Zuhause. Wenn es Sie erst mal gekickt hat, dann werden Sie ein richtiger Putz-Fitness-Profi.

Putzen ist megasexy und macht volle Lotte happy.

Stellen Sie sich eine Putzcompilation zusammen, eine Stunde Lieblingsmusik, schnelle Rhythmen, am besten natürlich Balkanbeats. Damit petzt sich der Po am besten zusammen. Falls Sie gerade in Ihrer Wut-Phase sind, ich erinnere gerne noch mal an Rage against the Machine und »Killing in the Name of«. Drehen Sie das so laut, dass selbst den Nachbarn im Nachbarort noch ordentlich die Bude wackelt.

Aaaaaber: Falls Sie gerade einen Blues haben, legen Sie Kuschelrock ein. Heulen und Putzen? The BEST. Ich liiiiiebe es, zu heulen und zu putzen. Das ist Hollywood. Vom Staube verweht. Frühstück mit Essigreiniger. Pretty Staubsauger. The Beauty and the Besen. Und vergessen Sie nicht, sich auch beim Putzen die Möpse hochzuschnallen und sich was Knackiges anzuziehen.

Und falls die Herren in Uniform wegen Lärmbelästigung an Ihre Tür hämmern und Sie aussehen wie Jane Fonda in einem Fitnessvideo und völlig außer Atem und verschwitzt die Tür öffnen ... Ich muss Ihnen nicht sagen, was ich mir bei diesem Bild jetzt gerade vorstelle, oder?

Apropos Möpse

Meine sind ja niegelnagelneu, und ich weiß auch dank meiner Mutter, wie und wo ich sie einsetzen würde. Und werde.

Die Popo-Zugekniffen-Fraktion möge genau an dieser Stelle bitte zurücktreten oder dieses Buch zur Seite legen. Ist besser so.

Jetzt wird's nämlich so riiiichtig balkanfeministisch. Ist nicht jedermanns Sache, aber auch nicht jederfraus.

Der liebe Gott hat dir deine Briste nisch nua ma zum Stillen gegeben.

Wo meine kroatische Mutter recht hat, hat sie recht. Wozu haben Sie die Dinger? Benutzen Sie sie. Schnallen Sie sie hoch, zeigen Sie, was Sie haben. Eine Frau vom Balkan würde nicht mal im Traum darauf kommen, sie nicht immer und zu jeder Gelegenheit zu verwenden. Und am allerliebsten *gegen* Männer.

Was, glauben Sie, würden Männer tun, wenn sie Möpse hätten? Genau! Sie würden sie aaaandauernd benutzen. Völlig logisch. So wie sie ihre Pullermänner auch andauernd benutzen. Ob um ihr Revier zu markieren oder völlig sinnfrei daran rumzuspielen, einen auf dicke Hose zu machen ... spielt keine Rolle. Ist denen schnuppe. Hauptsache, ihr Ding spielt überall mit. Die denken keine Sekunde darüber nach, ob das auch angebracht ist. Was da ist, wird benutzt.

(Sie sind ja immer noch da. Doch neugierig geworden?)

Was man hat, muss man heutzutage mehr denn je benutzen. Vor allem wir Frauen. Sie glauben doch nicht im Ernst, dass Sie in einer Männerdomäne – also auf dem Planeten Erde – besser durchs Leben kommen, wenn Sie sich benehmen wie ein Mann und sich Ihre Möpse flachdrücken und sie verleumden. Was sind Sie nur für ein Mops-Judas! Wer hat Ihnen das eigentlich beigebracht?

Bei uns auf dem Balkan bekommt man mit der Muttermilch das Wissen eingeflößt, dass Männer vor allem auf eines reagieren: sekundäre Geschlechtsteile. Möpse und Hintern. Und zwar immer! Auch im Berufsleben. Sie müssen ja im Büro nicht gleich aufkreuzen wie eine Hafennutte, aber ein kleiner Einblick in Ihr Dekolleté könnte Sie schneller befördern als Ihr

1,0-Uniabschluss und die zwanzig Fortbildungen letztes Jahr und die letzten 400 Überstunden. Die Sie wohlgemerkt nicht im Büro, wo es jeder sehen könnte, sondern zu Hause, nachdem Ihr Kind endlich eingeschlafen ist, geleistet haben.

Meine Mutter hat mir iiiiimmer wieder eingetrichtert, dass ich jeden Mann wunderbar mit meinen Möpsen erpressen kann, um zu bekommen, was ich will. Und vor allem, was mir zusteht.

Ja bist du ma bisjen untebelischtet odä was? Schreibstu jez ma mit! Saaaagstu dem ma: Willst du ma an mein Briste, kaufstu ma d i e s e Schuhe, kauftstu mia ma nisch diese Schuhe, kriegst du auch ma nisch mein Briste. Is ma in Prinzip gaaaaanz einfach!

Und ich habe TROTZDEM immer so voll emanzipiert gedacht, neee, ich möchte wahrgenommen werden als denkender Mensch. Doch nicht sooo. Ich kauf mir meine Schuhe selbst. Brauche ich doch keinen MANN dazu.

Meine Mutter fand diese Einstellung noch schlimmer als die Tatsache, dass ich keine Anwältin geworden bin – und nachdem ich zum zweiten Mal pleite war, dachte ich, ok, da stimmt vielleicht wirklich was nicht. Ich so immer alles alleine bezahlt und das Haus geputzt und immer brav Ja und Amen zu allem gesagt und stets fuckable und süß und verständnisvoll und keinen Cent zurückgelegt, weil lieber dem Mann den Rücken freigehalten als Karriere, und was ist geblieben? Nix. Nada. Der Typ über alle Berge, Kröten hat er natürlich mitgenommen, hat er ja schließlich verdient, nicht ich – er natürlich auch 'ne Riesenkarriere hingelegt, nicht ich. Und ich so dumm aus der Wäsche geguckt und nicht mal ein Paar Louboutins im Schrank.

Das war wohl doch ein Fehler im System.

Aber wissen Sie was? Seitdem ich meinen Kopf und meine Möpse benutze, und zwar so unverschämt, wie es nur geht, geht's bergauf. Überall, wo Männer über 18 sind, die auch nur das Leiseste zu bestimmen haben, bekommen die die volle Ladung.

Nur mit Ihren Möpsen kommen Sie natürlich nicht weit. Sie sollten wenigstens bis zehn zählen können. Ist schon klar, oder? Jajaaaa. Ich weiß. Bekommen Sie jetzt nicht gleich einen Nervenzusammenbruch. Ok, Schwester? Betrachten Sie diese kleine Übung als Balkanstyle-Heilung Ihrer wahren Weiblichkeit. Dass Sie wirklich klug sind und nicht umsonst zur Schule gegangen sind, *wissen* wir ja. Aber gegen männlichen Lobbyismus kommen Sie nicht mal mit einem Triple-Doktor-Harvardabschluss an, wenn die männliche Lobby lieber einen Mann als eine Frau in der oberen Etage hätte. Und wenn Sie es mal nach oben geschafft haben, werden Sie trotzdem schlechter bezahlt, für gleiche Leistung wohlgemerkt. Männer werden von Männern im Berufsleben immer uns Frauen vorgezogen. Und ich wähle hier bewusst das Wort *immer*, denn *oft*, *meistens* oder *manchmal* sind absolute Luftpumpenwörter.

Wenn Sie was erreichen wollen im Leben, dann verstecken Sie nicht, was Sie haben. Zeigen Sie sich. Ladylike natürlich. Sie wissen schon, wie das geht. Jede Frau weiß es. Wenn Sie ein üppigeres Frauenzimmer sind, dann zeigen Sie Ihre Rundungen erst *recht*! Jede Frau hat etwas besonders Ansprechendes an sich. Holen Sie genau DAS aus sich heraus. Und dann suchen Sie sich eine Baustelle.

Nee, keine männliche aus Fleisch und Blut, eine richtige! Sie müssen ja üben! Wenn Ihnen die Bauarbeiter nicht nachpfeifen, dann sind Sie entweder hundert oder haben grundlegend was falsch gemacht. Gehen Sie nach Hause und ziehen sich um. Wenn Sie aber ein hysterisches Pfeifkonzert kassieren, dann gehen Sie nach Hause und ziehen sich erst recht um. Mit hoher Wahrscheinlichkeit sehen Sie vielleicht doch ein bisschen aus wie eine Hafen-… ach Sie wissen schon. Natürlich dürfen Sie den Typen der Form halber den Mittelfinger zeigen. Dürfen Sie übrigens immer, wenn sie sich belästigt fühlen. Egal ob verbal oder handgreiflich. Es gibt nämlich überall diese Schmalspurpisser, die meinen, sie dürften ihre Finger unaufgefordert überall hinhalten. Falls Sie so einen in Ihrer Umgebung, am Arbeitsplatz, in der Familie oder sonst wo orten: Besorgen Sie sich einen kleinen Handtaschen-Elektroschocker, in Pink zum Beispiel. Die Dinger wirken Wunder.

Und ich sage Ihnen, Balkanehrenwort, Sie werden sich gut fühlen. Sehr, sehr gut. Sie werden sich wie eine absolut rattenscharfe Braut fühlen, die sich und ihre Welt voll im Griff hat. Was meinen Sie, was so ein kleiner zusätzlich geöffneter Knopf an einer weißen Bluse in einem Meeting für eine lahmlegende Wirkung in männlichen Gehirnen auslöst? Und dazu müssen Sie nicht aussehen wie ein Pornostar, ok? Ist das angekommen? DAS meine ich natürlich nicht. Ich meine Esprit, Witz, Schnelligkeit im Kopf und manikürte Finger. Um die Sie die Männer schon gewickelt haben, bevor Sie überhaupt zur Tür hereingekommen sind. Weil Ihnen Ihr Ruf schon vorauseilt. Und natüüüüürlich auch der Knopf. Der ist ein Muss für Ihre Zukunft. Und wenn Sie dann noch ganz charmant, aber knallhart und mit Wissen und Können ausstaffiert sind: Nennen Sie mir einen Mann, der dann nicht vor Ihnen kuscht, wie das Meer vor Moses.

Meine Mutter ist der Inbegriff des Moses-Effekts. Immer schön enge Klamotten, ladylike natürlich. Und superfrech. Einfach FRECH. Meer und Mann, geh zur Seite, hier kommt MARIJA. Und wenn dann einer versucht, was zu sagen, dann sagt SIE:

Das ist ma wäkklisch UNVÄSCHÄMT von Ihne!!

Also: Wenn Sie das nächste Mal eine Verhandlung haben, bei der es um richtig viel Schotter geht, denken Sie an meine Worte. Tun Sie es einfach. Es heißt ja nicht, dass Sie mit den Typen ins Bett springen müssen – das haben Sie gar nicht nötig. Keiner redet davon, dass Sie sich hochschlafen sollen. Auch das ist angekommen, oder? Nutzen Sie einfach Ihre gottgegebenen Vorteile gegen die tausend Mechanismen der Männerwelt, wenn Sie die Gelegenheit haben.

Ich verwette hiermit hochoffiziell meinen kroatischen Po, dass ich recht habe. Und wenn Sie mir nicht glauben, dann glauben Sie meiner kroatischen Mutter. Die sieht immer aus wie aus dem Ei gepellt und bekommt damit immer – immer! –, was Sie will.

Frauenpower

OHA. Da fällt mir was ein, Schwester: Wir müssen, wo wir schon bei Lobbys und Männern und Möpsen und so sind, über etwas Wichtiges sprechen. Und das, was ich mit Ihnen besprechen möchte, ist sehr, sehr viel wichtiger, als sich die Möpse hochzuschnallen. Zumindest bringt es gar nichts, wenn sich jede von uns ganz allein auf weiter Flur für sich die Dinger zunutze macht. Es bringt vielleicht der einen etwas, aber nicht allen. Und das soll es aber doch, oder?

Ich habe so einen pinken kleinen Elektroschocker für die Handtasche, und da steht in so ner Mädchenschnörkelschrift FRAUENPOWER drauf.

Und das ist auch genauuu das Thema. Frauenpower!

Und deswegen jetzt mal weg von Möpsen, hin zur Solidarität. Es hat sich ausgemopst, und Sie und ich wissen mittlerweile ja auch, wie ich's meine, oder? War ja nicht unausführlich. Ich schätze nämlich, Sie sind ziemlich klug und haben eine unfassbar gute Auffassungsgabe. Aber wissen Sie auch, wie man weibliche Energien verbindet? Ich sehe das nämlich hier in Deutschland so selten. Bei mir zu Hause funktioniert das so:

Ich habe einen Haufen kroatischer Cousinen. Meine Eltern haben beide jeweils vier Geschwister, und die wiederum haben freudig und fleißig sehr viel Nachwuchs produziert, von dem 98% weiblich ist. Das heißt, es gibt sehr viele von uns. Allesamt bildschöne Frauen, die meisten studieren oder haben studiert, und die meisten managen kleinere und größere Familien. Einige Geschwister meiner Eltern sind schon 'ne Ecke älter, und die werden dann in die Haushalte meiner Cousinen mitintegriert und auch gemanagt. Die meisten meiner Cousinen arbeiten – und das größtenteils ziemlich erfolgreich –, ziehen gleichzeitig ihre Kinder groß und kümmern sich um ihre Eltern. Und um das ordinäre Wort noch mal einfließen zu lassen, jede Einzelne sieht dabei ziemlich fuckable aus. Meine Cousinen sind die meiste Zeit happy, lachen viel und sind dabei sehr weiblich. Natürlich gibt's hier und da auch mal Krach zu Hause, aber keine ist geschieden. Die einzige Geschiedene unter uns Cousinen bin ich.

Nicht nur, dass bei meinen Cousinen alles wie am Schnürchen läuft, Sie würden auch nie erleben, dass einer von ihnen die Haare abstehen oder das Kleid nicht sitzt. Lauter kleine Supernovas, denken Sie sich? Wunderfrauen? Wo leben die? Auf dem Mars? Nee, die leben auch auf dem Planeten Erde. So wie Sie und ich. Aber: Sie leben einen ganz besonderen Lebensstil, und den auch ziemlich erfolgreich, wie man sieht. Und der nennt sich Frauenpower.

Sie netzwerken. Bis zum Anschlag. Sie verlassen sich weder vollkommen auf ihre Männer noch auf die Gesellschaft. Sie verlassen sich nur aufeinander. Aber das zu hundert Prozent. Brennt einer zu Hause die Hütte, stehen zwanzig Cousinen parat und löschen sie. Muss eine gerade ein wichtiges Meeting vorbereiten, und die Kinder haben alle gleichzeitig Masern? Zwei sind zur Stelle und übernehmen das Kommando, während die eigenen Kinder unter den anderen Cousinen verteilt werden. Braucht eine einen neuen Job, kennt eine andere jemanden, der jemanden kennt, der wiederum einen Job hat. Hat eine Geldnot, gibt es einen Cousinen-Sammel-Anruf und zwei Tage später sind die Kröten auf dem Konto. So ist es ein ewiger Cousinenkreislauf, der dafür sorgt, dass jede Einzelne besser und entspannter leben kann.

Hätten meine Cousinen von meinen Problemen gewusst, hätten Sie mir bestimmt geholfen.

Sehen Sie, worauf ich hinauswill? Wir Frauen hier in good old Germany könnten schon viel weiter sein, wenn wir es längst machten wie die Männer oder eben wie meine Cousinen. Wir müssen netzwerken! Und uns nicht die Soja-Butter vom Brot nehmen lassen. Wissen Sie, mithilfe der Möpse bis ganz nach oben zu kommen bringt herzlich wenig, wenn man sich oben nicht halten kann. Weil man zu Hause Kinder hat, die einen brauchen, oder weil man sonstige Dinge erledigen muss, die eben in Familienleben oder Partnerschaften anfallen. Und ich kenne außerordentlich wenige Frauen, die den Chefsessel mit Einsamkeit und Familienlosigkeit bezahlen wollen. Müssen Männer ja auch nicht. Das, was wir für Männer sind, die Karriere machen und Familien haben (die Frau hält ihm den Rücken frei, klar), kann ein Netzwerk an Girlfriends sein, die sich gegenseitig dabei unterstützen. Gemeinschaftlicher Mopsalarm! Ruck, zuck würden wir genauso viel verdienen wie Männer und müssten uns auch nicht mehr den Kackmist von wegen Rabenmutter oder Die-ist-doch-nur-Hausfrau anhören, nur weil wir arbeiten gehen WOLLEN oder weil wir ausschließlich Mütter sein WOLLEN. Oder BEIDES. Und unsere Jobs lieben. Und unsere Kinder. Geht nämlich gleichzeitig. Und ist nur dann ein Hexenwerk, wenn man kein Cousinen- oder Frauennetzwerk unter sich hat wie einen doppelten Boden.

Wissen Sie was? In meiner Branche hocken in der Chefetage nur Frauen. Keine Ahnung, wie die leben oder ob die happy sind. Aber sie bestimmen, wer besetzt wird und wer was verdient. Und de facto ist es so, dass ihre Geschlechtsgenossinnen immer noch für gleiche Arbeit bei gleicher Prominenz weniger in die Lohntüte gesteckt bekommen. Und Möpse bis unters Kinn geschnallt mögen die schon mal gaaaar nicht.

Wenn ma ein Frau ein andere Frau nisch unterschtitz wo die nua ma kann, dann ist ma keine rischtische Frau, sondern ma ein rischtische ASCHLOCK.

Wo soll das bitteschön hinlaufen? Bestimmt nicht in eine Gesellschaft gleichberechtigter Frauen, die sich gegenseitig helfen und sein dürfen, was sie sein wollen. Wir haben doch genug Probleme mit den Männern, müssen auch wir Frauen uns noch gegenseitig das Leben schwer machen? Die Gemeinheit von Frauen untereinander ist manchmal schwer zu ertragen.

Da ist oft so viel Missgunst und Neid und Angst, die andere könnte einem den Rang ablaufen, dass man speien könnte.

Lassen wir das! Ein für alle Mal! Wir wollen doch nicht, dass James Brown mit *This is a maaaaaans world* bis zum Sankt Nimmerleinstag recht behält, nur weil wir Frauen zu doof sind, uns zu verbünden? Ah! Sie haben Angst, eine andere könnte Ihnen womöglich was wegnehmen? Aha, was dann? Geht die Welt unter? Es gibt ungefähr ALLES auf diesem Planeten in mehrfacher Ausführung.

Ich beantrage hiermit das, was auf meinem Elektroschocker steht: FRAUENPOWER.

Dann klappt es vielleicht auch besser mit den Männern.

WÄKKLISCH ÄKKÄLHAFT

Läster nicht, Schwester

Wir Weiber sind ja bekannt dafür, dass wir uns gerne austauschen und uns unterhalten. Zu schnattern und zu plappern liegt uns genauso wie den Männern das Jagen diverser Objekte volle Lotte im Blut. Können wir nix gegen machen. Ist halt so eingebaut. Stimmt's? Wir klüngeln in Grüppchen und reden übereinander. Meistens sind das aber keine Lobhudeleien, sondern eher die Hast-du-schön-gehöööört-Geschichten. Sie wissen schon. Und die eine sagt dann am Ende zur anderen: Erzähl das aber bitte nicht weiter. Aber meint eiiiigentlich: Erzähl das bitte SOFORT weiter, aber auf keinen Fall SO, dass jemand merkt, dass es von mir kommt.

Lästern, Schwester, ist bei uns auf dem Balkan Hochverrat, BÄH! Da kannst du schon mal hochkant wo rausfliegen und bekommst nie mehr Zutritt. Frei nach dem Motto, pinkelst du einer ans Bein, bist du jederzeit in der Lage, auch allen anderen ans Bein zu pinkeln.

Wenn du ma nisch was Scheenes übe eine Mensche sagen kannst, hellst du dann ma besse deine Mund.

So ist es. Lästern ist allerschlimmstes Gift. Vor allem, weil die meisten Geschichten reine Mutmaßungen sind. Und diese Mutmaßungen beginnen dann irgendwo ihre Runde, an jeder neuen Haltestelle kommen neue Details dazu, und am Ende stehen sie als eine an den Haaren herbeigezogene Unerhörtheit da und können jemandem sogar richtig schaden. *Wenn* es etwas gibt, was Sie zu sagen haben, warum sagen Sie es dann nicht der Person, die es betrifft? Vielleicht hilft es ja sogar? Ihrem Seelchen hilft es ganz bestimmt, sich von Klüngeleien und Grüppchen fernzuhalten – egal wo. Und falls Sie in so 'ner Runde nach Ihrer Meinung befragt werden, sagen Sie es wie Marija:

Weiß isch jetzt ma nisch!

Oder Sie machen es im Marija-ist-der-Kragen-geplatzt-Style und sagen den Läster-Schwestern ins Gesicht, was für Kackbratzen sie sind:

Was fia schlimme Mensche! De Gott sieht und hööt ma aales, und de Quittung kommt imma ma. Imma ma! De vegesst ma NIX!

Nehmen Sie sich gegenseitig lieber in Schutz, anstatt wie die Hyänen übereinander herzufallen. Bringt allen mehr. Vor allem denen, die sonst lästern, Schwester. Ausgenommen vom Läster-Verbot sind männliche Herzensbrecher, Dummschwätzer und Betrüger. Aber denen sollte man das trotzdem und in jeeedem Falle mitten ins Gesicht sagen. Am besten mit einem Stuhl oder so.

Keep him on his toes, Sista

Kennen Sie diesen englischen Ausdruck? Heißt so viel wie »Halt ihn bei der Stange«. Klar, wir alle wollen am liebsten eins: den Mann behalten. Und am liebsten soll der auch bitteschön nur UNS wollen und möglichst NICHT die flotte Nachbarin. Nur: Wiiiie geht das? Und zwar OHNE dass man einen mega Affentanz hinlegen muss? Fragen Sie sich das auch?

Ich kann Ihnen zumindest aus Erfahrung sagen, wie Sie ihn NICHT on his toes halten, sondern er away rennt. Nicht, dass ich nicht mein Bestes getan habe. Ich habe es ZU gut gemeint. Oder wie meine Mutter sagen würde:

A! Bist du ma zuuuuu gut fia diese Welt!

Verstehen Sie? Bisschen zuuuuu doof für diese Welt. Jungs reagieren auf zu gut nämlich sooooo schlecht. Die haben dann das Gefühl, dass sie ihre Eier an der Haustür abgeben müssen und für alle Zeiten von einem bemutternden Frauchen verhaftet werden. Und ihnen wird langweilig. Weil sie nun mal Jäger sind. Hab ich leider zu spät gemerkt. Da hatte ich die Ich-mache-aaalles-für-dich-Nummer schon ein paar Jahre hinter mir. Und als er dann über alle Berge war, waren es meine besten Jahre leider auch. Lassen Sie es bloß nicht so weit kommen. Seien Sie schlauer als ich.

Natürlich sollen Sie schlauer sein können, ohne dass Sie einen täglichen Krampf im Kopf davon bekommen. Es darf Sie auf keinen Fall überanstrengen oder sich nach Arbeit anfühlen. Am besten Sie verinnerlichen es, so wie Sie sich ohne Spiegel die Wimpern tuschen können. Es muss in Fleisch und Blut übergehen. Meine Mutter macht das ganz automatisch, Sie erinnern sich?

Reischst du dem nisch ma de kleine Finge, weißt du doch ma, was dann passiert. Zeigst du dem kalte Schulter, mach isch bei dein Papa einmal an de Tag. Imme, wenn de ma nisch weiß, was jetzt ma los is, is de ma lausfromm.

Genauuuu. Männer sind Jäger, die olle Kamelle. Wenn sie sich für etwas anstrengen müssen, erscheint es doppelt begehrenswert. Was ihnen in den Schoß fällt, das ist in ihren Augen gleich weniger wert. Einem Mann zu Füßen liegen funktioniert nicht. Eine Göttin, die ein wenig Anstrengung für ihre Gunst erwartet, das ist was anderes. Da hängen sich Jungs so riiiiichtig rein.

Männer wollen keine Muttis. Die eine, die sie haben, reicht ihnen. Sie mögen am liebsten selbstbewusste und unabhängige Frauen, die stets fuckable sind. Kein Weibchen, das ihnen hinterherrennt und bewundernd zu ihnen aufsieht. Beziehungsweise, Männer, die sich solche Frauen wünschen, die wollen WIR doch nicht, oder? Also: Verhalten Sie sich ruhig fordernd – charmant natürlich, denn nicht jeder Mann ist so gut dressiert wie mein Vater. Vermitteln Sie ihm, dass Sie durchaus ein wenig Anstrengung seinerseits erwarten. Sie müssen nicht täglich die Diva geben, aber umsonst gibt es Sie auch nicht. Sie strengen sich ja auch für ihn an. Fuckable und so.

Und jetzt kommt etwas, was Frau Schwarzer die Röte ins Gesicht treibt und die Fußnägel hochrollt. Fuckable heißt nicht nur Beine rasieren und duschen, Schwester. Sie ahnen es. Es geht um

SEX.

Wenn Sie den Mann bei der Stange halten wollen, dann müssen Sie auch mal seine Stange halten. Wollen Sie ja hoffentlich auch. Warum sind Sie sonst mit ihm zusammen?

Bleiben Sie gaaaanz ruhig, ich werde Ihnen jetzt nichts von irgendwelchen Kunststückchen in der Kiste erzählen, die Sie für ihn aufführen müssen, damit Ihre Beziehung überdauert. Das müssen Sie nicht tun. Unter uns: Machen Sie nicht so einen Wind um Geschlechtsverkehr. Jepp. Er sollte stattfinden in einer Beziehung, und zwar re-gel-mä-ßig. Aber es muss nicht jedes Mal eine Riesensache sein. Genauso wenig, wie Sie andauernd als Krankenschwester verkleidet an Elektronippelklammern hängen wollen, hat Ihr Mann Lust, Ihnen immer erst mal 'ne Stunde runterleiern zu müssen, wie tooooll und unglaublich und ganz, ganz besonders Sie sind, damit er mal randarf an die Mutti. Männer funktionieren anders als wir. Wenn es sich bei denen länger als nötig staut, bekommen die ziemlich schlechte Laune. Und wenn Sie sich 'ne ganze Weile lustlos verweigern – weil Kopfweh, Tage, das Übliche – und dann aber mit dem zehnten Paar High Heels in der Woche heimkommen, haben Sie nicht nur ein klitzekleines Kaufverhaltensproblem, sondern eines mit dem Haussegen.

Machen Sie es einfach. Also Beischlaf. Hoch den Rock, rein den ... Sie wissen schon. Glauben Sie einer Balkanfeministin: Die Lust kommt beim Vögeln, genauso wie der Appetit beim Essen. Es reicht, wenn einer will. Lassen Sie sich drauf ein, dann läuft es auch. Außerdem löst der Austausch von Molekülen und Körperflüssigkeiten Blockaden – also so zwischenmenschliche – und bindet Sie besser aneinander als Pattex. Und knutschen Sie. Wild! Wann immer Sie können. Also mit Ihrem Mann, wohlgemerkt. Mit anderen Männern zu knutschen wäre total kontraproduktiv.

Top 5 der »Keep him on his toes«

1. In erster Linie sind Sie natürlich seine beste Freundin. Seine Buddy. Und seine Buddy lässt ihn jederzeit in Ruhe Fußball schauen, weil seine Buddy weiß, dass fußballschauende Männer so weit weg vom Multitasken sind wie der Papst von einem Gangbang. Können die nicht, wollen die nicht. Auch WENN der Müll runter muss und die Wasserkästen im Flur stehen. Bayern München oder Borussia Dortmund gehen IMMER vor. Es sei denn, Sie sind in den Wehen.

2. Er ist NICHT Ihr Ein und Alles. Und Sie sind NICHT abhängig von ihm. Sie verdienen Ihr eigenes Geld. Und geben SEINES aus. (Beruuuuuhigen Siiiiie sich! Wir leben im Jahr 2015. Das ist auch bei mir schon angekommen. Aber dann lassen Sie sich wenigstens ordentlich beschenken. Und legen Sie was zur Seite. Mannmannmann.) Jungs stehen nicht auf Ich-würde-ohne-dich-keinen-Schritt-allein-machen-können. Und das haben Sie auch gar nicht nötig. Natürlich können Sie JEDEN Schritt auch ohne ihn. Rückwärts. In High Heels. Die Wand hoch.

3. Bleiben Sie spannend und überraschend. Und nicht nur die ersten drei Monate. Das tut vor allem IHNEN gut, das färbt ab auf alles um Sie herum. Ihre Aura bleibt schön bunt. Und das wollen wir doch, oder?

4. Ja, Sie lieben ihn. Sehr! Aber das müssen Sie ihm nicht alle drei Minuten aufs Butterbrot schmieren. Er ist männlich. Mann. Und wie war das mit den Männern noch mal? Jäääääger!!! Heben sich die drei magischen Worte auf für schöne Momente. Die wollen das unter keinen Umständen so oft hören wie wir! Im Gegenteil, da fühlen die sich eher in die Ecke gedrängt.

5. Flirten Sie mit ihm und geben Sie ihm das Gefühl, dass er ein riiiichtiger Mann ist. Wenn er zu doof ist, um eine Glühbirne reinzuschrauben, dann lassen Sie ihn was anderes Männliches tun: stets die Rechnung im Restaurant zahlen. Und falls er das nicht will, dann sparen Sie sich Punkt 1 bis 4 für einen, der's tut. Und verlassen Sie den, der sich weigert. Sie wollen ja unter keinen Umständen einen Waschlappen.

Erziehung ist alles

Wenn du und dein Töschte ma das Abendesse sucht das steht ma in de Kihlregal von de Supermakt und wenn du ma misch suchst, isch steh ma an de Kasse von H&M.

(SMS von meiner Mutter an meinen Vater, getippt mit ihrem ersten Handy. Mein Vater hat mit seinem ersten Handy nichts zurückgeschrieben. Er wusste nicht, wie es geht.)

Sollten Sie einen haben, der zwar an sich super zu Ihnen passt, kein Geizkragen ist, Sie wirklich volle Lotte liebt, Ihnen aber trotzdem den allerletzten Nerv raubt, dann müssen Sie bei der Erziehung nacharbeiten. Das dürfen Sie ruhig tun, Schwester.

Meine Mutter hat sich ihren Mann erzogen, das können Sie mir glauben. Sie hat ihn im Griff, ohne Wenn und Aber. Ich dagegen habe im Umgang mit den Herren in meinem Leben, und das, obwohl ich von meiner Mutter anders erzogen wurde, in der Vergangenheit einiges falsch gemacht.

Nicht im Haushalt an sich, versteht sich, im Gegenteil. Wie Sie ja wissen, sind wir Kroatinnen Putzweltmeisterinnen. Meine Mutter hat mir und meiner Schwester ziemlich früh alles beigebracht, was man so im Haushalt können sollte. Das hätte sie übrigens auch ihren zwei Söhnen beigebracht, wenn wir welche geworden wären.

Falsch gemacht im Sinne von: Ach lass das da ruhig liegen, ich mach das weg. Oder noch besser: Gar nichts sagen und wegmachen. Männer und Kinder sind sehr klug, sie stellen sich einfach soooo saudoof an, dass frau sich dann denkt, boaaah, bis ich erklärt habe, wie es richtig geht, habe ich es schon zehnmal selbst gemacht.

Mein Mann kommt zum Beispiel nach Hause und leert erst mal den Inhalt seiner Hosen- und Jackentaschen auf dem Esstisch aus. Dann legt er die zerfledderte Tageszeitung dazu und seine Geldbörse und die Schlüssel und – das ist mir am aaaaaallerliebsten – KLEINGELD. Kleingeld, das auf dem Esstisch liegt und die Chaoskomposition vervollständigt, bringt mich so schnell auf die Palme, so schnell steht da nicht mal eine. Und anstatt dass er sein ganzes Klimbim direkt auf den dafür vorgesehenen Sims hinter dem Esstisch legt, legt er es IMMER auf den fucking ESSTISCH.

Ich will aber nicht, dass da was liegt. Da stehen Blumen drauf und sonst nix. Es sei denn, wir essen. Und dann möchte ich auch nicht, dass da nach dem Essen länger als 'ne halbe Stunde was steht. Das versteht der aber nicht. Kinder verstehen das auch nicht.

Früher habe ich mich geärgert und hinterhergeräumt. Danach Essen vorbereitet. Während das Essen im Backofen war, Wäsche gewaschen. Und während die Wasche wusch, die trockene Wäsche aus dem Trockner zusammengelegt. Dann noch mal eben kurz das Bad geputzt. Dann Tisch gedeckt, dann Essen serviert, dann alle gerufen. Gegessen. Alles weggeräumt – nee, geht nur wieder, ist ok, ich mach das. Dann Küche sauber gemacht, dann fertig gewaschene Wäsche aufgehängt. Weil schlechtes Gewissen wegen Stromfresserei, wenn einfach wieder in Trockner. Undsoweiterundsofort. Täglich grüßt das Murmeltier.

Bis meine Mutter mir irgendwann empfahl, das Klimbim, das er auf den Tisch legt – obwohl man ihn schon gefühlte 3 Milliarden Mal darum gebeten hat, den SIMS zu benutzen –, einfach seeeeehr, sehr gut wegzuräumen. So gut, dass er seine Geldbörse nicht mehr wiederfindet, aber driiiingend wegmuss. Oder den Schlüssel. Oder das Handy. Und das macht man so lange, bis er von gaaanz allein auf die Idee kommt, gleich den Sims zu benutzen.

Warum regst du disch ma auf und warum bist du ma bescheuert? Räumst du das EINFACH ma gaaanz weit weg und watest du bist de ma hat rischtisch Stress. Dann machst du dia ma gemitlisch deine Kaffee und dann west du ma sehn wie de sich egget. Ruckzuck machte sein Sache nisch mä auf de Kischetisch. Glaub mia ma. Isch sag dia ma aus eigene Gefahr.

Und noch was: Versuchen Sie doch einfach mal, den Esstisch nicht abzuräumen. Lassen Sie das da mal stehen. Und warten Sie ab, was passiert. Wenn es am nächsten Tag noch genauso aussieht, schieben Sie die Teller einfach zur Seite und decken Sie den Frühstückstisch. Wenn wieder keiner auf die Idee kommt, die Tischsituation zu verändern, dann lassen Sie es wieder so. Und warten Sie ab. Irgendwann wird es eine Reaktion geben.

Zuerst kommen natürlich Fragen. Was los ist mit Ihnen und so. Und Sie antworten natürlich zuckersüß und sehen am besten aus wie aus dem Ei gepellt. Nicht, dass einer denkt, Sie hätten 'ne Krise oder seien depressiv oder so.

Mit der Wäsche machen Sie es genauso. Sagen Sie, es gibt ab sofort einen Wäscheplan. Erklären Sie die Waschmaschine. Und den Trockner. Und wie man Wäsche zusammenlegt. Sagen Sie Ihrem Mann, Sie würden ihn bitten, den Staubsauger nur zu benutzen, wenn Sie nicht da sind. Sagen Sie ihm am besten nicht, warum. Ich habe mal gelesen, dass Männer, die staubsaugen, sich durch diesen Vorgang unattraktiver bei Frauen machen. Also wenn Frauen das ansehen müssen. Möchten wir auf keinen Fall riskieren. Alles, nur das nicht. Staubsaugen soll er trotzdem!

Aber wissen Sie was? Die beste und einfachste Lösung: Wenn Ihr Mann zu den Mittelverdienern gehört, dann ist eine Zugehfrau im Budget. Diskutieren Sie darüber auch nicht. Sobald er anfängt rumzuzicken, von wegen *so teuer, das brauchen wir nicht*, überzeugen Sie ihn mit Tatsachen. Tagelang keine frischen Unterhosen oder Handtücher, schmutziges Geschirr und ungemachte Betten sind superüberzeugende Tatsachen.

Hat meine kroatische Mutter auch so gemacht. Zwar nicht, um eine Zugehfrau zu bekommen, aber immerhin hat mein

Vater gelernt, in welchem Schrank sich die Putzlappen befinden und was man damit macht. Benutzen durfte er sie natürlich nur, wenn meine Mutter nicht da war. Ist ja selbstredend. Wer will schon einen Mann in Schürze sehen?

Was des Terminators Pullermann mit Ihrem Mann und der Zugehfrau zu tun hat

Kleiner Tipp, falls Ihnen Ihr Mann eine Zugehfrau spendiert: Sorgen Sie dafür, dass Ihnen keine ins Haus kommt, die jung und attraktiv ist. Eine Zugeh-MILF*, die attraktiv ist, ist doppelt verboten. Gleiches gilt auch für Nannys und Au Pairs. Ist schon klar, warum. Oder?

Okay, wenn Sie das jetzt nicht verstehen, erkläre ich es noch mal: Männer sind Jäger. Wissen wir. Ist nix Neues, ist so alt wie die Menschheitsgeschichte. Mit Männer sind Jäger könnte ich dieses Kapitel hier an dieser Stelle auch beenden und es würde weder mir noch Ihnen an Information fehlen.

Die eine oder andere unter uns merkt hier womöglich gleich an, dass ihr das männliche Jagdverhalten genauso gut gefällt wie Fußpilz und dass sie Spielchen doof findet. Und dass sie nicht über das Aussehen Ihrer Zugehfrau, sondern über ihre

---

* Mother I'd like to fuck – despektierlicher Ausdruck für attraktive mittelalte Frau

Qualifikation nachdenken möchte. Und dass sie ihrem Mann ja wohl trauen kann.

Sei ma nisch wiedä so NAIV! Gelägeheit macht de ma Liebe odä wie da ma heist!!

Sie können Ihrem Mann bestiiiiimmt trauen. Falls Sie sich 'ne superputzende heiße Chica ins Nest holen, wird Ihr Mann ganz ganz sicher NIEMALS über deren restliche QualiFICKationen nachdenken. Und sich fragen, was sie sonst noch so mit ihren Händen kann.

Was denn, was denn? Sie denken, was ist DAS denn für eine? Empfiehlt mir ein paar Sätze weiter oben, mir bei wirklich jeder Gelegenheit die Möpse hochzuschnallen und sie auch überall zu benutzen, und im gleichen Atemzug muss ich gedanklich schöne und junge Frauen und sogar MILFs als Haushaltshilfen vom Plan streichen. Was für eine sexistische Diskriminierung.

Jepp. Ist es. Muss leider auch manchmal sein. Aber wenn SIE das anders sehen, bitteschön. Holen Sie sich ruuuuhig den Feind ins Haus, Schwester. Viiiiel Spaß!

Keine Spielchen spielen zu müssen ist total schön. Und die Zugehfrauen rein nach ihrer Qualifikation aussuchen zu können, auch. Wenn Sie einen Mann gefunden haben, bei dem das geht: herzlichen Glückwunsch! Glückspilz gegen Fußpilz. Wow. Sie haben es geschafft. Sie haben einen Typ Mann ergattert, den es sehr, sehr selten gibt. Eine Rarität. So was wie einen nagelneuen Ferrari für einen Euro.

Männer sind Jääääääger.

Das Leben eines Mannes dreht sich um drei Dinge. Jagen, erlegen, Bier trinken. Und erlegen gilt für alles, was attraktiv ist und in gebärfreudigem Alter.

Und wenn diese drei Dinge erledigt sind, wollen sie drei neue: Jagen, erlegen und Bier trinken.

Selbst wenn Sie Angelina Jolie sind, werden Sie ein solches Verhalten nicht ändern können. Da können Sie noch so viele Kinder adoptieren und noch so versaut in der Kiste und noch so schön und noch so reich sein. Erlegt ist erlegt. Ich wette mit Ihnen, dass Brad Pitt es auch am liebsten hat, wenn Angie außer Haus ist und er in Ruhe Football schauen und ein Bier zischen kann. Und garantiert guckt er auch mal anderen Frauen auf den Arsch. Aber bestimmt NICHT seiner Zugehfrau. Denn Angie ist ja nicht doof. DIE hat da garantiert keine überm Putzeimer beugen, bei der Brad die Lichter ausgehen und er sogar mal kurz sein Bier vergisst.

Aber wie sehr Männer jagen müssen und selbst Schabracken nehmen, wenn keine heiße Latina da ist, sehen wir am Beispiel Arnold Schwarzenegger. Da hat er eine Kennedy an der Seite, so 'ne richtige Kennedy. Eine, die mit JFK verwandt ist. Ich meine, allein das ist doch schon megahot. Dann ist sie dazu auch noch bildschön, klug, erfolgreich. Sie unterstützt ihn, wo sie kann, und sieht dabei immer aus wie frisch aus der *Vogue* entsprungen. Sie schenkt ihm drei Superkids, alle drei wie die Mama, bildschön und klug.

Und was macht Arnie?

Braucht dringend einen Rockzipfel, den er erlegen und umbumsen kann und der ihm sonst nicht auf die Nüsse geht – und zack! erlegt er die Haushälterin. Und neiiiin, sie sieht nicht aus wie eine peruanische heiße Supernova, die hätte seine Kennedy-Gattin gar nicht erst in Haus gelassen. Die dachte sich, ha! ich bin doch nicht von gestern – aber das war dem Arnie natürlich wurscht. Da hat er einfach der, die da war, einen Braten in die Röhre geschoben. Kurzer Prozess. Dass die aussieht wie ein aufgeplatztes

Sofakissen, das hat ihn nicht gejuckt. Jagd ist Jagd. Und man kann nicht immer nur die schönen Rehlein erlegen, muss halt auch mal ein ordinäres Wildschwein ran. Und rausgekommen dabei ist ein Schwarzenegger, nur ohne elegantes Kennedy-Blut, dafür aber mit viiiel Haushälterin. Das arme Kind, drei schöne Kennedy-Halbgeschwister und er: in der Besenkammer entstanden.

Na ja. Kennen wir, da gibt es genügend Beispiele. Boris Becker, Tiger Woods, JFK (um der Fairness halber auch einen Kennedy zu nennen), mein Nachbar und und und.

Denk imma an daran, was de ma in de sein Hose hat. Unn das, was de ma da hat, hat ma gaaanz eigene Karakte.

Wir Frauen hätten das zwar gerne komplikationsloser und entspannter, aber das wird wahrscheinlich erst in einer Milliarde Jahren passieren. Dann, wenn es keine Männer mehr gibt. Und in der Zwischenzeit üben Sie sich in vornehmer Zurückhaltung und bleiben Sie immer schön fuckable. Und lassen Sie die Zugehfrau – auch wenn sie nicht heiß ist – zur Sicherheit nur kommen, wenn Sie mit ihr allein sind.

Man weiß ja nie.

Sie haben natürlich die heilige Pflicht, sich stets um Ihren Mann zu bemühen, so wie er das bei Ihnen tun muss. Ist ja klar! Und wenn Ihnen etwas nicht passt in Ihrer Beziehung, sprechen Sie mit ihm. Kackegal, ob ER da nun drauf steht oder nicht. Sie haben Ihren Mund nicht nur, um Lippenstift draufzuschmieren. Das ist trotz SCHNALLDIRDIEMÖPSEHOCH natürlich nicht meine Botschaft. Falls Sie plötzlich einen verschwiegenen Mann zu Hause haben, der Ihnen komisch vorkommt – holen Sie die Bohrmaschine raus! Dann ist was im Busch. Falls Sie Ihr

Leben und Ihren Mann genau so mögen, wie es ist, ruhig Blut jetzt, Schwester! Gegen Was-ich-nicht-weiß-macht-mich-nicht-heiß ist gar nichts einzuwenden.

Vertrag kommt von vertragen

Sie mögen gar nicht, was Sie hier lesen? Sie sind der Meinung, *Ihr* Mann sei anders als die anderen? Und Sie wollen von diesem Klischee-Quatsch echt nix mehr lesen?

Träumen Sie weiter. Ich muss es Ihnen leider leider wieder in ordinär sagen: Ich nehme an, Ihr Mann hat das, was alle Männer haben: einen Penis. Gott sei Dank hat er den.

Und jeder heterosexuelle Mensch, der einen Penis hat, möchte ihn möglichst hindernisfrei und hochfrequentiert in möglichst viele Muscheln stecken.

Ist so, hat uns die Evolution beschert.

Können Sie nun drehen und wenden, wie Sie wollen.

Dabei ist das Y-Chromosom, wenn man es genau nimmt, nicht durch ausgeprägtes Treiben bekannt. Denn neben dem X wirkt das Y sogar ziemlich faul und hat im Laufe der Menschheitsgeschichte fast stolze 90 Prozent seiner Gene an der Eingangstür abgegeben. Während die anderen 22 Chromosomenpaare fröhlich Erbgut tauschen, gegenseitig Fehler ausgleichen und sich weiterentwickeln, hat das männliche Y diese Tätigkeit beendet und sich darauf spezialisiert, seinen Samen einfach bis zum Umfallen in alles reinzustopfen, was weiblich und über achtzehn ist.

Frei nach dem Motto: Wird schon schiefgehen. Hauptsache, das Bier geht nicht aus. Haben wir doch nun gelernt.

Verstehen Sie mich nicht falsch. Ich liebe Männer. Wirklich. Und ohne meinen möchte ich schon mal gar nicht!

Aber meine exorbitanten Lebenserfahrungen mit dem Y-Chromosom haben mich zu einer Spezialistin auf dem Gebiet der Stochastik gemacht. Es ist, wenn Ihr Mann einen voll funktionsfähigen Penis besitzt, ziemlich wahrscheinlich, dass er im Laufe eines gemeinsamen Lebens genau den noch mal woanders reinstecken will. Und wenn er die Gelegenheit dazu bekommt, auch wird. Dieser Fakt an sich ist möglicherweise gar nicht so verwerflich. Monogamie ist für Männer eine Qual. Sie halten das genauso wenig durch wie das Pinkeln im Sitzen. Zu Hause machen sie es brav, aber sobald sie außer Haus sind, stellen sie sich einen Meter vor die Kloschüssel und strullern alles voll.

So ähnlich müssen Sie sich das vorstellen.

Ich habe immer ein offenes Ohr für die Bedürfnisse meines Mannes. Wenn er sich eines Tages nicht mehr imstande sieht, an sich zu halten, und gerne seine Kollegin vögeln würde, muss er das mit mir absprechen. Dann sage ich – je nach Lage – entweder Ja oder Nein. Wahrscheinlich sage ich Nein.

Falls er es dann trotzdem macht oder mich im Vorfeld gar nicht erst darüber informiert und ich es herausfinde, dann greift der Vertrag, den ich mit ihm zu Beginn unserer Beziehung gemacht habe. Und natürlich finde ich es heraus. Das liegt wiederum in der Natur *meines* Geschlechts. Und ich bin Kroatin. Das ist doppelt scheiße für ihn. Aber doppelt gemoppelt hält besser.

Das hätt' ich gerne schriftlich

Mein Mann ist Schauspieler. Uiii, höre ich Sie denken. Schaaauspiiieler. Sind das nicht die, die extraviel und oft ihren Pullermann in fremde Muscheln stopfen? Jepp. Genau DAS sind die! Mein Mann ist wirklich, wirklich toll und hat das mit den fremden Muscheln gar nicht vor, aber natüüüürlich sehe ich trotz rosaroter Brille den Wald UND die Bäume. Denn wenn die Liebe einen früher oftmals ein bisschen blind UND doof gemacht hat, putzt man sich die rosarote Brille dann doch lieber zweimal sauber. Stimmt's, Schwester? So weit sind wir zwei beide doch schon.

Falls mein Göttermann seinen Pullermann – natürlich aus Versehen – in eine Muschel hält, die nicht zu mir gehört, und das auch noch, ohne mir was davon zu sagen, und sich soooo doof dabei anstellt, dass ich ihn dabei erwische – und das werde ich, wir Frauen haben eine bessere Spürnase als das FBI –, bekomme ich 30.000 Euro in bar auf die manikürte Kralle. In kleinen Scheinen. Und on Top eine White Epsom Jige Elan Clutch von Hermès.

Es gibt natürlich keinen Mengenrabatt. Selbstverständlich erhöht die Summe sich bei jedem neuen Vergehen. Und natürlich verlasse ich ihn NICHT. Erst wenn er pleite ist. Ich meine, HALLO? Ich bin doch nicht zwei Mal hintereinander wegen eines MANNES pleite gegangen, um mich beim dritten nicht voll bis unter die Haarspitzen abzusichern.

Sie denken sich jetzt vielleicht, na jaaa, ihrer ist ja auch ein loser Vogel, ein SCHAUSPIELER, das liegt denen ja quasi im BLUT. Kann schon sein, Schwester, so unrecht haben Sie gar nicht. Schauspieler führen jetzt nicht die Liste der treuesten Berufsgruppenangehörigen an. Aber unterm Strich ist er, was alle Männer sind, und dafür kann er ja nu wirklich nichts: ein Mann! Und deswegen muss ich Ihnen an dieser Stelle leider, leider trotzdem Folgendes mitteilen: Auch wenn Ihrer – sagen wir mal – in einem Autohaus arbeitet und sehr viel Zeit mit seiner heißen neuen Azubine verbringt, glauben Sie doch nicht im Ernst, dass er Pullermann-in-die-Muschel-der-Azubine NICHT in Erwägung zieht? Ob er es dann tut oder nicht, ist natürlich eine andere Sache. Kommt ja auch drauf an, ob die Azubine will. Aber kleine Scheine in die manikürte Hand seiner Frau legen zu müssen, das tut JEDEM weh. Da überlegst du dir das zweimal.

Oder wie meine Mutter sagen würde:

Kann isch den auch ma veklagen!!

Natürlich können Sie jetzt voll entsetzt darüber sein, dass ich außerbeziehelichen Geschlechtsverkehr gegen Geld werte. Aber Betrug ist Betrug, und rein gesetzlich gesehen muss man dafür auch blechen. Sie müssen natürlich realistisch bleiben. Wenn Sie mit einem Bauarbeiter zusammen sind, dann können Sie natürlich keine 30.000 Euro aufrufen. Aber rufen Sie einen Betrag auf, der ihm riiichtig wehtut. Woher er den bekommt, ist Ihnen natürlich egal. Aber lassen Sie es sich schriftlich geben. Seien Sie weder doof noch naiv! Ich sage ja nicht, DASS es passiert, aber FALLS es passiert, rollt der Rubel.

Ihre neue Handtasche nennen Sie dann wie seine Affäre: »Du, Schatz, kannst du mir mal die Manuela reichen?«

Endlisch bist du ma nisch mee so blind wie du ma frihe wast. DA bin isch wäkklisch ma stolz auf disch. Wie kleine Hündsche musst die ma anbinden, sonst sind die ma ruck, zuck auf de Schoß von ein andere Frauschen.

Hören Sie auf, sich so blauäugig gegen die menschliche Natur zu sträuben, setzen Sie eine Vereinbarung auf, drucken Sie sie aus und halten Sie ihm bei einem schönen Candle-Light-Dinner unter die Nase. Freundlich, aber bestimmt werden Sie ihn dazu bringen, sein Autogramm an die entsprechende Stelle zu setzen. Dann stehen Sie nicht so dumm und mittellos da wie ich damals, sollte Ihre Ehe oder Beziehung doch irgendwann zu Ende sein.

Teure Taschen sind eine Wertanlage, Schwester! Genauso wie Schmuck und Uhren. Natürlich werden Sie ihn auch dazu bringen, Sie zu beschenken, ohne dass er seinen Pullermann in Muscheln gesteckt hat, die nicht Ihnen gehören – und wie das am besten geht, weiß natürlich auch meine Mutter. Aber das kommt später, kommen wir erst noch mal kurz zurück zu Ihnen.

Sie werden Ihren Mann selbstverständlich NICHT betrügen. Das ist out. Genauso wie Schulterposter, Kippenqualm, schlechte Nahrung ist es out, alles zu vögeln, was bei drei nicht auf dem Baum ist. Wobei man ja fairerweise sagen muss, dass Fremdgehen bei uns eine Art des Schlussmachens ist. Im Regelfall sind die Beziehungen zu unseren Partnern relativ zügig beendet, nachdem man einen Mann, der nicht der eigene ist, in sich hineingelassen hat.

Finde ich jetzt aber eigentlich auch nicht die beste Methode, und wir mögen es ja auch nicht, wenn Männer auf diese Tour Schluss machen. Wenn Sie das Gefühl haben, Ihre Beziehung macht Sie nicht mehr glücklich und nichts, was Sie hier gelesen haben, macht sie besser – dann reden Sie mit Ihrem Partner. Tacheles ist immer die beste Sprache. Und es ist fair, dem anderen eine Chance zu geben, das, was stört, zu ändern. Sagen Sie an, was Ihnen fehlt, und wenn er auf beiden Ohren taub ist und Tomaten auf den Augen hat, dann trennen Sie sich, bevor Sie andere Jungs ans Höschen lassen. Alles andere bringt NUR Ärger. So oder so.

Vergebene Männer

Was willst du ma mit den? Das was de mit sein Ehefrau macht, macht de doppelt unn draifach ma mit DIA!

Ärger bringt es übrigens auch, wenn Sie zwar solo sind, er aber nicht.

Finger weg von verheirateten Männern. Er wird sie nie verlassen. Also nicht SIE, denn Sie wird er sehr wohl verlassen. Seine Ehefrau aber nicht. Zumindest nicht mit irgendeiner Wahrscheinlichkeit, auf die auch ein noch so verzweifelter Spieler setzen würde.

Und, Schätzchen, in Wahrheit wollen Sie auch nicht, dass er seine Ehefrau verlässt. Denn was er mit *ihr* gemacht hat, macht er mit *Ihnen* dann doppelt und dreifach, da hat meine Mutter völlig recht. Da kann er noch so sehr behaupten, dass das mit Ihnen natürlich die TO-TALE Ausnahme ist.

Und glauben Sie mir, ich weiß wovon ich spreche. Jaaaa, nicht besonders vorbildlich! Schieben wir es bitte darauf, dass ich nach der Trennung von meiner großen Liebe etwas orientierungslos war. Ich kann mir dafür zwar kein Bundesverdienstkreuz an den Busen hängen, aber ich kann immerhin aus meinem Erfahrungsschatz schöpfen und Ihnen davon berichten.

Männer, die Ihre Frauen mit Ihnen betrügen, machen das nicht zum ersten Mal. Sie wissen, wie es geht. Zu Hause und nach außen wird die heile Welt vorgespielt, und im Hotelzimmer krachen nur so die Betten. Solche Männer sind Gambler. Sie mögen das Spiel und auch die Gefahr. Und: Sie sind, was alle Männer sind: Jäger. Ihre Ehefrauen sind ihr Heiligtum. Von denen wird sich natürlich nicht getrennt. Das da draußen – wie mit Ihnen – sind nur Spielereien, ein Jäger muss tun, was ein Jäger tun muss.

Es gibt hier zweierlei Sorten Jäger. Die, die Ihnen gleich sagen, dass Sie Ihre Frauen nie verlassen werden und einfach ab und zu mal eine kleine Abwechslung brauchen, und die, die Ihnen sagen, dass Sie die absolute Verheißung sind, alles, wonach er sich immer schon gesehnt hätte, und er, sobald er kann, sein Haus und seine Familie und seinen Hund für Sie verlässt.

Bei der ersten Variante denken Frauen meistens, dass es nur eine Frage der Zeit ist, bis er sich unsterblich in sie verliebt, und daaaann trennt er sich natürlich doch noch.

Das wird aber nicht passieren. Eher finden Sie Pin-up-Fotos von Mutter Theresa im Internet. Und selbst, wenn er sich in Sie verliebt hat, er wird seine Frau nicht verlassen. Warum sollte er auch? Er kann doch sie beide haben.

Bei der zweiten Variante Mann haben die Ehefrauen dieser Männer meist seeeeehr schlimme psychische Probleme und würden sich bei einer Trennung ad hoc in die Zweige hängen, oder sie sind grausame Hyänen, die den armen Mann bei einer Trennung, ohne mit der Wimper zu zucken, zugrunde richten würden wie ein großer verheerender Brand einen Wald. Und beides ist ja keine Option. Und die Kinder! Selbstverständlich, die Kinder! Die kann man ja nicht einfach so einer Irren übergeben. Und überhaupt kann man ihnen eine Trennung eh nicht zumuten, solange sie noch sooo klein sind. Nein, da muss man schon warten. Noch so zwanzig bis dreißig Jahre.

Sie sind natürlich sehr verständnisvoll. Und leiden still und heimlich darunter, die ewige Nummer zwei zu sein.

Wirklich, meiden Sie diese Typen wie der Teufel das Weihwasser. Solche Männer sind ausgezeichnete Jongleure. Bis mal was runterfällt, und meistens sind das dann Sie – blaue Flecken auf Seele und Herz inbegriffen. Diese Typen schustern sich ihre Welten richtig gut zusammen und freuen sich immer, wenn Sie ihren Pullermann auch mal *ganz* woanders reinhalten können. Denn die meisten von ihnen haben nicht nur ein Küken am Start. Die vögeln sich munter und fröhlich durch die Wallachei und genießen die vielen schönen verschiedenen Schöße.

Glaubst du ma escht, bist DU ma die einzige, wo de ma hat? Vielleischt in diese Stadt, ja!

Aber beim Frauchen ist's halt immer noch am schönsten, und der Schuster bleibt am liebsten bei seinen Leisten. Sie werden nie ankommen gegen gemeinsam verbrachte Jahre, Einschulungen, Weihnachtsfeiern und Hochzeitstage. Und vor allem wird kein Mann dieser Welt das verlassen, was er sich mühselig aufgebaut hat. Er ist ja nicht bescheuert, er müsste ja mindestens die Hälfte seines Vermögens an seine Ehefrau abgeben, die dann am Ende am besten mit einem anderen Typen sein hart verdientes Geld verprasst.

Die Fälle, in denen ein Mann wirklich seine Ehefrau für seine Geliebte verlassen hat, sind massiv in der Minderzahl. Wollen Sie es wirklich drauf ankommen lassen, zu diesen wenigen Prozent zu gehören? Und am Ende Jahre mit so einem Deppen verschwenden, die Sie auch mit einem echt tollen Typen, der noch dazu IHNEN ALLEIN gehört, verbringen könnten?

Es ist natürlich leichter, mit seiner Affäre wieder Schluss zu machen, wenn man irgendwann feststellt, dass er nicht die hellste Kerze auf der Torte ist. Das war bei meiner so. Die Ausreden, warum kein Rückruf, wurden immer lustiger, das tagelange Schweigen immer häufiger. Von Ich-wurde-festgenommen bis hin zu Ich-habe-mein-Handy-überfahren war alles drin.

Lassen Sie es nicht zu so was kommen. Haben Sie gar nicht nötig. Und so toll können die Geschenke nicht sein, die er Ihnen macht. Dafür sind unfreie Männer sehr berühmt. Bringen ihren Geliebten immer was Feines mit. Von teurem Parfum bis hin zur heißersehnten Handtasche. WAS MEINEN SIE, WIE ICH BEIM VERTRAG AUF EINE HANDTASCHE ALS ENTSCHÄDIGUNG GEKOMMEN BIN? Jepp. Genau deswegen! Ein bisschen ist es doch auch erkaufte Liebe, oder? Der Mann kann sich die Inanspruchnahme eines professionellen Dienstes ersparen, und Sie haben ein paar tolle Handtaschen im Schrank stehen.

Reicht Ihnen das? Nö, oder? Außerdem geht immer ein bisschen was vom Herzen kaputt.

Es gibt genug freie Männer auf dem Markt. Und wenn Sie das Abenteuer suchen, dann suchen Sie sich einen richtigen Abenteurer. Einen, der durch den Ärmelkanal schwimmt oder so. Männer, die ihre Ehefrauen betrügen, sind bäh. Aber auch *Ihr* Karma ist ein Bumerang. Und der kommt immer durch den Haupteingang. Wenn so eine Affäre auffliegt: Was glauben Sie, wer dann die schwarze Petra hat?

Mhm.

Gut kombiniert, Sherlock.

Und wenn *Sie* dann mal so ein Frauchen sind, wollen Sie doch bestimmt nicht, dass Ihr Mann alles vögelt, was nicht schnell genug weg ist. Oder? Hatten wir doch schon.

Also: Finger weg von vergebenen Männern. Schon allein aus Frauensolidarität!

Ehrlich, LASSEN SIE SOLCHE GESCHICHTEN! Und vergessen Sie jede Hoffnung auf ein Happy End!

Du, ich such nur was Lockeres

Es gibt da noch einen Typ Mann, von dem Sie unbedingt die Finger lassen sollten. Das sind die, die sich nicht festlegen wollen. Die, die zwar solo sind, aber keine Beziehung wollen. Sie wollen was »Lockeres«. Eine »langfristige Affäre«. Solche Typen können Sie auch gleich weiterschicken. Lohnt nicht. Die wollen den Pelz gewaschen bekommen, aber nicht nass werden dabei. Haben keine Lust, regelmäßig was Neues aufzureißen, hätten gerne regelmäßig eine Frau zur Verfügung, aber eigentlich eher nur körperlich.

Aber nehmen Sie sich in Acht: Eine ganz besonders schlaue Unterspezies dieses Typs Mann hat »Bindungsangst«. Gaaaanz tolle Taktik. Woow. Das wirkt nämlich nicht so abschreckend wie »Ich suche was Lockeres und du siehst aus wie was Lockeres«. Wenn Mann Glück hat, findet er mit dieser Masche eine Frau, die Mitleid mit dem armen, psychisch geschädigten Männlein bekommt und versucht, das Trauma zu heilen.

So eine wie Sie oder mich?

Das ist doch jetzt DIE Gelegenheit, Schluss DAMIT zu machen.

So eine Mann ist ma eine rischtische Schlipsohr! Eine IMAND! Daffst du den nisch ma die Tür aufmache.

Ja, da hat meine Mutter recht. »Ich habe Bindungsangst« oder »Ich bin noch nicht so weit« heißt nämlich auch nichts anderes als »ich habe Lust zu vögeln und danach geh mir bitteschön nicht weiter auf die Nüsse. Quatsch mich nicht voll und ruf mich nur an, wenn du auch wieder vögeln willst«.

Falls Sie aus Versehen zusammen eingeschlafen sind und morgens neben Ich-bin-noch-nicht-so-weit aufwachen, dann heißt das nicht, dass er sich über Nacht entschieden hat, mit Ihnen in den Hafen der Ehe zu steuern. Es bedeutet nicht, dass es ihm wie Schuppen von den Augen gefallen ist, dass Sie die Liebe seines Lebens sind. Es bedeutet, dass Sie wahrscheinlich beide einen sitzen hatten und er schlicht und ergreifend nach erfolgreichem Beischlaf, genau: eingeschlafen ist.

Warten Sie nicht darauf, dass ein Mann, der sich nicht festlegen will, eine Kehrtwendung macht. Männer jagt man nicht, man lässt sie jagen. Wenn er Sie *will*, dann wird er Sie erlegen wollen, unter allen Umständen. Dann ist es völlig wurscht, ob er einen Rosenkrieg hinter sich oder im Irak gekämpft hat. Psychologische Umstände, die einen ballaballa machen, werden bei den ersten Verliebtheitsgefühlen nämlich ausgeschaltet. Vor allem bei Männern. Wenn er in *Ihnen* auch nur einen Hauch von potenzieller Weiterträgerin für seine Gene sieht, *wird* er Sie anrufen und Ihnen innerhalb kürzester Zeit auf Nachrichten antworten, Ihnen nachstellen und Ihnen zu verklickern versuchen, dass er der Richtige ist. Da setzt er Himmel und Hölle in Bewegung.

Falls er Ihnen dagegen nach Ihren ersten Begegnungen erzählt, dass er noch soooo verletzt ist von seiner Ex oder Sie sonstige Luftblasen vernehmen, dann haben seine Gene Ihre abgecheckt und Sie nicht zur nächsten Mutti-seiner-Kinder auserkoren. Bringt auch nichts, zu versuchen, ihn vom Gegenteil zu überzeugen. Wir Frauen erliegen sehr oft der Annahme, dass das möglich sei. Nach dem Motto: Irgendwann muss er doch merken, wie TOLL ich bin. Nee, merkt er nicht. Nicht in diesem Leben.

Es gibt genau zwei Möglichkeiten. Entweder er WILL Sie, und dann schiebt er selbst das Siebengebirge zur Seite, um zu Ihnen zu gelangen, oder er will Sie NICHT, und dann hat er Bindungsangst, eine schlechte Kindheit gehabt, eine schlimme Scheidung hinter sich, sonstige traumatische Erlebnisse gehabt (er hat gesehen, wie ein Eichhörnchen vom Bus überfahren wurde, und kann seitdem mit keiner Frau mehr zusammen sein), er hatte ein Burn-out oder seine Eltern haben sich scheiden lassen, als er einundvierzig war, und das hat er nicht verkraftet.

Vergessen Sie es. Er will keine Beziehung, oder zumindest nicht mit Ihnen.

Und mal ganz ehrlich: Haben Sie es nötig, einem Mann hinterherzulaufen? Einem, der Sie nicht wirklich will? Doch hoffentlich nicht, oder? Meiner Mutter würde es nie einfallen, jemandem nachzurennen, der ihre großartigen Qualitäten nicht zu schätzen weiß. Meine Mutter geht durchs Leben, als sei sie mindestens die Schönheitskönigin des gesamten Balkans. Jeder Mann kann froh sein, wenn Sie ihm ein wenig Gunst erweist. Meine Mutter lässt sich anbetteln, nicht umgekehrt. Machen Sie es wie sie, haben Sie ein wenig Stolz! Der Mann, der Sie bekommt, ist ein Glückspilz, der muss sich ins Zeug legen und beweisen, dass er Sie verdient. Das funktioniert bei Männern sowieso besser – denn, wie schon gesagt (ich weiiiiß, zum hundersten Mal), Männer sind Jäger. Wenn sie sich anstrengen müssen, fühlen sie sich wie echte Männer und wertschätzen, was sie erlegt haben. Was ihnen in den Schoß fällt (oder draufsteigt, ohne sich lange bitten zu lassen), hat für sie auch nur halb so viel Wert.

»Ich habe Bindungsangst« heißt »You're not the one«! Und dass er nicht den Arsch in der Hose hat, das auch zu sagen, spricht auch nicht für ihn. Ab in die Tonne mit solchen Typen.

Anders sieht die Nummer natürlich aus, wenn auch SIE was Lockeres wollen und es Ihnen kackegal ist, ob und an wen er sich binden kann und will oder nicht. SIE stünden dafür eh nicht zur Verfügung. Es gibt durchaus Phasen im Leben einer Frau, in denen es ausschließlich um Loses in-der-Weltgeschichte-Herumpaaren geht. Genießen Sie diesen Zustand. So was ist purer Luxus. Und glauben Sie mir, die Bindungsängste der bindungsgestörten Typen sind plötzlich gar nicht mehr soooooo schlimm, wenn er schnallt, dass Sie nur seinen Körper wollen. Dann werden die oft suuuperanhänglich und fangen an, Sie zu umwerben und zu beschenken. Völlig bescheuert. Was man nicht haben kann, ist halt immer gleich viiiieeel attraktiver.

Die Heiligen Drei Könige und ein Lampenschirm

Ja, Geschenke. Wo wir nun schon mal beim Thema sind. Die meisten Männer wissen leiiiiider nicht, wie es geht. DAS liegt denen wiederum NICHT in den Genen. Jedenfalls den wenigsten. Aber wie schon gesagt: Erziehung ist alles. Auch hier.

Wie soll de ma wisse, was de ma mache soll? Is de ma eine Ma-haa-n. De is ma so geboren. Machst du den ma am beste ein Liste, was du ma habe willst. Und schreibst du de ganz große Geschenke ganz nach obe. Suchst du dia zun Beischpiel ma Handtasche aus, was de ma nieeee bezahle kann. Oder eine kleine Autosche. Unn das, was du ma wäkklisch willst, schreibst du ma gaaaanz nach unte. So dass de dann ma denkt, oh je, hab isch de jetzt ma gekauft, was ma auf de Liste gaaanz unte steht. So hast du ma deine Geschenk und de hat trotzdem ma schleschte Gewisse.

Letztens haben ein Kollege und ich während einer Abendessenplauderei über Kindheitserinnerungen gesprochen. Er erzählte mir von einer Hängelampe, die über dem Küchentisch seiner Oma hing, und dass er die immer besonders schön fand. Er meinte, genauso eine Hängelampe hätte er seiner Ex-Frau zur Geburt ihres ersten Kindes geschenkt, und bei der Geburt des zweiten das Stehlampenpendant. Sauteuer wären die gewesen. Und er hätte sich gewundert, dass seine Ex-Frau beim Auszug weder das Hänge- noch das Stehmodell mitgenommen hätte.

Bei mir sind überm Kopf erst mal 800 Fragezeichen aufgetaucht.

Eine Lampe zur Geburt eines Kindes? Eine LAM-PE? EL A EM PE E?

Was hätte sie denn damit machen sollen? Sie sich über den Kopf stülpen? Versuchen, sie als Handtasche zu tragen? An den Ringfinger stecken? Was denken Männer sich eigentlich? Was ist an *Ich habe gerade ein Kind geboren und meinen Körper vorher 40 Wochen lang Qualen ausgesetzt* nicht zu verstehen? Es sollte selbstverständlich sein, dass es mindestens einen Geschenkekorb von Tiffany zur Geburt eines Kindes gibt. Und wenn das Kleingeld dafür nicht reicht, tut es auch ein Ring von Swarovski.

Gar nichts zu schenken, dafür gibt es sowieso lebenslange Höchststrafe. Es gibt Männer, die meinen aber tatsächlich, das ginge. So nach dem Motto: »Aber ich tue doch alles für dich«. NATÜRLICH tust du das, DU hast mir den Braten auch reingeschoben und nicht umgekehrt.

Falls das hier ein Mann lesen sollte: Jungs, die Heiligen Drei Könige kamen auch nicht mit einer Hängelampe an. Nee, die hatten Gold, Weihrauch und Myrrhe dabei. Also Schmuck, ein teures Parfüm und 'ne Heilcreme für Marias Poperze. Myrrhe ist nämlich total gut für die Dammmuskulatur. Offenbar wussten selbst die Heiligen Drei Könige damals schon, dass bei einer Geburt so 'n Damm ganz gern mal reißt und dass überhaupt der *ganze* Vorgang mindestens 'nen Barren Gold wert ist. Wer weiß, vielleicht waren die Heiligen Drei Könige ja vom anderen – äh, ok, lassen wir das. Gibt nur wieder Ärger.

Aber ich meine, hey! SOOO abwegig wäre das jetzt nicht. Und schlimm schon mal gar nicht. Männer, die nicht auf Frauen stehen, wissen meistens besser, worauf Frauen stehen. Da hat der Herrgott sich aber einen kleinen Scherz erlaubt, was?

Das Wissen der Heiligen Drei Könige ist heute irgendwie verloren gegangen und man verkauft ihre Schenkerei heute als Geschenke-für-den-Sohn-Gottes-Story. Besonderes Kind und so. Ich bin mir aber sicher, dass diesen Absatz des Neuen Testaments eine Frau geschrieben hat und dass dieser als klare Aufforderung für die männliche Nachwelt gemeint war. Die natürlich von besagten Männern absolut nicht verstanden wird. Geschenke und Männer, das sind im Allgemeinen natürliche Feinde. Egal ob zur Geburt oder anderen Anlässen.

Jetzt aber mal unter uns: Falls Sie (auch) einen geschenkunfreudigen Mann zu Hause haben, dann hat das aber wahrscheinlich gar nichts damit zu tun, dass er geizig ist. Männer sind von Natur aus nicht mit dem *Ich-überhäufe-meine-Frau-mit-Geschenken*-Gen ausgestattet*, denen sind Geschenke schlicht und ergreifend egal. Die meisten verstehen

---

* Natürlich bestätigen auch hier die Ausnahmen die Regel. Ist klar. Es gibt sie, die geschenkefreudigen Männer. Die, die ihre Ladies von Anfang an mit kleinen Aufmerksamkeiten versorgen. Ich habe so einen. Er macht schöne und sinnvolle Geschenke. Und ich liebe es natürlich, auch ihn zu beschenken. Falls Sie so einen haben und ihm das *nicht* mühsam anerziehen mussten: Sie Glückliche! Behandeln Sie ihn gut! So einer ist wie ein Sechser mit Zusatzzahl im Lotto. Kommt nicht soooo oft vor. Aber Vorsicht, denn Sherlock, was haben wir gelernt? *Wenn* Männer schenken, beschenken sie besonders gern ihre Liebhaberinnen. Dabei kommen die Ehefrauen aufgrund schlechten Gewissens meistens auch nicht zu kurz. Sollte Ihr Mann also plötzlich und aus heiterem Himmel Perlen und Pullis anschleifen, wenn er das vorher nie gemacht hat, rate ich Ihnen, mal seine Kreditkartenrechnung zu überprüfen. Meistens kaufen untreue Männer, die sich sexuell woanders vergnügen, die Geschenke nämlich doppelt. Das können sie sich besser merken.

weder ausgedehntes Shoppingverhalten, noch verstehen die, dass frau beleidigt ist, wenn sie nichts geschenkt bekommt. Zu Weihnachten und zum Geburtstag schaffen sie es noch, aber auch nur, weil es die ganze Welt macht. Und da können sie schlecht *nicht* mitmachen. Beziehungsjubiläum, Hochzeitstag, uh, da wird's schon kritisch ... Da sind schon Ehen dran zerbrochen – also an nicht aufgetauchten Geschenken an solchen wichtigen Tagen ...

Was manche Männer verschenken, das ist gleich die nächste Landmine. Wir Frauen machen uns die größten Gedanken und scheuen keine Mühen, wenn es darum geht, unseren Liebsten zu überraschen und zu beschenken. Und natürlich sind wir dann ein minibisschen beleidigt, wenn es einen Toaster zu Weihnachten gibt anstatt die schöne Kette, die wir seit Wochen immer mal wieder erwähnen.

Vergessen Sie so was. Für uns ist das ein Wink mit einem Zaunpfahl von der Länge eines mittleren Kirchturms, aber das SCHNALLEN die nicht. Geht nicht in deren Gehörgang, hören die einfach nicht. Und wenn sie es hören, verstehen sie den Hinweis nicht. Sie könnten auch Suaheli mit denen reden, selbst das würden die wahrscheinlich besser verstehen als *Ich finde diesen Ring sooooo schön.*

Aber: Wie meine Mutter schon gesagt hat, die sind ma so geboooren.

Also können sie nichts dafür.

Und wenn man es so betrachtet, dann ist es schon gar nicht mehr sooo schlimm. Sie würden von einem Blinden, der keine Hände hat, ja auch nicht erwarten, dass er Ihnen ein farbenfrohes Bild malt, oder? Und wären dann beleidigt, wenn er es nicht schafft.

Wenn Sie also etwas geschenkt haben wollen, dann bringt es Ihnen herzlich wenig, wenn Sie ab und an mal einen kleinen Hinweis fallen lassen und dann sauer sind, wenn er Ihnen wieder etwas geschenkt hat, das so sexy ist wie ein leerer Blumentopf.

Machen Sie eine Liste. So wie's die kroatische Mutti empfiehlt. Aber machen Sie es elegant. Wenn Sie etwas von Ihrem Göttermann möchten, dann seien Sie dabei charmant und zuckersüß. Uncharmante Listen ziehen nur bei meinem Vater, der jahrzehntelang von meiner Mutter erzogen wurde. Und da Sie mit großer Wahrscheinlichkeit nicht mit meinem Vater zusammen sind, müssen Sie leider, leider zusehen, wie Sie Ihren eigenen Mann dazu bekommen, die Liste abzuarbeiten.

Das schaffen Sie.

Sätze, die mit *Ich-möchte-aber-AUCH-endlich-mal* beginnen, ziehen bei keinem Mann. Ganz im Gegenteil. So was verstehen die nämlich seeeeehr wohl und lassen ihre Rollläden runter. Aber so 'ne zugeschobene Liste mit Herzchen draufgemalt finden Sie zuerst zwar befremdlich (*Du hast mir nicht im Ernst eine Liste gemacht???*), stecken sie aber trotzdem ein, studieren diese dann bei Bedarf und besorgen anstatt des Toasters doch lieber den Cashmere-Pulli. Und das tun sie auch, wenn der Toaster kaputt ist.

Das schaffen Sie, Sie sind klug. Sie sind eine Frau. Wenn Sie erst mal begriffen haben, dass eine eigenständige Geschenkebesorgung *nicht* in seinen Möglichkeiten liegt, dann werden Sie mit den unserem Geschlecht eigenen Talenten Abhilfe schaffen. Vergessen Sie dabei nicht, der Zweck heiligt die Mittel.

Und keine Panik, wenn eine Liste nichts bringt, dann gibt es immer noch den Fall-Back-Plan. Den kroatischen Plan BÄ. Den kennen Sie ja schon: Will er an Ihre Brüste, muss er Schuhe kaufen undsoweiterundsofort. Und da das innerhalb einer Beziehung, also einer Vereinbarung, stattfindet, ist das selbstverständlich eine andere Hausnummer, als wenn Sie nur die Geliebte sind. Das eine ist Bezahlung durch Wertgegenstände, das andere ist Wertschätzung.

Nicht, dass wir uns da missverstehen.

Es kann nicht immer Tiffany sein

Zu Geschenken gehören natüüüürlich Dinge, die Mann nicht bei Tiffany findet: nämlich Sexspielzeuge und Faschingskostüme (und andere überflüssige männliche Erfindungen).

Untreue Männer bringen ihren Affären auch seeehr gern Sexspielzeug mit. Das besorgen die auf dem Weg zum Hotel. Schnell mal ein Ausflug in den Sexshop am Flughafen oder in der Nähe des Bahnhofs und den Koffer vollgestopft. Davon habe ich tonnenweise geschenkt bekommen, wie Sie ja wissen. Besitze ich nicht mehr. Gottseigelobt! Da waren aber auch seeeeehr merkwürdige Sachen dabei. Ich weiß nicht, ob Sie eine Vorstellung haben, was es für abartige Gegenstände gibt, die man in sich hineinstopfen kann. Das wollen Männer natürlich weit weg von ihren eigenen Körperöffnungen haben. Klar. Aber mal was ausprobieren mit der heißen Affäre, suuuupergerne. Halt so ganz anders als der 90-Sekunden-Sex in der Ehe.

Natürlich gibt's auch Männer, die das auch an ihren Frauchen zu Hause ausprobieren möchten. Bisschen Pep reinbringen. Nicht, dass was dagegen spricht, wenn beide drauf stehen. Keine Frage. Aber wenn's nur noch so geht, dann ist das doch ein klitzekleines bisschen merkwürdig. Oder?

Ich meine, warum zum Teufel muss man erst Elektronippelklemmen an sich anbringen und ein Krankenschwesternhäubchen aufsetzen, um sexy zu sein? Und warum wollen die eigentlich höchst selten selber so was anziehen? Fragen Sie mal einen Mann, ob er gerne im Leopardenbody mit einem pinken Buttplug im After im Schlafzimmer rumrennen will. Finden die meisten Heteros nur mittel. Wollen die nicht. Warum eigentlich nicht? Wo es doch sooooo toll ist.

Bist du doch ma keine Zirkuspferd. Wenn de ma ein Krankenschwester in Bett haben will, dann soll de ma in Krankenhaus gehen. Da bekommt de ma gleisch ganze Station. Und kann de ma gleisch da bleiben.

Schwester, wenn SIE voll drauf abfahren, die Eier Ihres Liebsten als Polizistin verkleidet mit einem Eier-Abklemm-Ring zu verhaften, während an Ihren Brustwarzen eine Bad-Kitty-Nippelkette hängt, möchte ich Sie natürlich nicht weiter belästigen. Das muss natürloch jeder für sich selbst wissen. Äh, ich meinte natürlich natür-LICH, nicht LOCH! Voll vertippt!

Ich für meine Begriffe finde alles, was die Seele mitvögelt, irgendwie sexier. Ich kann mir einfach nur sooo schwer vorstellen, dass die Seele auf 'ne Zungenzange oder ein Reizstrom-Set steht. Aber ich bin auch eher NICHT so die *Shades of Grey*-Fraktion, die auf die Fantasie, sich von einem psychisch Kranken in einem dunklen Kellerloch auf einer Streckbank vermöbeln zu lassen, steht. Mich dürfen Sie vielleicht auch nicht als Maßstab nehmen. Vielleicht bin ich ja da voll die Spießerin.

Wenn Sie aber einen Mann zu Hause haben, der stäääändig irgendwelche Kunststückchen von Ihnen will, damit er sie überhaupt scharf findet, und SIE aber lieber einfach nur GE-LIEBT werden wollen, so voll old school mit Körper UND Seele, und er es Ihnen verweigert – dann verlassen Sie ihn. Bitte! Ja? Tun Sie das für mich? Sie können mich auch gerne als Grund vorschieben. Weil solche Typen so weit entfernt sind von sich wie die der Mars von der Venus. Und noch weiter sind ihre Körper von ihrer Seele entfernt. Und Ihr Sex, Schwester, der ist heilig. Verstanden, was ich meine? Es gibt nichts Schöneres, als einen Mann an der Seite zu haben, der das genauso sieht. Und alle anderen sollen sich doch bitteschön das Zeug selbst anziehen und sich jedes Loch stopfen, das sie haben.

Außerdem sind DAS die Ersten, die Sie mittellos zurücklassen, wenn sie den Abgang machen. Ich verwette an dieser Stelle gerne NOCH mal meinen kroatischen Po, dass es da einen Zusammenhang gibt.

Wenn er Sie nur mit Hilfsmittelchen vögeln kann, anstatt Sie mit Haut und Haaren zu lieben, als gäbe es kein Morgen mehr, sind Sie ziemlich austauschbar. Es geht nicht um SIE, sondern um die Filmchen in seinem Kopf. Und dann mag er für Sie auch ungern die Verantwortung übernehmen, wenn Sie genau dafür nicht mehr zur Verfügung stehen.

Brauchen Sie das? Nee, oder?

Ich wünsche IHNEN, dass Sie seelengevögelt werden, Schwester. Es gibt echt nichts Besseres.

WÄKKLISCH ÄKKÄLHAFT!

Hochwertige englische Produkte

Konversation mit meiner kroatischen Mutter, als sie mich vom Bahnhof abholt:

— Mama, ich hab da so ein Angebot bekommen.
— Aha, was ma fia eine?
— Ich soll Werbung für ein paar sehr ... ähm ... hochwertige englische Produkte machen.
— Oooh das is ma guuut, gibte ma Geld?
— Ähm, ja klar gibt's Geld.
— Unn was sind das ma fia Produkte?
Ich überlege, wie ich's jetzt sagen soll.
— Äh naja Mama, es sind, äh, also es sind ....Dil... also Dil... dos... und so.

— Aha!! Das ist ma gut! Was ist das de Dildos ma fia
   Marke? Hab isch ma noch nie gesehen!
(Sie denkt, das sei so was ganz Neues, so was wie
früher Hollister oder Abercrombie)
— ... Äh nee Mama. Das ist keine neue Marke, das sind,
   ähm ...
Ich schweige.
— Was ähm?
— Na ja, es sind Gegenstände.
— Väschtäh isch jetzt ma nisch.
Wir schweigen.
— Ja was is ma jetzt?
Ich erkläre ihr, WAS das ist. Sie legt auf der
Beschleunigungsspur ne Vollbremsung hin.
— Ä k k ä l h a f t! Wäkklisch. Ä k kä l h a f t. Isch weiß
   nisch was hab isch ma geboren!!
— MAMA! Willst du uns umbringen oder was?? Ich
   M A C H E es ja nicht! Ich wollte es dir doch nur
   e r z ä h l e n! Außerdem haben d i e MICH gefragt und
   nicht umgekehrt. Und ich bin ja nicht die EINZIGE! Sie
   haben Sylvie van der Vaart AUCH gefragt!!
Stimmt natürlich nicht!
Sie gibt wieder Vollgas, fährt weiter und bekommt
einen schlimmen Kopfschüttler.
— Hat de Pläboj ma nisch gereischt? Das ist ma
   w ä k k l i s c h nisch schen von dir! Bin isch ma
   40 Jahre in Deuschland und muss isch jetzt ma
   SO WAS eleben!

— Sag mal, Mama, Halloooooooo, i c h m a c h e e s
d o c h n i c h t. Ich wollte dir nur erzählen, WAS die
dafür zahlen würden.

*Sie schüttelt immer noch den Kopf und sagt im
Dauerloop: »Äkkalhaft, wäkklisch äkälhaft!«*
Und dann sage ich die Summe des Angebots. Viel Geld.
*Sie legt wieder 'ne Vollbremsung hin. Fährt dann
gaaaaanz langsam weiter.*

— Ja, Schatz, was machä wia da jetzt?
— Wie meinst du WIR, Mama? WIR machen da GAR
nichts!
— Weiß isch jetzt auch ma kein Antwott.
— Mama, ich HABE auch nichts GEFRAGT.

*Sie schweigt. Ich sehe Dollarzeichen über ihrem
Kopf aufploppen. Es ist ECHT 'ne Menge Schotter. Ich
müsste zwei Jahre lang nix arbeiten. Gleichzeitig hebt
der Moraldrache unbeirrt sein Haupt!*

— Gut, am beste besprischst du das ma gleisch mit
dein PAPA!

Oh, jetzt habe ich Sie irgendwie ganz vergessen. Beziehungsweise, ich habe vergessen, dass Sie vielleicht diese ganzen Probleme mit Männern, die irgendwelche Kostümchen an Ihnen
ausprobieren oder sonstige Dinge mit Ihnen machen wollen,
gar nicht haben, weil Sie gerade überhaupt keinen Mann haben. Und dass Sie vielleicht jetzt viel eher wissen wollen, wo
und wie Sie einen kriegen? Okay, das machen wir als Nächstes.
Beziehungsweise, wir besprechen erst mal, wo Sie ihn nicht
finden:

Geht nicht auf Tinder, wollt ihr Familie und Kinder

Was ist das ma? Ein Äp? Fia de Mensche? In deine Eifoun?? Väschtäh isch jetzt ma nisch!

Eigentlich versteh ich's auch nicht. Dating-Portale und -Apps sind für den Arsch, wenn man ernsthaft was Ernsthaftes sucht. Männer, die sich auf Tinder herumtreiben, suchen nicht die Frau fürs Leben. Neiiiiin. Sie kommen auch nicht auf die Idee, Sie könnten diejenige welche sein. Sie suchen eine für eine schnelle unkomplizierte Nummer. Wenn es gut war, auch für zwei oder drei. Aber auch nur, wenn Sie gerade in der Nähe sind. Nicht, dass Sie noch denken, Sie genießen als Nummer Exklusivrecht. In jeder Stadt gibt es mannigfaltige willige Tinderinnen, die auch nur das eine wollen.

Wenn man Single ist und wirklich nur auf Sex aus ist, ist Tinder okay. Schließlich erspart es eine Menge Zeit und Stress und Aufwand. Einfach antippen und das Fleischangebot in der Nachbarschaft abchecken. Die meisten Frauen vögeln aber eben lieber mit Liebe, als mithilfe von Tinder Saukram zu machen – und ich wette, Sie gehören dazu. Da sind Sie aber bei Tinder schlicht falsch und sollten sich damit abfinden, dass Sie in solchen elektronischen Etablissements nicht Ihren Prinz William finden. Ausnahmen bestätigen die Regel, aber wer will sich schon darauf verlassen?

Ich habe meine Tinder-Phase prompt beendet, als mir der Ehemann meiner Freundin als »Match« vorgeschlagen wurde. Ich dachte nur, Hiiiiilfeeee, was macht DER denn hier? Ich will das nicht sehen! Ich will das nicht seeehen!!

Und das hat mich unter SOLCHEN Stress gesetzt, dass ich die App wieder gelöscht habe. Natürlich habe ich zuerst einen Screenshot des Ehemannes gemacht. Und ihn ihr nach 'ner Stunde schlimmster »Schick ich es ihr, schicke ich es nicht«- Zustände doch geschickt. Ihre Antwort war: »Die Panzer rollen wieder.« Ich möchte mir nicht vorstellen, was da los war. Sie hat ihm wahrscheinlich jedes Haar einzeln rausgerupft. Als ich ihn letztens im Supermarkt gesehen habe, hatte ich das Gefühl, dass er früher irgendwie mehr Haare auf dem Kopf hatte.

Na ja, neben Tinder gibt es natürlich noch Facebook und es gibt »Ich suche den richtigen Mann fürs Leben«-Seiten uuuund es gibt gute alte Zeitungsanzeigen und es gibt ... Puh. Es gibt lauter Zeitfresser, die Sie davon abhalten, Sport zu machen, spazieren zu gehen, sich mit Freundinnen in Bars zu treffen oder zum Dinner, am Wochenende Städtetrips oder Museumbesuche zu machen oder ins Freibad zu gehen.

Wie, Sie wollen nicht ins Freibad? Weil Sie denken, Sie könnten unmöglich mit Ihrem unterdurchschnittlich trainierten Po *dem* Mann begegnen, den Sie dann mal heiraten? Ich sag doch! Machen Sie Sport! Wozu zum Teufel hab ich Ihnen Guy le Säilör malen lassen? Doch nicht, damit er arbeitslos zwischen den Seiten hier rumliegt. Wenn der sich nicht regelmäßig bewegt, wird er fett und verliert seine Muskeln. Dann hab ich den Salat, den kann ich doch dann nie mehr vorzeigen!

Also machen Sie was! Kümmern Sie sich erst mal um sich selbst, sehen Sie zu, dass Sie sich ZUERST in SICH SELBST verlieben. Was ist denn an dieser Logik nicht zu verstehen?

Sie haben keine Lust? Und es geht ja wohl nicht nur ums Äußere? Sie meinen, er sollte sich in SIE verlieben anstatt in

Ihren Hintern? Süße, wachen Sie auf. So unfair das vielleicht ist, die Verpackung zählt halt doch. Männer sind Augenmenschen, und wenn Ihr Hintern am Boden hängt, dann wird er Ihre unsterbliche und schöne Seele einfach nie aus der Nähe sehen und so auch die Chance verpassen, sich in ebendiese Seele zu verlieben.

Natürlich gibt es da draußen Zehntausende, ach was! Millionen Frauen, die aussehen wie XXL-Versionen von Cindy aus Marzahn und trotzdem alle einen Ollen an ihrer Seite haben. Kennen Sie: so Typen mit Bauch und Feinrippunterhemd. Ähm, lassen Sie mich bitte noch mal gaaaanz scharf überlegen! HAB'S! Sie wollen doch aber SO einen Typen gar nicht haben, oder? Gleich und gleich gesellt sich gern, auch auf dem Datingmarkt shoppen die Leute in ihrer Preiskategorie. Wenn Sie also einen männlichen Treffer ins Schwarze wollen, sorgen Sie dafür, dass Sie ein weiblicher Treffer ins Schwarze werden. Sonst wird das mit dem Gleich und Gleich nämlich nix. Auch wiederum göttliche Logik. Heißt nicht, dass Sie deswegen aussehen müssen wie ein Victoria's-Secret-Model, das tun die wenigsten von uns. Aber ein wenig was tun müssen Sie schon, damit Sie auf dem Beziehungsmarkt eine Chance haben.

Und dann kommt der Richtige schon. Und den finden Sie meistens eben in der realen Welt. Und mehr so zufällig. Amor und Pfeil und Bogen und so ...

Na gut, Sie wieder so voll auf dem Schlauch, stimmt's? Wissen nicht so genau, was ich meine und wie Sie es anstellen sollen? Dann gebe ich Ihnen jetzt das plastische und selbst erprobte Beispiel aus meinem eigenen Leben. Wie immer, nee?

Finden Sie es nicht auch ein bisschen gut, dass meine vielen Extrarunden wenigstens JETZT zu was nütze sind?

Keine Angst, ich verschone Sie jetzt an dieser Stelle mit meiner Ich-habe-vor-Kummer-meinen-Führerschein-im-Cosmopolitan-ertränkt-und-danach-war-ich-pleite-Nummer, das hatten wir jetzt echt schon zur Genüge. Ich trau mich schon gar nicht mehr, meinen Namen zu googeln, so oft habe ich davon erzählt. Es geht gleich nur darum, wie ich zu meinem Göttergatten kam. Denn das ist er. Damit Sie verstehen, dass Dating im Internet zu nix führt. Zumindest nur sehr selten.

Denn den habe ich NICHT im Internet gefunden. Bei mir war das Universum aber nun eeeendlich gütig, denn es hat honoriert, dass ich auf Mama gehört und Tinder und allen schlechten Angewohnheiten endgültig den Laufpass gegeben und dafür meine Laufschuhe aus der letzten Kellerecke gezogen habe. Scheiß auf Tinder, ich geh lieber joggen! Dachte ich so. Und dann stand The Better Man vor meiner Tür und hat mich auf seinen weißen Schimmel gezogen. Und siehe da, ich bin sogar sattelfest. Bin noch kein Mal runtergeflogen.

De hat ma keine schleschte Auge und sieht de ma anschtändisch aus. UND de raucht ma nisch. Das is ma gut! Und jetzt machst du ma keine Scheise!

Es war einmal ...

Aber bis dahin war es ein weiter Weg, und der Mann, der heute an meiner Seite ist, war – wie erwähnt – zu meiner Heulendes-Elend-Zeit auch schon in meinem Orbit unterwegs. Ich saß aber noch auf meinem verglühenden ERHATMICHVERLASSENICH-WERDESTERBENDARAN-Stern und habe ihn zwar bemerkt, aber nicht wirklich beachtet. Also gut, bemerkt ist natürlich maßlos untertrieben, aber ich darf es heute natürlich immer noch nicht so laut zugeben. Bloß nicht durchdrehen. Ich habe nämlich ein ziemliches Geschoss an meiner Seite, wissen Sie? Der soll nur nicht denken, er hätte die Katze für alle Zeiten im Sack. Sonst sucht er sich womöglich doch noch 'n neueres Kätzchen.

Also. Er spielt so 'n Serienarzt und jetzt stellen Sie sich bitte Dr. Shepherd aus »Grey's Anatomy« vor, dann wissen Sie auch ungefähr das Ausmaß der weiblichen Reaktionen, wenn Dr. Stein zugegen ist. So heißt er nämlich in seiner Serie. Dr. Stein. Uuuh. Der Mann, dem die Frauen vertrauen. Und als ich – wie gesagt – inmitten meiner Lebenskrise war, bin ich ihm 16 Jahre, nachdem ich mal eine minikleine klitzekleine Rolle in einem Film hatte, in dem er die Hauptrolle spielte, auf einem Charityball wiederbegegnet. In ausgelassener Stimmung, versteht sich. Also ich. Er war noch nie in seinem Leben volltrunken und hat auch noch nie 'ne Fluppe zwischen den Zähnen gehabt. Nicht so wie ich. Extraportion von allem bitte, bin in Lebenskrise! Dafür gibt es nicht eine Sportart, die er nicht beherrscht, und er besitzt ein Achtpack. Ich schwöre! Da sind acht von diesen Dingern am Bauch. Ich hab die gezählt.

Ich fand ihn ehrlich gesagt damals auf diesem Ball ein bisschen blöd. So sortiert. So guuuut aussehend, so geschniegelt. Und dann noch so 'ne hellweiße, aufdringliche Zahnreihe, total gerade und poliert. Ich dachte, der hockt doch bestimmt den ganzen Tag vor seinem Handspiegel und schaut nach, ob er doch irgendwo einen Fleck auf einem seiner polierten Schneidezähne entdeckt. Aber er, er fand mich ganz amüsant. So ... na ja, so ausgelassen, wie ich war. Aber ich habe es TUNLICHST vermieden, Körperkontakt – durchs Tanzen versteht sich – zu ihm herzustellen. Pf, Lackaffe, dachte ich. Der hat doch nicht mal das P von einem Problemchen. Was glotzt der überhaupt so? Er behauptet heute natürlich, er würde generell NIE glotzen. Aber unter uns Schwestern, na-tüüür-lich hat er das! Ich sah an diesem Abend ganz ok aus unter drei Tonnen Make-up und hatte nur eine anstatt sieben ERHATMICHVERLASSENICHWERDESTERBENDARAN-Heulattacken. Darin war ich Profi seinerzeit. Ok, ok, sorry, ich wollte davon nicht mehr anfangen.

Jedenfalls sah er so sauber aus, und ich hab mich dreckig gefühlt. Ich wollte mich in Ruhe schlecht fühlen und nicht von so 'nem problemfreien Schönling mit seiner Zurückgelehntheit belästigt werden. Gleich und gleich, verstehen Sie? Und nicht weißzahniger Frauenschwarm und hüftspeckige Balkan-Bridget.

Außerdem war ich seinerzeit nicht nur Heulattacken-Profi, sondern auch Weltmeisterin im Händchen für Männer, bei denen ich mein Helfersyndrom bis zum Anschlag ausleben konnte. Um von meinen öhm ... Kleinigkeiten abzulenken – und DER hatte offensichtlich keinen Bedarf dafür.

Und als er mich dann am Ende des Abends auch noch zu meinem Hotelzimmer begleitet und so voll gentlemanlike gewartet hat, bis ich die Tür zugemacht habe – selbstverständlich hat er keine Anstalten gemacht, mir von innen dabei zu helfen –, war ich kurz davor, die Tür wieder aufzureißen und was Ungehobeltes hinter ihm her zu schreien. So was wie

AHAAA ICH BIN DEM FEINEN HERREN ALSO ZU F E T T, JA? oder JAAAAA GEH DIR LIEBER DIE ZÄHNE PUTZEN, SIND JA NOCH NICHT WEISS GENUUUUG!!!!!

Na ja, was soll ich sagen. Der Kissenbezug des Hotelzimmers hatte am nächste Morgen ne Menge Schlieren von verschmierter Mascara.

An dieser Stelle möchte ich übrigens anmerken, dass das hier für immer und alle Lebzeiten auch IHRE Devise sein sollte:

FIND A MAN THAT RUINS YOUR LIPSTICK NOT YOUR MASCARA.

Sie denken sich jetzt, der Satz mit dem Lipstick und der Mascara ist ja ganz süß und ich WÜRDE ihn ja sehr gern auch umsetzen, sofort und am liebsten auch für immer – aber WO um Himmels willen finde ich diesen MANN? Wo? Wie?? WANN??

Und jetzt, jetzt schicke ich meine Mutter Marija wieder ins Rennen, die Ihnen jetzt den magischen Satz sagt, einen, den

Sie bestimmt schon achthunderttausend Mal gehört haben. Den Sesam-Öffne-Dich-Satz:

Findest du den ma nisch, wenn du ma wie eine Huhn ohne de Kopp nach den SUCHST!

Und genau SO ist es, Schwester. Männer suchen läuft nicht, okay? Man sucht sie nicht, man findet sie.

Und ich sag Ihnen eins: Dieses verzweifelte Suchen, das spüren die. Und 99 % aller Männer ziehen Leine, wenn eine verzweifelte, problembeladene Frau, die uuuunbedingt einen Mann will, am Horizont auftaucht. Sorry, machen Sie das nicht auch so? Wenn so ein Typ mit jeder Menge Probleme auf Sie zukommt und erwartet, dass Sie jetzt sein kaputtes Leben richten? Haben Sie da Bock drauf? Nein?

Ja, das hab ich mir schon gedacht.

Und wenn Sie da doch Bock drauf haben sollten, dann ist das echt kritisch. Hatte ich schon erwähnt, dass ich mal so drauf war und jeden kaputten Mann retten wollte, der in meinem Blickfeld aufgetaucht ist? Ein Patentrezept für die Abwärtsspirale. Die Kiste mit »Bevor du kamst, war ich nichts, erst mit dir wurde alles gut«, die funktioniert nur in Popsongs. Im wirklichen Leben ist das einfach nur kacke.

Um's ein für alle Mal klarzustellen: Suchen Sie nicht nach einem Mann, der Ihre Probleme löst. Wenn Sie mit sich selbst im Reinen sind, es Ihnen gut geht, Sie sich wohl fühlen, DANN wirken Sie attraktiv, und dann kommen die Jungs schon. Sie können nicht erwarten, dass ein anderer Sie liebt, wenn Sie es selbst nicht tun. Es funktioniert nur, wenn man auch bereit dafür ist.

Ich war seinerseits für The Better Man offensichtlich noch nicht bereit. Ich war nicht bereit für ein aufgeräumtes und schönes Herrenzimmer, ich wollte wohl noch ein paar Extrarunden drehen. Hab ich natürlich auch. Ich hatte Liebeskummer und die Schnauze voll von Männern und habe gejammert und mich beschwert und gleichzeitig verzweifelt nach DEM FUCKING RICHTIGEN gesucht. Und diese Kombination ist für die Füße, Schwester.

Meistens steht der Richtige nämlich schon ganz in der Nähe, kann aber nicht bei Ihnen anklopfen, weil Sie sich immerzu mit den Falschen beschäftigen. Stellen Sie sich doch einfach vor, Sie fahren einen Bus. Und nehmen jeden Vogel mit. Auch den allerschrägsten. Jeeeeeden! Die meisten ziehen nicht mal ein Ticket, Sie wissen das und drücken immer wieder ein Auge zu. Und genau die, die kein Ticket zahlen, benehmen sich wie die letzten Idioten und hinterlassen einen Saustall. Kommse rein, zahlense nix, machen se alles kaputt. Das kostet Sie Energie, und Sie sind am Ende des Tages so kaputt, dass Sie nur noch Kraft fürs Sofa haben. Keine Kraft für Sport, Spazierengehen, sich mit Freundinnen in Bars treffen oder zum Dinner, keine Zeit für Städtetrips oder Museumbesuche, vom Freibad ganz zu schweigen, denn alle und leer und ausgesaugt von the wrong people. Und Sie wissen das natürlich.

Na also! Sie WISSEN es! Dann gehen Sie doch einfach weg von Dating-Apps und Vollpfosten, und bleiben BEI SICH. Hören Sie auf mit der Suche. Dann klappt's auch mit dem Nachbarn.

Denn als ich das endlich begriffen hatte – wissen Sie, bei mir sind ALLE Groschen gleichzeig gefallen –, kam The Better Man wieder ins Spiel. Ich hatte gerade die letzte Affäre beendet und beschlossen, keinen Liebeskummer wegen des anderen, des Tsunamiherzensbrechers, zu haben. Ja genau! Der, der mich mein altes Leben gekostet hat – und … mein Handy vibrierte. SMS vom weißzahnigen Frauenschwarm. Ob ich nicht Lust hätte, ihn mal auf einen Kaffee zu treffen und wo ich so sei und was ich so mache. Ich hatte ihm auf dem Ball, der auch schon wieder zwei Jahre her war, also offensichtlich meine Telefonnummer gegeben. Ich gleich wieder so in Abwehrhaltung. Wieder ein lautes PF!! Nö. Habe ich nicht. Will den nicht! Der soll weggehen! Weeeeit weit weg!

Aber das Herz klopfte. Und DAS gefiel mir GAR nicht.

Na ja, ich hab dann nicht geantwortet. Zur Strafe. Obwohl er ja wirklich nichts gemacht hatte, außer gut auszusehen und nett zu mir zu sein. Zeigt mal wieder, wie bescheuert wir Frauen sein können. Wer uns mies behandelt, dem rennen wir hinterher, aber ist einer nett, dann sagen wir gleich, och nö.

Hallo Gott, hier ist Mimi

Konversation mit Gott, Streitkirche Kronberg
— Sag mal, warst DU das?
— Hallo, Mimi.
— Ja oder Nein??
— Äh … was denn?
— Tu doch nicht so!
— Äääääh.
— GOTT!!!!!!
— Mimi.

— Hast DU mir schon wieder diesen The Better Man geschickt? Was ist das überhaupt für 'n beknackter Name? Da fall' ich nicht drauf rein!

— Beruhig dich mal.

— JA ODER NEIN???

— Na gut. Ich war das.

— Aha, und warum gibst du es nicht GLEICH ZU?

— Weil du hochgehst wie ne Arschrakete, Mimi, und ich jetzt echt keine Lust auf Diskussion hab.

— ICH HABE DEN NICHT BESTELLT! Wie oft noch!? ICH W I L L IHN NICHT! Ich will überhaupt niemanden!

— Hör mal, Schätzchen. Wir haben jetzt 50 fucking Jahre gebraucht um einen zu basteln, der DICH schafft! Also hör auf, hier rumzupöbeln! Wir haben mit dem angefangen, da warst du noch nicht mal in Befruchtung! OK?! Der hat KEINE Baustellen, der zieht dir NICHT das Geld aus der Tasche, seine Mutter ist eine lupenreine Schwiegermutter für dich UND er hat ein ACHTPACK. Besser geht's jetzt echt nicht.

— Aber... der ist ... der hat ...

— WAS hat der?

— Der hat ... der hat ... DER HAT SO WEISSE ZÄHNE!

— Und du hast einen Dachschaden. Mimi, es ist ganz einfach, hier oben macht keiner mehr deine Sperenzien mehr mit. Du machst uns alle! ALLE! Aber wir mögen dich trotzdem und helfen dir, wo wir können. Und du nimmst den jetzt!!! UND BASTA!!

— Aber ich ... Gooott??? Halloooooo? Ey! Du kannst doch nicht einfach so gehen!!!

Na ja, was soll's – ich hab mich am übernächsten Mittag dann mit The Better Man verabredet, in Frankfurt. In der Bar meines Schwagers. Sicher ist sicher. Falls es zu gefährlich wird und er mich in die Höhle schleifen will! Wusste ja nicht, was für 'n Plan die da oben für mich gemacht haben. Und falls er mich in die Höhle schleifen will, kann ich jederzeit nach meinem Schwager rufen und ihn vermöbeln lassen. Dachte ich mir so. Alle werden kommen, auch der Barmann. Und werden über ihn herfallen, ihn knebeln, anbinden und vermöbeln. Der tut mir nicht so mir nichts dir nichts weh.

Hat er natürlich nicht versucht. Der war erstaunlicherweise auf dem gleichen Blatt unterwegs wie ich. Die Schnauze voll von komplizierten Lebenssituationen. Und große Lust auf ein entspanntes Leben. Aber er war mir einen großen Schritt voraus: Nicht sauer drüber, was war und wie manches im Leben gelaufen ist. Ich dachte immerzu, wo ist denn bei dem der Haken? DA MUSS doch ein Haken sein. So einer wird doch nicht einfach so bei mir ausgeliefert. Stattdessen war es wie in dieser Sparkassenwerbung: mein Haus, mein Auto, mein Boot.

Und als der Abend zu Ende war und ich wusste, ok, da steht jetzt einer, der hat keine Probleme, dafür ein gutes Herz und Haus, ein Auto und ein Boot, habe ich natürlich. erst mal einen riesengroßen eskapistischen Anfall bekommen und bin ... weggerannt. Über alle Berge.

Bist du ma bescheuert? Der is doch ma PEFEKKT!! PE-FE-KKT! Wenn DU den ma nisch willst, nehm ISCH den!

Kommt Ihnen das bekannt vor? Ist das vielleicht bei Ihnen auch so?

Man kann es drehen und wenden, wie man will. Für das große Glück muss man auch bereit sein. Tief drinnen ist es nämlich so: Wir scheuen es oft wie der Teufel das Weihwasser. Und anstatt zu fragen, was genau uns so blockiert, versperrt, sabotiert und boykottiert, fragen wir uns aaaandauernd, warum finde ich niieee den Richtigen? Warum lerne ich immer so komplizierte Affen kennen? Solche mit Bindungsangst und so? Und merken gar nicht, dass wir die Typen anziehen wie Magneten.

The Better Man war nicht so einer. Er hatte voll Lust, sich mit mir zu binden. Voooooll Lust. Und gar keinen Dachschaden. Nicht mal 'nen Ziegel locker. Na ja, vielleicht einen kleinen. Aber so einen, der keine Folgeschäden am Dach nach sich zieht. Ich hatte mir aber damals beim Charityball schon die Hosen bis zum Anschlag vollgemacht, und dieser Zustand wurde zwei Jahre später in der Bar meines Schwagers auch nicht besser. Im Gegenteil.

Ich hatte einfach keine Ausreden mehr, mich dem Glück in den Weg zu stellen. Das Glück ist sooo hartnäckig, wenn seine Zeit gekommen ist. Ich hatte nicht mal mehr Liebeskummer! Stattdessen um mich selbst gekümmert, fast alle Steine, die ich mir die letzten Jahre in den Weg gelegt hatte, weggeräumt. Ich war bereit für einen neuen Stein: Dr. Stein. Mein Herz hat mir in den Ohren geklopft, so sehr ahnte ich, was für ein schönes Leben mir mit diesem Mann bevorstehen könnte.

Und? Sehen Sie die Staubwolke, die sich gerade wieder vor meinem inneren Auge abzeichnet, und seinen echt erstaunten Blick, als er mich in Frankfurt als solche sah, während ich aus der Bar rannte? Ich meine, ich RANNTE. Als hätte er mir eröffnet, er sei Freddy Krüger und werde mich noch heute Nacht nach Elm Street entführen und mir dort grausam mein Herz aus der Brust schneiden. Und Hackfleisch daraus machen UND es aufessen.

WENN ER SIE WILL, VERSETZT ER FÜR SIE DAS SIEBENGEBIRGE

The Better Man hat nicht nur das Siebengebirge versetzt, er hat sich mitten AUF das Siebengebirge gesetzt und mich aus der Ferne nie aus den Augen gelassen. Er hat meine Namenswechslerei, die Nippelklemmen, meine Affären, meine viiiielen Umwege und selbst Horst geduldig abgewartet, und, als die Zeit reif war, mich ein paar Monate später in Berlin besucht.

Und dieses Mal war ich schon ziemlich weit, und die eskapistischen Anfälle dauerten nur Minuten. Anstatt Tage und Monate. Bei The Better Man ging es nicht Knall auf Fall. Es hat gedauert, es hat sich entwickelt. Sonst ging es bei mir nämlich immer Knall auf Fall. Ich kannte nur Knall auf Fall. Und Drama.

Wie kein Drama? Gaaaar keins? Mimi war quasi komplett verwirrt.

Ich sag Ihnen was, Schwester, der RICHTIGE, DER beste Mann für SIE, der handelt klug, bedrängt Sie nicht und wartet, wenn es sein muss. So lange wie Sie eben brauchen.

Und als selbst die letzte Zelle meines Körpers geschnallt hatte: Jetzt gibt es kein Zurück, das ist hier DEIN Rundumsorglos-Paket, würdest du es BITTE annehmen?? habe ich die Schwerter in den Sand und dafür meine in seine Hand gelegt. Völlig unaufgeregt. Wie ein kleines Vögelchen, das aufgeregt hin und her flattert und dem das Herz fast aus seinem kleinen Vogelkörper springt, weil das Herz eh immer schon viiiiel zu groß für den Körper war und weil es eine solche, soooolche Angst hat, es könnte zerquetscht werden und dann wirklich niiiie mehr fliegen können, und plötzlich merkt ... es ist überhaupt nicht mehr nötig zu fiepsen, zu zittern, zu flattern. Diese Hand zerquetscht es nicht. Diese Hand wird halten, streicheln und teilen. Und das tut sie. Und ich halte, streichle, teile zurück. Sie wissen schon. Voll die Nicholas-Sparks-Nummer.

Na ja, und so kommen wir ganz gut zusammen durch die Wildnis da draußen und auch über die Stolpersteine. Ohne Drama. Und wenn mal kurz ein kleines da ist, wird einfach kein größeres daraus gemacht. Ist ja nicht so, als wäre er so KOMPLETT perfekt. Er ist ja ein Mann! Sie wissen schon! Jäger und Sammler ... und Sammler und Jääääger...Aber ich hab das jetzt besser im Griff, glaube ich. Weil ich das mit dem Keep him on his Toes schon ganz gut kann. Jedenfalls viiiiel besser als vorher.

Er und ich, wir beide sind auf Augenhöhe und erlauben uns gegenseitig, in uns hineinzuschauen – und ich hab gar keine Angst mehr. Weder vor dem, was er bei mir entdecken, noch vor dem, was ich bei ihm entdecken könnte. Echt nicht. Ich schwör's!

Willst du immer weiter schweifen? Sieh, das Gute liegt so nah.

Ich sag's Ihnen noch mal, Schwester. Das Glück kann zwar nur kommen, wenn man Platz dafür gemacht hat – aber es wird auch nur dann bleiben, wenn man bereit ist, es mit allem, was es bedeutet, zu beherbergen. Es gibt Hoffnung. Schauen Sie mich an! Und ich war wirklich, wiiiirklich nicht die Hoffnungsträgerin in meiner Familie, was die Liebe und Beziehungen angeht. So viel mutiger und kompromissloser als alle anderen ich in vielen Dingen des Lebens immer war, desto größer war meine Furcht vor der Liebe und vor allem vor dem Glück. Dem misstraut man irgendwie immer am meisten ...

Aber glauben Sie wirklich, dass das Leben Ihnen aus heiterem Himmel geschieht? Natürlich nicht! Wir bauen es uns so, wie wir es haben wollen und für diese Momente wahrscheinlich auch brauchen. Und wenn Sie jetzt auch das Gefühl haben, Sie brauchen kein Drama mehr, dann gehen Sie noch mal zurück auf Los. Genau so. Lassen Sie los. Und löschen Sie Tinder! Diese Welt ist voller Wunder.

Und damit das dieses Mal auch hält, mach ich's, wie meine Mutter sagt. Ich hab ja dazugelernt:

Ein Beziehung is ma wie eine Fass voll mit Scheise. Obbedrauf schwimmt ma ein bisschen Honisch. Musst du die Honisch guuuut mit die Scheise verrühre, dann hast du imma ma ein bißchen Honisch zwischen die Scheise. Esst du abba ma auf GLEISCH ganze Honisch, da hast du nua noch Scheise! Mama sagt dir ma aus eigene Gefahr!

Hallo Gott, hier ist Mimi

Konversation mit Gott, Streitkirche Kronberg, gestern.
— Hey, Gott
— Hey, Mimi.
— Ich wollte mich bei dir bedanken.
— Für was?
— Für alles. Und na ja, auch für The Better Man. Hattest recht.
— Ich hab immer recht, Mimi.
— Ich weiß.
— Ich weiß, dass du das weißt. Dann mach's mal gut.
— Wie? Gehst du jetzt weg??

— Nee. Geht doch gar nicht, ich bin doch allmächtig.

— Ach ja ... stimmt ... Aber ... also, ich meine ... also, wenn ich dich trotzdem mal wieder ... ähm ... brauche, wo finde ich dich dann?

— Na da, wo du mich immer gefunden hast, Mimi. In dir.

Huch! Jetzt ist die Therapie ja schon zu Ende! Ich bin so ins Plaudern gekommen, dass ich gar nicht mehr weiß, was ich so alles erzählt habe. Ich hoffe, Sie sind nicht durcheinander gekommen und nehmen für sich was mit in Ihr neues Leben, ja? Das hoffe ich wirklich! Nur wenn Sie das wollen, natürlich.

Und wenn Sie mal in der Nähe sind, kommen Sie doch mich und meine Mutter Marija mal besuchen, auf einen Kaffee oder einfach nur so. Sie können mich auch jederzeit fragen, wenn Sie was nicht verstanden haben. Ich antworte Ihnen sehr gern – wir sind ja jetzt Schwestern. Sie und ich!

Das Leben ist PURE Magie. Erinnern Sie sich immer daran. Ich umarm Sie jetzt mal, ok?

Ihre Mimi

PS:

Eines muss ich noch kurz loswerden: Während Sie dieses Buch gelesen haben, mit Ihrer ganzen Energie und Freude, konnte ich SIE durch die Zeilen in meinen Fingern spüren. Also während ich getippt habe. Und ich konnte spüren, was für ein unglaublich schöner Mensch Sie sind. Von innen und von außen. Und wie viel Potenzial in Ihnen steckt. Sie werden fliegen, Vögelchen! Ich bin sehr, sehr glücklich und stolz, dass ausgerechnet SIE dieses Buch in Ihren Händen halten. Und vergessen Sie bitte NIE: Alles ist auf dem richtigen Weg, auch wenn der Weg sich manchmal falsch anfühlt. Ich sage Ihnen das aus eigener Gefahr! Oder wie war das noch mal?

IF YOU CAN DREAM IT, YOU CAN DO IT!
CHAKAAAAAA

PPS:

Und denken Sie auf jeden Fall an den Leitsatz meiner Mutter und den sagen Sie sich am besten noch vorm Frühstück:

Isch liebe misch. Isch liebe liebe liiiiiiiebe misch.

Danksagung

Allen voran danke ich meiner Familie. Meiner wunderbaren, verrückten und lebendigen Familie, mit den Herzen an der richtigen Stelle. Meinen Eltern Marija und Pere dafür, dass sie nie von meiner Seite gewichen sind. Ganz gleich, wie weit weg ich mich gefühlt habe, ich konnte euch immer spüren. Ich liebe und danke euch von ganzem Herzen. Ich hoffe, ich kann euch eines Tages alles zurückgeben, was ihr mir gegeben habt. Ljubav velika i beskrajna!

Ich danke meiner Tochter Ava, über die ich jeden Tag staune. Ich bin die stolzeste Mama auf Erden. Du bist nicht nur von außen wunderschön, du bist es vor allem von innen. Ich werde deinen Weg immer genauso gut und sicher begleiten, wie meinen Didi und Baka begleitet haben. Wir sind ein Spitzenteam. Und vergiss nie: Ich liebe dich wie Apfelmus, von dem ich immer lächeln muss.

Ich danke Marijana, meiner wunderschönen Sis, meiner Soulmate. Du hast immer daran geglaubt, dass ich dieses Buch irgendwann schreibe, und auch, dass ich wieder auf die Beine komme. Du bist mein Geschenk des Himmels. Es gibt niemanden auf der Welt, mit dem ich so oft so irre gelacht habe wie mit dir. Und es gibt keine härtere Kritikerin als dich. Unser Schwesternband wird niemals abreißen und ich bin sehr stolz darauf, mit welcher Sicherheit und Kompromisslosigkeit du deinen Weg gehst. Ich danke auch meinem Schwager Oskar, dafür dass du meine Sis happy machst und Goldas Papa bist. Und Aime: Ich liebe dich. Du bist, genauso wie deine Mama, mein Seelenverwandter und der beste kleine Gentleman, den es gibt!

Ich danke meiner Agentin Celina von der Lancken, die mich von Anfang an begriffen hat. Und mir immer verklickert hat, dass ich ok bin, so wie ich eben bin. Ich danke dir für deinen unermüdlichen Glauben an mich, dafür, dass du immer geradeaus deine Meinung gesagt hast. Auch wenn sie mir nicht immer gefallen hat. Du hattest am Ende immer recht. Du bist nicht nur mein beruflicher Anker, du bist allem voran meine Freundin. Und hast einen festen Platz in meinem Herzen.

Und auch Julia Heise, ihrer Assistentin, danke ich. Dafür, dass du es schaffst, mir immer ein Lächeln ins Gesicht zu zaubern.

Ich danke meiner Lektorin Julia Jochim, eine bessere Partnerin hätte es nicht geben können. Du hast mit deiner Klugheit, deinem Humor und deinen Anmerkungen aus diesem Buch das Beste rausgeholt. Und das, obwohl dich meine tausend Änderungen – besonders kurz vor Ladenschluss – an den Rand der Verzweiflung gebracht haben. Ohne dich wäre ich eine IMAND. Können wir bitte für immer zusammen arbeiten? Forever and a day? Bittebitte?

Meiner zauberhaften Illustratorin Iris Luckhaus! Ach Iris! Wie sehr danke ich dir, dass du die Bilder aus meinem Kopf in eine solche Form gezaubert hast. Ich bin jedes Mal aufs Neue so glücklich darüber. Ohne deine Zutaten wäre die Balkantherapie nicht das, was sie jetzt ist. Dankedankedanke!

Und ich danke natürlich dem Wunderweib Tina Nollau. Dafür, dass sie mich zu dem Verlag meines Herzens gebracht hat. Wären wir beide uns seinerzeit nicht in Nizza begegnet, wäre ich jetzt nicht da, wo ich bin. Du hast den Weg geebnet. Und ich werde dir auf ewig dankbar sein!

Ich danke den beiden wichtigsten Frauen in meinem Leben. Mel und Jules. Mein Leben ohne euch ist unvorstellbar. Euer Wesen, eure Liebe, Energie, Ehrlichkeit, Zuversicht, euer Mut, Ansporn, die vielen Gespräche und Tränen, aber auch das wunderbare laute Lachen, die lustigen Momente, die selbst im Traurigsein immer überwogen haben: DAS ist FREUNDSCHAFT. Ich liebe euch über alles. Über alles!

Auch danke ich meiner männlichen besten Freundin Rainer. Dafür, dass du wirklich keine Sekunde ein Blatt vor den Mund genommen hast. Duuuu Flitzpiepeeeee!! Jetzt bist DU dran!

Ich danke meinem Ex-Mann dafür, dass er unserem Kind ein so guter und liebevoller Dad ist. Gott weiß, was wir da miteinander zu verhandeln hatten. Aber hey! Schwamm drüber. Schnee von gestern. Auf in eine super Zukunft!

Ich danke Dr. Marian Ticlea. Du bist das beste Beispiel, dass wahre Schönheit trotzdem nur von innen kommen kann. Du gute, gute Seele! Ich liiiiiebe meine neuen Möpse!

Ich danke meinen Cousinen. Meinen wundervollen, lustigen Cousinen. Nemožete zamisliti koliko vas volim. Hvala vam za sve dobre riječi kad sam ih naj više trebala. A još više za one lude ljetne dalmatinske noći. Nikad ih neću zaboraviti. Und ich danke dem Rest meiner kroatischen Sippschaft. Ich bin eine Svibljanka durch und durch. Ponosna sam na vas. Do neba! Volim vas!

Ich danke den wundervollen Frauen, die meinen Weg begleiten, die mich inspirieren, die mich berühren. Ich bin glücklich, dass ich solchen Supernovas wie euch immer wieder begegnen darf.

Chrissie, Miri, Cheryl, Claudelle, Annette, Carolina, Olivia, Micha, Marie, Clelia und Janna: DANKE für alles, was wir miteinander erleben. Ein Hoch auf all the special moments. Annette, als mich der sehr große Schwarze in dieser Münchner Touristendisko an den Füßen... du weißt schon! Best-Of meines Lebens!

Sandra, Monika, Rabija, Sibel, Anny, Audrey, Anne, Regula, Lana, Livia, Sabine, Amrei, Anette, Jessie, Marina, Su-Ji, Katrin, Sarah-Lou, Nati, Conni, Igel, Shajana, Nicki, Edita, Samantha, Saskia, Nina, Konni, Angi, Muriel, Caro, Sarah, Sabrina, Rita, Ruth, Emily, Christine, Veddie, Žana, Valea, Manu, Silke, Nadine, Jana, Natascha, Jasmin, Annabelle, Mirela, Barbara, Eva, Marisa, Dimi, Carla, Juliana, Nike, Paula, Anke, Christiane, Josie, Birthe, Petra, Bernadette, Draženka, Kerstin, Verena, Tabea, Snježana, Jorinde, Bella, Cleopatra, Minh-Khai, Lisa, Paula, Alem, Chiara, Nina, Iva, Theresa, Susa, Slavi, Sladi, Julia Rosa, Jasna, Rabea, Ute, Sheba, Carmen, Valentina, Inka, Bettina, Anke, Ines, Marisa, Mila, Nasim, Carla, Läris, Elica, Isabell, Nermina...
Frauen wie ihr es seid, solche Frauen sollten die Welt regieren! Dann wäre diese Welt ein Ort der Liebe und ziiiiiemlich sexy.

Danke an mein Role Model, den Inbegriff von Weiblichkeit und eine Feministin erster Stunde: meine Schwiegermutter Jutta. Meine Schwiema, eine der tollsten weiblichen Energien, der ich je begegnet bin. Du bist mir im Sorglos-Paket mitgeschenkt worden und ich freue mich auf all die schönen Momente, die uns der Himmel noch schenken wird. Ich hab dich sehr, sehr lieb!

Und das ist volle Lotte DIE Überleitung zu The Better Man. My Better Man. Bernhard Bettermann. Wir sind beide Besserwisser, wir sind wie Katz und Maus, wie Feuer und Wasser, du Akademikersohn, ich Gastarbeitertochter und es ist: THE BEST.

Du hast für mich das Siebengebirge zur Seite geschoben und beeindruckst mich jeden Tag aufs Neue. Mit deiner Klugheit, deinem Charme, deiner Schönheit, deinem Humor, deiner Weisheit und: mit deinem Achtpack. Ich danke dir für die vielen, vielen Tage und Stunden, die wir bisher zusammen verbracht, gelernt, gemeistert, ausdiskutiert, getanzt, gelacht, geheult und geliebt haben. Ok, ok, ok. Geheult hab natürlich ich. Wir dalmatinischen Mädchen haben einfach sehr nah am Wasser gebaut. Und das nicht nur geografisch.

Ich liebe dich, Mr. B.

P.S. Tim und Luca, Ihr seid die besten Stiefsöhne ever ever ever! Und eure Mum Sabina ist die beste und schönste Ex-Frau-Freundin, die ich mir hätte wünschen können. Danke, Sabina. Ich freue mich auf ein buntes und lustiges Patchwork-Leben.

Quellennachweis

1 *Beyoncé:* Run The World (Girls), written by Terius Nash, Beyoncé Knowles, Wesley Pentz, David Taylor, Adidja Palmer and Nick van de Wall. Published by 2082 Music Publishing (Ascap). Administered by WB Music Corp./ EMI APRIL MUSIC INC. O/B/O ITSELF and B-DAY Publishing (ASCAP) and Switch Werd Music (ASCAP)/DLJ SONGS/Downtown Music Publishing O/B/O/I like Turtles (ASCAP)/Music by Tafari, Inc. (BMI) O/B/O Jack Russell Music/The Royalty Network, Inc. O/B/O Talpa Music C/O Tenyor Music (BMI).

2 *Jessie J:* Masterpiece, written by Britt Burton, Josh Alexander, Emily Warren; published by Blue Mailbox Music (ASCAP). All Rights Administered by Razor & Tie Music Publishing LLC, Under Warranty Pub-Lishing/Where Da Kasz at (BMI).

3 *James Brown:* It's A Man's World, written by James Brown/Betty Newsome, Copyright: Warner/Chappell Music, Inc.

4 *Rödelheim Hartreim Projekt:* Wenn es nicht hart ist, von Moses Pelham, Martin Haas, ℗ & © 1994 MCA Music Entertainment GmbH.

5 *Johann Wolfgang von Goethe*, Maximen und Reflexionen, Verlag der Goethe-Gesellschaft, Weimar, 1907.

6 *Queen:* Bohemian Rhapsody, written by Freddie Mercury, published by B. Feldman & Co. Ltd., , T/AS Trident Music.

7 *Puddle of Mudd:* She Hates Me, written by Wes Scantlin, Jimmy Allen, published by Lyrics © Warner/Chappell Music, Inc., Warner Chappell Music Inc., Stereo Supersonic Music.

Über die Autorin

Mimi Fiedler (ehemals Miranda Leonhardt) wurde 1975 in Kroatien geboren. Aufgewachsen in Deutschland, lebt sie in Kronberg im Taunus. Seit Mitte der 1990er ist sie als Schauspielerin auf der Bühne sowie in Film und Fernsehen tätig. Besonders bekannt wurde sie als Kriminaltechnikerin Nika Banovic im Stuttgarter Tatort. Neben der Schauspielerei ist Mimi Fiedler auch als Sängerin ihrer Band MIMImalisten unterwegs und arbeitet als Fotografin.

Auch als E-Book erhältlich

224 Seiten
Preis: 17,99 € (D)
ISBN: 978-3-86882-559-6

Katerina Jacob

Oh (weia) Kanada

1997 erfüllte sich Katerina Jacob ihren Kindheitstraum und reiste in das Land der Bisons, Bären und Indianer. Dort fand sie nicht nur die Liebe ihres Lebens, sondern verliebte sich auch so sehr in dieses großartige Land, dass sie beschloss, das Abenteuer einer Auswanderung auf sich zu nehmen. Sie lässt uns teilhaben an ihrem Neustart in diesem wilden, weiten Land und zeigt uns mit gut beobachteten, witzigen, ungewöhnlichen und manchmal auch sehr berührenden Geschichten ein völlig neues Kanada.

Auch als **E-Book** erhältlich

224 Seiten
Preis: 9,99 €
ISBN: 978-3-86882-548-0

Caroline Allard

Gleich klatscht es, aber keinen Beifall

Das Leben mit Kindern ist manchmal schon ziemlich ätzend, das weiß im Grunde ihres Herzens jede Mutter. Doch es gibt nur wenige, die sich trauen, das auch offen auszusprechen. Aber es ist nun mal so – Kinder nerven, sie nuscheln am Telefon, sie essen widerliche Sachen. Anstrengende Helikoptereltern und perfektionistische Tanten sind dann nur noch das Tüpfelchen auf dem i im verrückten Mütter-Alltag. Dieses Buch spricht so mancher Mutter aus dem schwarzen Herzen.

192 Seiten
Preis: 9,99 €
ISBN: 978-3-86882-571-8

Monika von Ramin

Ziemlich heiße Jahre

Die Wechseljahre – gefürchtet und und hartnäckig verleugnet. Dennoch muss sich jede Frau früher oder später mit dem Thema auseinandersetzen. Mit viel Humor erzählt Bestsellerautorin Monika von Ramin von Schweißausbrüchen, Selbstzweifeln und Stimmungsschwankungen oder von Fältchen und Pölsterchen, die morgens aus dem Spiegel winken... Darüber hinaus gibt sie Tipps, was man tun kann, um sich besser zu fühlen, wie man mit der neuen Situation umgeht und vielleicht sogar Vorteile daraus zieht. Der beste Umgang mit den Wechseljahren ist aber, gemeinsam mit Monika von Ramin und allen anderen Frauen darüber zu lachen!

Auch als **E-Book** erhältlich

240 Seiten
Preis: 19,99 €
ISBN:978-3-86882-572-5

Michelle Phan
Make Up Your Life

Michelle Phan ist eine der beliebtesten Beauty-Vlog-gerinnen der Welt und betreibt neben ihrem You-Tube-Kanal eine eigene Make-up-Linie für L'Oréal und verschiedene Websites. In diesem Buch verrät sie nicht nur ihre wichtigsten Beauty- und Styling-tipps, sondern plaudert aus ihrem ganz persönlichen Nähkästchen über ihr Leben, über Beruf und Business, Online-Etikette und vieles mehr. Ein inspirierendes Buch für alle Mädchen und Frauen, die in jeder Hin-sicht das Beste aus sich machen möchten.

200 Seiten
Preis: 14,99 €
ISBN:978-3-86883-706-3

Andreas Hock

Ich verbitte mir diesen Ton, Sie Arschloch!

Früher war alles besser? Aber sicher! Denn früher hatten wir noch echte Freunde. Die Männer hielten den Frauen die Türen auf, Verträge wurden per Handschlag besiegelt und unser Bankberater faselte nichts von Knock-out-Zertifikaten, sondern legte unser Geld für drei Prozent Zinsen aufs Sparbuch. Andreas Hock, Autor des Spiegel-Bestsellers *Bin ich denn der Einzigste hier, wo Deutsch kann?*, begibt sich auf eine humorvolle und nachdenkliche Reise in die gute, alte Zeit: eine Zeit mit festen Werten und verlässlichen Umgangsformen. Mit großem Knigge-Test!